新时代县域阅读推广路径研究

王登佐 著

苏州大学出版社

图书在版编目(CIP)数据

新时代县域阅读推广路径研究／王登佐著.—苏州：苏州大学出版社,2019.12
ISBN 978-7-5672-2996-9

Ⅰ.①新… Ⅱ.①王… Ⅲ.①县-读书活动-研究-中国 Ⅳ.①G252.17

中国版本图书馆CIP数据核字(2019)第256981号

新时代县域阅读推广路径研究
王登佐 著

责任编辑 李 娟
助理编辑 刘 舟

苏州大学出版社出版发行
(地址：苏州市十梓街1号 邮编：215006)
宜兴市盛世文化印刷有限公司印装
(地址：宜兴市万石镇南漕河滨路58号 邮编：214217)

开本 700 mm×1 000 mm 1/16 印张 16 字数 263 千
2019年12月第1版 2019年12月第1次印刷
ISBN 978-7-5672-2996-9 定价：58.00元

若有印装错误，本社负责调换
苏州大学出版社营销部 电话：0512-67481020
苏州大学出版社网址 http://www.sudapress.com
苏州大学出版社邮箱 sdcbs@suda.edu.cn

序一

阅读是个人成长的重要途径，更是当下包括图书馆在内的各类文化单位、教育机构和社会组织所提供的一项基本公共服务。近些年来，阅读推广业已成为国内学界和业界十分关注的热点话题之一。以提供阅读场所与读本为基本职责的图书馆，自产生以来即以阅读推广为其服务宗旨与使命。图书馆阅读推广，是指图书馆利用其信息资源、设施设备、专业团队和社会关系等条件，鼓励各类人群成为图书馆的读者，并培养其阅读兴趣和习惯，提升其信息素养的各种实践，本质上是图书馆对其用户的阅读行为进行专业化干预的过程。

随着《中华人民共和国公共文化服务保障法》和《中华人民共和国公共图书馆法》的陆续施行，推动、引导和服务全民阅读正在成为各级公共图书馆的重要任务。中国近现代图书馆事业的发展历程充分表明：公共图书馆作为社会文化传播和社会教育的重要机构，是阅读推广活动的重要引领者和践行者；在多元化的阅读推广组织中，公共图书馆服务更具中立性、公益性和客观性，是倡导和推进全民阅读的最主要、最有力的组织者和实施者。我们坚信：随着全民阅读推广的持续深入，新时代的公共图书馆必将成为公民享受文化权益的首选场所和接受终身教育的社会大学。

作为一名坚守在阅读服务一线的基层图书馆管理者，本书作者立足县域阅读活动的长期实践经验，探讨了现代公共文化服务体系建设背景下县域全民阅读推广的理论意义和应用价值，运用文献研究、案例分析、比较研究等方法对新时代县级阅读推广路径进行了系统研究，提出了具有现实针对性的县域阅读发展策略和参考建议，填补了县域阅读推广研究相关空白。

很显然，阅读推广研究是一项与时俱进的实践探索和学术事业，绝非一部著述可以穷尽。限于时间和空间，相关内容的梳理挖掘与方法应用还需精当，但终究是瑕不掩瑜。在通读完此书初稿之际，我由衷地为作者执着努力所获成果而感到欣悦。应作者之邀能写上几句话，作为业界同道乃乐而从之。

是为序。

许建业
写于南京图书馆
2019 年 10 月 3 日

序二

新时代新思想引领新征程,谋幸福谋复兴呼唤谋阅读。当今中国社会已进入新时代,各项事业发展日新月异;科学技术革新速度超乎人们的想象。而科学技术的进步,不断推进社会文明程度的提升;社会文明程度越高,对人的素养提升要求也越高。实现人的素养全面提升,其途径固然很多,但最基础的也最根本的就是读书。"唐宋八大家"之一欧阳修认为:"立身以立学为先,立学以读书为本。"法国著名作家雨果对阅读做出诠释:"书籍便是这种改造灵魂的工具。人类所需要的,是富有启发性的养料。而阅读,则正是这种养料。"

阅读现象的出现几乎与文字的诞生同步。从一定意义上来说,文字的萌芽,就是阅读的开始。人们对阅读的认识有一个长期的过程,而阅读推广工作则始于英美图书馆出现之后。具有里程碑意义的、关于阅读的标志性事件则是1995年联合国教科文组织将每年4月23日确立为"世界读书日"。1997年联合国教科文组织发起"全民阅读"运动,至此,阅读不仅仅是个人行为,而且是全世界各国人民的"社会行动"。

1997年,我国以实施"知识工程"为契机,大力推广全民阅读活动;2006年,国家11个部委联合发出的《关于开展全民阅读活动的倡议书》,将我国全民阅读活动推向更加广泛、更加持久的层面。阅读不仅实践活动丰富多彩,而且其理论研究也取得丰硕成果。特别是2017年3月1日《中华人民共和国公共文化服务保障法》和2018年1月1日《中华人民共和国公共图书馆法》的施行,为阅读推广提供法律保障。据统计,2018

年我国成年人包括书报刊和数字出版物在内的各种媒介的综合阅读率达80.8%，国民综合阅读率保持增长势头。

近年来关注阅读现象的研究者比较多，发表的学术成果也很多。然而本书作者作为县（区）级图书馆的馆长既是阅读文献的收藏者、提供者，又是开展基层阅读的指导者、实践者，对阅读有着深刻的体验和独特的感悟。他没有将研究的目光盯在阅读条件较为完备的城市，却独辟蹊径，关注县域甚至乡镇、农村的阅读，关注最基层农民的阅读状况，令人肃然起敬。更难能可贵的是，作者强化责任担当，认为只有农村的阅读改善了，农民的文化素养提高了，中国才能真正从站起来，到富起来，再到强起来。因此，他选择县域阅读推广作为研究课题，可谓慧眼独具。几年来，他通过调查走访、文献检索、比较研究等方式方法，立足底蕴丰厚的地域文化，探索基层阅读推广的新思路、新实践，总结出符合县域特点的阅读推广的新成果、新经验，填补了县域阅读推广研究的相关空白，对各地如何因地制宜地做好县级图书馆阅读推广工作有一定的启发和借鉴作用。

阅读推广工程是一个全社会参与的系统工程，需要一代代人长期不懈的坚持。从某种意义上讲，阅读推广永远在路上。"路漫漫其修远兮，吾将上下而求索。"随着社会的发展，对阅读的要求也在不断变化，我们在走好阅读推广的长征路上，应当与时俱进，不断进行阅读载体的革新，最大限度地利用一切可以利用的资源，为更加有效地开展阅读推广活动，为满足人民对阅读的美好向往而努力。

是为序。

黄兴港

2019年9月28日

目录

第一章 绪论

第一节　选题背景/002
第二节　研究现状/002
第三节　研究价值/004
第四节　研究内容/005
第五节　研究思路/005

第二章 阅读和阅读推广概述

第一节　阅读内涵和价值/008
第二节　什么是阅读推广/015
第三节　为何做阅读推广/017

第三章 县域阅读推广活动运作

第一节　活动保障/024

第二节　活动内容/031

第三节　活动实施/032

第四节　活动宣传/033

第五节　活动评估/034

第六节　品牌战略/035

第四章 盐城县域阅读推广探微

第一节　图书馆情/038

第二节　出版印刷/053

第三节　书店书城/059

第四节　阅读组织/066

第五节　活动品牌/084

第五章 立足地域文化开展阅读推广

第一节　盐城市盐都区简介/100

第二节　盐都区图书馆简介/101

第三节　开发盐城红色文化/102

第四节　开发盐城海盐文化/110

第五节　开发盐城海洋文化/120

第六节　开发盐城湿地文化/126

第七节　开发盐城地方文献/137

第八节　董加耕事迹展推广/143

第九节　县域名人建设路径/148

第十节　发展地域文化产业/154

第十一节　开发地域文创产品/160

第六章　探索新时代阅读推广工作的新路径

第一节　书香盐都建设实施方案/166

第二节　盐都总分馆制建设方案/170

第三节　用社会力量办农家书屋/172

第四节　文化中心户建设的路径/178

第五节　用支中心构建服务网络/182

第六节　扬州阅读阵地调研启示/191

第七节　倾力打造盐都阅读品牌/194

第八节　社会力量办读书会思考/219

第九节　开展未成年人的性教育/224

第十节　积极关爱弱势儿童成长/226

第十一节　大力弘扬传承雷锋精神/231

第十二节　阅读推广的实践与探索/234

参考文献/239

后　记/242

第一章

绪 论

第一节 选题背景

高举中国特色社会主义伟大旗帜，以习近平新时代中国特色社会主义思想为指导，增强"四个意识"，坚定"四个自信"，做到"两个维护"，大力弘扬以爱国主义为核心的伟大民族精神，讲好中国故事，讲好中国共产党故事，讲好新时代中国特色社会主义故事。推进县域全民阅读是社会发展的需要，是新时代的使命，新时代县域全民阅读推广工作的实际意义重大。全民阅读推广工作有利于提高公共文化服务供给的有效性，有利于为"大众创业、万众创新"时代培育创业创新力量，有利于全民共享改革开放成果，不断满足其日益增长的精神文化需求。全民阅读对提高党的执政能力和巩固党的执政基础意义重大，这关系到政权的稳固，关系到党和国家的长治久安，关系到社会的稳定与进步，关系到中华民族伟大复兴的中国梦。

第二节 研究现状

国外专家、学者关于阅读推广的相关研究，一是国外图书馆阅读推广的发端（1850—1939年）：在英美图书馆出现的早期，图书馆业务活动的重点是馆藏建设及对馆藏文献的管理。但在图书馆这样一个以"阅读"为主要标志的人群聚集的场所，一切有利于促进民众阅读的活动是必不可少的，这些活动被认为是图书馆的"扩展活动"。1930—1939年，欧美图书馆界的阅读研究获得快速发展，尤其是美国图书馆界的研究热情空前高涨，其影响力后来辐射至欧洲。二是国外图书馆阅读推广的再出发（1945年—20世纪90年代初）：1945年第二次世界大战结束后，国际社会对阅读的关注度日益提升，国际性的阅读组织开始出现并引领和倡导全球阅读活动。三是国外图书馆阅读推广的兴盛（20世纪90年代初至今）：世界范围内全民阅读的兴起肇始于20世纪90年代中期，其标志性事件是1995年联合国教科文组织将每年的4月23日确立为"世界图书与版权日"（又译为"世界读书日"），以此致敬于给社会带来知识与力量的书籍及其作者们，并鼓励人们，尤其是年轻人要善于在生活中积极发现读书之乐。有100多个国家参与了这项活动，许多国家如美、英、法、日、俄、新加坡等以这一天为核心，把其前后一周或一个月定为全民读书周或全民读书月，举办多种多样的阅读推广活动，而举办相应读书节活动的城市更是数不胜数。1997年，联合国教科文组织号召发起国际"全民阅读"运动。这一号召得到广泛响应，"全民阅读"项目在众多非洲国家、欧洲国家及澳大利亚开展，"全民阅读"的理念更是在全球范围内得到传播和认同，开展全民阅读成为世界各国文化发展的时代潮流。

  国内专家、学者对阅读推广的相关研究，一是国内图书馆阅读推广研究的理论无意识（20世纪90年代中期以前）：在我国，随着近代图书馆的出现，民国时期已有有识之士认识到图书馆阅读与教育的重要性，把图书馆看成是普及文化、向广大民众进行社会教育的有利阵地。整体而言，在1995年以前，我国图书馆学界虽然开始对阅读进行研究，但一般不认为阅读推广是一种独立的图书馆服务，而是将它当成图书馆宣传、图书馆营销或新书推荐的方法之一，阅读推广没有相应的理论支撑，处于无意识阶段。二是国内图书馆阅读推广研究的萌芽（1995—2005年）：1995—2005年这十年可以看作我国图书馆阅读推广研究的萌芽阶段。以1995年联合国教科文组织对"世界读书日"的确立为标志，全民阅读活动在全球范围内逐渐兴盛。1997年，中宣部、文化部、原新闻出版总署、中华全国总工会、共青团中央、全国妇联等九个部委联合发出《关于在全国组织实施"知识工程"的通知》，我国的全民阅读活动发展起来，学界开始出现少量以"全民阅读""大众阅读""社会阅读"等为关键词的、针对当时开始兴起的全民阅读活动的讨论与总结，内容还兼及全民阅读面临的主要障碍分析等，形式主要为信息报道及论文，但尚未有以"阅读推广"为题的论文发表。三是国内图书馆阅读推广研究的现状：2006年以前，我国学界虽然开始关注阅读，但还未真正认识到阅读推广的重要性，阅读推广研究相对薄弱。2006年4月，中宣部、中央文明办、原新闻出版总署、文化部、教育部、中华全国总工会、共青团中央等11个部委联合发出《关于开展全民阅读活动的倡议书》。同月，中国图书馆学会科普与阅读指导委员会（2009年更名为阅读推广委员会）正式成立，标志着我国图书馆学界正式宣告了自己在阅读研究领域的学术地位。由此，以各级政府为主导的全民阅读活动在全国各地蓬勃发展，我国图书馆学界开始研究全民阅读和社会阅读问题，并逐渐过渡到研究阅读推广，对阅读推广理论与实践的研究在不断发展与完善，研究的广度与深度也逐步拓展和深入，并集中产生了一些研究热点，重要课题、著作开始涌现。2017年3月1日，《中华人民共和国公共文化服务保障法》正式实施。2018年1月1日，《中华人民共和国公共图书馆法》正式施行。两部国家立法的出台，标志着我国公共文化领域的法治化进程正加快推进，阅读推广事业正式走上了法制化的快车道。

江苏对阅读推广研究也很重视。《江苏省人民代表大会常务委员会关于促进全民阅读的决定》已由江苏省第十二届人民代表大会常务委员会第十三次会议于2014年11月27日通过，作为全国首部促进全民阅读的省级地方性法规，于2015年1月1日起正式实施。盐城有专家、学者对阅读推广研究工作进行了尝试，出了一些研究成果。但盐城县域阅读推广研究工作处于起始阶段，而这些研究为打造盐城文化、城市品牌，进一步提高县域阅读推广工作的科学性，彰显盐城城市个性特色，为"强富美高"盐城建设提供理论依据。

第三节 研究价值

一、学术价值

在公共文化服务体系构建背景下，县域全民阅读推广工作的理论意义重大，推广全民阅读，建设书香城市，这不仅能惠及每个人，还能提升城市的品位。县域全民阅读推广工作有利于国家文化软实力的提升，有利于社会主义核心价值构建，有利于公共文化服务体系建设，有利于提高文化服务有效供给。本专著填补了盐城县域阅读推广研究相关空白，为打造盐城文化、城市品牌，进一步提高县域阅读推广工作的科学性，彰显盐城城市个性特色，为"强富美高"新盐城建设和盐都区生态文旅高地建设提供理论依据。

二、应用价值

推进县域全民阅读是社会发展的需要，是时代的使命。在构建公共文化服务体系背景下，县域全民阅读推广工作的实际意义重大。全民阅读推广工作有利于提高公共文化服务供给的有效性，有利于为"大众创业、万众创新"时代培育创业创新力量，有利于全民共享改革开放成果，不断满足其日益增长的精神文化需求。

第四节 研究内容

2019年9月8日，习近平总书记在给国家图书馆的8位老专家回信时指出，图书馆是国家文化发展水平的重要标志，是滋养民族心灵、培育文化自信的重要场所。希望国图坚持正确的政治方向，弘扬优秀传统文化，创新服务方式，推动全民阅读，更好满足人民精神文化需求，为建设社会主义文化强国再立新功。这是习近平总书记首次就图书馆事业专门做出重要论述，其中特别指出图书馆要推动全民阅读，充分体现了以习近平同志为核心的党中央对图书馆和全民阅读事业的高度重视，也为新时代我国图书馆事业和全民阅读事业发展提供了理论指导和行动指南。本专著共三个部分分六章。第一部分为第一章绪论，主要介绍了专著的选题背景、研究现状、研究价值、研究内容、研究思路；第二部分为第二章和第三章，主要研究阅读推广的基础理论，研究阅读的内涵、现状和价值，什么是阅读推广，为何做阅读推广，如何做阅读推广，研究县域阅读推广活动运作；第三部分为第四章到第六章，主要涉及盐城县域阅读推广探微，立足地域文化开展阅读推广，探索新时代阅读推广新路径。

第五节 研究思路

本课题按照前期调研—课题论证—制订方案—实践研究—出版专著—申请结题—推广应用的步骤进行。课题组成员对课题研究的背景，核心概念的界定,国内外研究现状,选题的意义与研究价值,研究的目标、内容,假设和创新点,研究的方法、技术路线,研究的实施步骤及保障措施进行逐一落实,直至出版专著,申请结题,推广应用。通过文献研究法、调查研究法、跨学科研究法、探索研究法、比较研究法、经验总结法等,对县域阅读推广进行实践和探索,助推盐都区阅读推广工作向纵深推进,为"强富美高"新盐都建设添砖加瓦,为盐都区生态文旅高地建设做出新的贡献。

第二章

阅读和阅读推广概述

第一节 阅读内涵和价值

一、阅读的内涵

什么是阅读？简单地说是指从书中获取信息的过程。书有三种形式，即纸质书、电子书、无字书（存在于万事万物中的道）。人类从有思维开始就有了阅读，人类的阅读历史悠久，与人类史同龄。"腹有诗书气自华。"阅读，让人开阔眼界，增长知识，保持思想活力，滋养浩然之气。有人喜爱捧卷而读，有人喜爱用手机或 Kindle 阅读，有人喜爱从实践中探寻真理。从草、叶、泥、石、兽皮、青铜、陶器、瓷器、木牍、竹简、缣帛、纸张到数字化载体，穿越时空，不断翻新的是介质，绵延不绝的是阅读。

学术领域对阅读的定义有一个逐渐深入的过程。在 20 世纪初，阅读通常被认为是一种对文字的识读行为。到了 1910—1925 年，阅读的含义扩展为不仅能识读文字还能流畅地理解意思。从 1940 年开始，阅读概念的外延进一步扩大，即阅读过程与阅读者的心灵、经验与知识有关，阅读的意义远远大于印刷品本身，是读者对生活意义理解的改写过程。到今天，阅读被认为包含了四个方面：文字识读、语义理解、思想感应、综合归纳。随着现代心理学的发展，对阅读的认识又被赋予了一个新的角度——阅读被认为是一种从书面语言中获得意义的心理过程，这意味着阅读也是一种智力技能。《现代阅读学》一书给阅读下了一个较为全面的定义：阅读是从信息符号中获取意义的一种复杂的智力活动。这种活动是人类所特有的，它不仅仅需要各种智力因素，比如观察、记忆、思维、想象等的积极参与，而且还需要各种非智力因素，如动机、兴趣、意志、性格等，在阅读中也有着重要的作用。从这个定义可以看出，阅读是由一系列的过程与行为构成的总和。

徐雁和王余光认为："阅读是作为一种特殊的交际方式而存在的社会现象，它是以书面材料作为社会交际的中介。作者—文本—读者是构成一个完整的书面交际过程的三个基本要素。"

二、阅读的现状

2019年4月16日,第十六次全国国民阅读调查成果在中国新闻出版研究院一层学术报告厅发布如下:

1. 2018年我国成年国民各媒介综合阅读率保持增长势头,各类数字化阅读方式的接触率均有所增长

2018年我国成年国民包括书报刊和数字出版物在内的各种媒介的综合阅读率为80.8%,较2017年的80.3%有所提升,数字化阅读方式(网络在线阅读、手机阅读、电子阅读器阅读、Pad阅读等)的接触率为76.2%,较2017年的73.0%上升了3.2个百分点。图书阅读率为59.0%,与2017年(59.1%)基本持平;报纸阅读率为35.1%,较2017年的37.6%下降了2.5个百分点;期刊阅读率为23.4%,较2017年的25.3%下降了1.9个百分点。数字化阅读的发展,提升了国民综合阅读率和数字化阅读方式接触率,整体阅读人群持续增加,但也带来了纸质阅读率增长放缓,甚至下降的新趋势。

进一步对各类数字化阅读载体的接触情况进行分析发现,2018年我国成年国民的网络在线阅读接触率、手机阅读接触率、电子阅读器阅读接触率、Pad(平板电脑)阅读接触率均有所上升。具体来看,2018年有69.3%的成年国民进行过网络在线阅读,较2017年的59.7%上升了9.6个百分点;73.7%的成年国民进行过手机阅读,较2017年的71.0%上升了2.7个百分点;20.8%的成年国民在电子阅读器上阅读,较2017年的14.3%上升了6.5个百分点;20.8%的成年国民使用Pad(平板电脑)进行数字化阅读,较2017年的12.8%上升了8.0个百分点。

2. 手机和互联网成为我国成年国民每天接触媒介的主体,纸质书报刊的阅读时长均有所减少

从人们对不同媒介接触时长来看,成年国民人均每天手机接触时间最长。我国成年国民人均每天手机接触时长为84.87分钟,比2017年的80.43分钟增加了4.44分钟;人均每天互联网接触时长为65.12分钟,比2017年的60.70分钟增加了4.42分钟;人均每天电子阅读器阅读时长为10.70分钟,比2017年的8.12分钟增加了2.58分钟;2018年人均每天接触Pad(平板电脑)的时长为11.10分钟,较2017年的12.61分钟减少了

1.51 分钟。

在传统纸质媒介中，我国成年国民人均每天读书时长为 19.81 分钟，比 2017 年的 20.38 分钟减少了 0.57 分钟。超一成（12.3%）国民平均每天阅读 1 小时以上图书，比 2017 年（12.1%）略有增加；人均每天读报时长为 9.58 分钟，比 2017 年的 12.00 分钟减少了 2.42 分钟；人均每天阅读期刊时长为 5.56 分钟，比 2017 年的 6.88 分钟减少了 1.32 分钟。

3. 2018 年我国成年国民人均图书阅读量基本保持平稳，报刊阅读量持续下滑

从成年国民对各类出版物阅读量的考察看，2018 年我国成年国民人均纸质图书阅读量为 4.67 本，与 2017 年的 4.66 本基本持平。人均电子书阅读量为 3.32 本，较 2017 年的 3.12 本增加了 0.20 本。纸质报纸的人均阅读量为 26.38 期（份），低于 2017 年的 33.62 期（份）。纸质期刊的人均阅读量为 2.61 期（份），低于 2017 年的 3.81 期（份）。

我国成年国民中，11.5% 的国民年均阅读 10 本及以上纸质图书，此外还有 7.1% 的国民年均阅读 10 本及以上电子书。

4. 我国城镇居民不同介质阅读率和阅读量远远高于农村居民，城乡差异明显

对我国城乡成年居民 2018 年不同介质阅读情况的考察发现，我国城镇居民的图书阅读率为 68.1%，较 2017 年的 67.5% 高 0.6 个百分点；农村居民的图书阅读率为 49.0%，略低于 2017 年的 49.3%。城镇居民报纸阅读率为 41.2%，较农村居民的 28.1% 高 13.1 个百分点。城镇居民 2018 年的期刊阅读率为 27.6%，较农村居民的 18.5% 高 9.1 个百分点。城镇居民 2018 年的数字化阅读方式接触率为 83.0%，较农村居民的 68.2% 高 14.8 个百分点。2018 年我国城镇居民的综合阅读率为 87.5%，较农村居民的 73.0% 高 14.5 个百分点。

对我国城乡成年居民不同介质阅读数量的考察发现，2018 年，我国城镇居民的纸质图书阅读量为 5.60 本，较 2017 年的 5.83 本低 0.23 本；农村居民的纸质图书阅读量为 3.64 本，较 2017 年的 3.35 本高 0.29 本；城镇居民的报纸阅读量为 38.09 期（份），高于农村居民的 12.85 期（份）；城镇居民的期刊阅读量为 3.38 期（份），高于农村居民的 1.72 期（份）；我国城镇居民在 2018 年人均阅读电子书 3.41 本，较农村居民的

3.23 本高 0.18 本。

5. 我国成年国民和未成年人有声阅读继续较快增长，成为国民阅读新的增长点，移动有声 App 平台已经成为听书的主流选择

对我国国民听书习惯的考察发现，2018 年，我国有近三成的国民有听书习惯。其中，成年国民的听书率为 26.0%，较 2017 年的平均水平（22.8%）提高了 3.2 个百分点。0—17 周岁未成年人的听书率为 26.2%，较 2017 年的平均水平（22.7%）提高了 3.5 个百分点。具体看来，0—8 周岁儿童的听书率为 26.8%，9—13 周岁少年儿童的听书率为 25.2%，14—17 周岁青少年的听书率为 26.0%。

对我国成年国民听书介质的考察发现，选择"移动有声 App 平台"听书的国民比例较高，为 11.7%；有 6.4% 的人选择通过"广播"听书。

6. 我国成年国民网上活动行为中，以阅读新闻、社交和观看视频为主，娱乐化和碎片化特征明显，深度图书阅读行为的占比偏低

2018 年，我国成年国民上网率为 78.4%，比 2017 年的 79.1% 略有下降。具体来看，有近三成（29.5%）的国民通过电脑上网，有近八成（76.8%）的国民通过手机上网。

我国成年网民上网从事的活动中，信息获取功能受到越来越多网民的重视，具体来说，有 61.6% 的网民将"阅读新闻"作为主要网上活动之一，有 28.2% 的网民将"查询各类信息"作为主要网上活动之一。同时，互联网的娱乐功能仍然占据很重要的位置，有 62.3% 的网民将"网上聊天/交友"作为主要网上活动之一，有 50.0% 的网民将"看视频"作为主要网上活动之一，有 41.1% 的网民将"网上购物"作为主要网上活动之一，有 36.5% 的网民将"在线听歌/下载歌曲和电影"作为主要网上活动之一，还分别有 28.0% 和 19.2% 的网民将"网络游戏"和"即时通讯"作为主要网上活动之一。有 15.9% 的网民将"阅读网络书籍、报刊"作为主要网上活动之一。

7. 超过半数成年国民倾向于数字化阅读方式，倾向纸质阅读的读者比例下降，而倾向手机阅读的读者比例上升明显

从数字化阅读方式的人群分布特征来看，我国成年数字化阅读方式接触者中，18—29 周岁人群占 32.8%，30—39 周岁人群占 25.4%，40—49 周岁人群占 23.5%，50—59 周岁人群占 13.0%。可见，我国成年数字化阅读接触者中，81.7%是18—49周岁人群。

对我国国民倾向的阅读形式的研究发现，38.4%的成年国民更倾向于"拿一本纸质图书阅读"，比2017年的45.1%下降了6.7个百分点；有40.2%的国民倾向于"手机阅读"，比2017年的35.1%上升了5.1个百分点；有12.8%的国民更倾向于"网络在线阅读"；有7.7%的人倾向于"在电子阅读器上阅读"；0.8%的国民"习惯从网上下载并打印下来阅读"。

8. 四成以上的成年国民认为自己的阅读数量较少，国民对当地有关部门举办阅读活动的呼声较高

2018年我国成年国民对个人阅读数量评价中，只有2.1%的国民认为自己的阅读数量很多，6.3%的国民认为自己的阅读数量比较多，有37.8%的国民认为自己的阅读数量一般，41.5%的国民认为自己的阅读数量很少或比较少。

从成年国民对个人纸质阅读内容和数字阅读内容的阅读量变化情况的反馈来看，有7.7%的国民表示2018年"增加了纸质内容的阅读"，但有10.0%的国民表示2018年"减少了纸质内容的阅读"；有6.7%的国民表示2018年"减少了数字内容的阅读"，但有9.9%的国民表示2018年"增加了数字内容的阅读"；五成以上（54.5%）的国民认为2018年个人阅读量没有变化。

从成年国民对于个人总体阅读情况的评价来看，有26.3%的国民表示满意（非常满意或比较满意），比2017年的23.7%提升了2.6个百分点；有14.6%的国民表示不满意（比较不满意或非常不满意），比2017年的13.1%增加了1.5个百分点；另有47.4%的国民表示一般。

我国成年国民对当地举办全民阅读活动的呼声较高，2018年有67.3%的成年国民认为有关部门应当举办读书活动或读书节。其中，城镇居民认为当地有关部门应该举办读书活动或读书节的比例为67.2%，农村居民中这一比例为67.3%，城乡居民选择比例基本一致。

9. 0—17周岁未成年人图书阅读率有所下降，值得关注

从未成年人的阅读率来看，2018年0—8周岁儿童图书阅读率为68.0%，低于2017年的75.8%；9—13周岁少年儿童图书阅读率为96.3%，较2017年的93.2%提高了3.1个百分点；14—17周岁青少年图书阅读率为86.4%，低于2017年的90.4%。2018年我国0—17周岁未成年人图书阅读率为80.4%，低于2017年的84.8%。

对未成年人图书阅读量的分析发现，2018年我国14—17周岁未成年人课外图书的阅读量最大，为11.56本，与2017年的11.57本基本持平；9—13周岁少年儿童人均图书阅读量为9.49本，较2017年的8.87本增加了0.62本；0—8周岁儿童人均图书阅读量为7.10本，比2017年的7.23本略有下降。2018年我国0—17周岁未成年人的人均图书阅读量为8.91本，比2017年的8.81本增加了0.10本。

10. 在0—8周岁儿童家庭中，近七成家庭有陪孩子读书的习惯

对亲子早期阅读行为的分析发现，2018年我国0—8周岁儿童家庭中，平时有陪孩子读书习惯的家庭占68.7%。另外，在0—8周岁有阅读行为的儿童家庭中，平时有陪孩子读书习惯的家庭占到93.4%，较2017年的91.8%提高了1.6个百分点；在这些家庭中，家长平均每天花22.61分钟陪孩子读书，较2017年的23.69分钟有所减少。

此外，2018年我国0—8周岁儿童的家长平均每年带孩子逛书店2.87次，较2017年的3.07次有所减少。四成以上（41.4%）的0—8周岁儿童家长半年内至少会带孩子逛一次书店，其中三成多（33.7%）的家长会在1—3个月内带孩子逛一次书店。

11. 2018年全国阅读指数为68.67点，其中个人阅读指数为71.67点，公共阅读服务指数为65.91点

为了综合反映我国国民阅读总体情况及其变化趋势，引导各城市统一阅读指数标准，我们研制出我国国民阅读指数和城市阅读指数指标体系。阅读指数指标体系共包含25项单一指标，分为"个人阅读指数"和"公共阅读服务指数"两大方面。其中，"个人阅读指数"包括国民个人图书阅读量与拥有量、各类出版物的阅读率以及个人阅读认知与评价三个方面，综合反映国民阅读水平；"公共阅读服务指数"包括国民对公共阅读设施、全民阅读活动等的认知度、使用情况以及满意度评价三个方面，综合反映全民阅读公共设施建设与公共服务水平。通过对25项指标进行分层拟合，获得阅读指数。

经测算，2018年全国阅读指数为68.67点，较2017年的68.14点提高了0.53点。其中，个人阅读指数为71.67点，略高于2017年的71.65

点；公共阅读服务指数为65.91点，较2017年的64.90点提高了1.01点。

对第十六次全国国民阅读调查50个采样城市的阅读指数进行测算，得到2018年城市阅读指数，排在前十位的城市依次为：深圳（84.39点）、苏州（79.91点）、北京（78.65点）、青岛（77.04点）、杭州（76.63点）、南京（75.60点）、上海（75.40点）、合肥（75.01点）、武汉（74.65点）和福州（74.64点）。

三、阅读的价值

阎崇年说，读书是人生永恒的主题，是获取智慧和经验的重要途径。读书的态度和类型是多元的，基本可归纳为六种：功利型、励志型、修身型、休闲型、研究型、治国型。读书的不同需求、类型、态度和方法，都有可取之长，也有不足之短，不应非此即彼，应该互相借鉴，更应彼此关照。阎崇年读书生活有三条体会：一是读书贵恒，养成读书习惯，终生手不释卷；二是读书贵悟，要善于思考，读出顿悟，升华到新境界；三是读书贵行，应当既重读书，又重践行，亦知亦行，知行合一。

"我们下大力气做的阅读推广，是针对谁的？"白岩松坦言，阅读推广对于成年人来说收效甚微，重点是今天的孩子们能不能养成阅读习惯？他认为，要帮助孩子养成阅读的习惯，既需要引导，有时候也需要强制。阅读的好处是什么？白岩松说，读书不仅能让个人变得更加优秀，也能让我们的民族更加理性。对个体来说，读书让我们得到了乐趣和进步，但最重要的是，读书还给了我们面对世界的正确态度。

魏玉山说，2008年至2018年间，我国综合阅读率从69.7%增长到80.8%，数字化阅读方式接触率从24.5%增长到76.2%，这说明读者人群在不断扩大，是阅读的"喜悦"。但阅读普及与发展成果的另一面显示的是读书的"忧伤"：在阅读率不断攀升的背景下，深度阅读的人没有增长。他分享了关于图书阅读率、人均读书量、平均每天读书时间、家庭平均藏书这几个指标在10年前和当今的数据——我国国民2007年平均每天读书时间为61分钟，2018年这一时间减为19.81分钟，反映了读书不容乐观的状况。时间都去哪儿了？魏玉山继续用数据告诉大家，时间到了"手机和互联网"上了：2009年、2011年、2018年人均每日手机阅读和互联网阅读时长分别为：5.52分钟、31.34分钟、13.53分钟、47.53分钟，85分钟、65.12分钟。魏玉山提出读书要广阅和精读相结合，回归理性态度：不被排行榜左右，不被流行吸引，不被大数据画像，不被算法设计。

阎晓宏说："4月23日是世界读书日，这个节日的创立是为了激励创作和阅读。阅读是对待生活的理念，也是精神层面的追求，阅读和阅读推广对人生、社会和国家均具有重要作用。"

第二节 什么是阅读推广

阅读推广包括阅读推广的主体、阅读推广的对象、阅读推广的内容、阅读推广的方式四个方面，也就是谁来推广阅读，向谁推广阅读，推广什么内容，如何推广阅读。

一、阅读推广的主体

县域阅读推广的主体指的是阅读推广活动的发起者、组织者、实施者和管理者。全民阅读活动是一项社会文化系统工程，需要融合全社会的力量推行。提高国民的阅读率，形成人人热爱阅读、全民阅读的社会氛围，党委、政府、图书馆、出版机构和大众媒体及民间力量等负有不可推卸的责任。纵观全球的阅读推广工作，我们可以发现，国际组织、各国政府、媒体机构、图书馆界、非营利机构、教育机构、医疗机构、个人等均参与其中，或成立阅读推广机构，或推出阅读推广项目，或组织阅读分享活动。

二、阅读推广的对象

由于县域阅读推广的目标是"全民阅读"，县域阅读推广所服务的对象应该是社会中的每一个个体。但在进行县域阅读推广时，我们应该首先对县域阅读推广的目标人群进行研究。因为不同的对象在阅读兴趣、阅读能力、阅读动机和审美取向上各不相同，这都将影响县域阅读推广的内容及成效。

为了使县域阅读推广工作更具针对性、效果更显著，在进行阅读推广工作时要将推广对象进行细分。比如,按年龄层进行划分,可以将阅读推广对象分为低幼儿童读者、少年读者、青年读者、中年读者、老年读者;按职业进行划分,可以将阅读推广对象分为军人、公务员、事业单位人员、工人、农民、打工者、白领等若干类别。针对不同的读者对象再设计不同的阅读推广内容。台湾大学陈书梅教授提出,公共图书馆的阅读指导服务应是"知书"与"知人"服务,即阅读推广人针对读者个人特质与特殊需求主动建议适合的阅读素材,这其中讲的就是向"目标人群"推广及推广"什么"的问题。

三、阅读推广的内容

县域阅读推广,不仅仅包括阅读的读物,还包括阅读能力的提升、阅读兴趣的培养、阅读习惯的养成、阅读品味的熏陶及阅读氛围的营造。读物包括纸质书、电子书和无字书(存在于万事万物中的道)。对于有阅读意愿但不知道如何阅读的人群,县域阅读推广组织就要帮助他们提升阅读能力——包括选择读物的能力、理解内容的能力、阐释能力、批判分析与创新能力。此外,阅读兴趣的培养和阅读氛围的营造也是县域阅读推广的重点。我国在经历了20世纪70年代末80年代初的读书热之后,90年代中期以来又经历了一个由停滞、复苏到转型的周期,对当下营造阅读氛围来说,掀起新一轮的读书热显得十分必要。

教育心理学的研究表明,终身的阅读兴趣和习惯取决于有效的早期阅读。德国的一项研究表明,如果在15岁之前,一个人还没有培养出对书的感情,没有养成阅读的习惯,那么他将永远失去享受阅读乐趣的机会,他也将永远失去登入阅读殿堂的机会。因此,阅读应从儿童时期抓起,从小就要培养孩子对阅读的兴趣,并使其养成良好的阅读习惯。县域图书馆要以各种形式吸引青少年儿童走进图书馆,激发他们的阅读兴趣。经过分析研究和实践检验,县域图书馆的阅读推广活动的重点目标人群应放在未成年人身上,在读物推荐上应是经典读物,适当考虑阅读推广中的时尚元素。

四、阅读推广的方式

阅读推广方式是指如何进行推广。县域阅读推广方式是指制订活动方案，进行活动宣传，开展活动，注重活动评估，实施品牌战略，等等。阅读推广方式立体整合化，同一个阅读推广活动，采用多种方式进行。阅读推广方式密切结合目标群体特点，不同群体在阅读推广方式上有所区别；注重使用交互式工具，充分使用新技术开展阅读推广活动；加大阅读推广人员队伍建设和管理力度。

第三节　为何做阅读推广

一、阅读推广的意义

1. 有利于国家文化软实力的提升

全民阅读是一项民生工程，越来越受到人们的重视。近年来，许多国家把阅读推广活动作为提升国家文化软实力与核心竞争力的必要手段。美国实行"阅读优先计划"，英国努力建立"满是读书人的国家"，日本开展"亲子20分读书"活动……2011年10月18日，党的十七届六中全会已提及"全民阅读"；2012年11月，党的十八大报告历史性地写入"开展全民阅读活动"；全民阅读连续六年被写入国务院政府工作报告，大力引导全民阅读广泛深入的开展。可以说，开展全民阅读活动，进行阅读推广工作，已上升为国家战略。

2. 有利于社会主义核心价值构建

在世界经济全球化、政治多极化、文化多元化背景下，思想道德层面的问题不容小看。社会上拜金主义、个人主义盛行；黄、赌、毒等恶行时有发生；假冒伪劣，坑蒙拐骗，层出不穷；食品安全，令人担忧；一些人的思想道德素质滑坡。一个国家、一个民族的思想基础和核心价值体系建设离不开书香文化的支撑，必须常抓不懈、久久为功。全民阅读推广工作有利于社会主义核心价值观教育开展，全民阅读对强化文化认同、增强文化自信、提振民族精神、净化社会风气、提高公民素质、构建社会主义核心价值等都具有不可替代的作用。

3. 有利于公共文化服务体系建设

促进全民阅读，重在全民参与，贵在全民共享，如何常态化、长效化推进，真正深入基层、深入人心，使之成为全民自觉行动和良好社会风尚，是迫切需要解决的重要课题。全民阅读推广工作有利于推动书香城市建设向下扎根、向全社会覆盖；有利于提高公共文化服务供给的多样性；有利于打造城市15分钟文化圈和农村十里文化圈，为公共文化服务体系建设提供新的平台。

4. 有利于提高文化服务有效供给

全民阅读推广工作有利于提高公共文化服务供给的有效性，有利于为"大众创业、万众创新"时代培育创业创新力量，有利于全民共享改革开放成果，不断满足其日益增长的精神文化需求。全民阅读对提高党的执政能力和巩固党的执政基础意义重大，这关系到政权的稳固，关系到党和国家的长治久安，关系到社会的稳定与进步，关系到民族的振兴。书籍是人类传承文明的主要载体，阅读对个人和社会都有十分重要的作用；推进县域全民阅读是社会发展的需要，是时代的使命。

二、高考作文的启示

2019年全国高考语文共有8套试卷，其中教育部考试中心统一命题3套，北京、天津、上海、江苏、浙江等自主命题5套。

这些作文题的出题思路是什么？重点考查考生哪些能力？透视未来中学语文教育哪些趋势？《新华视点》记者采访多位教育专家进行解读。

1. 议题设置

爱国情怀、奋斗精神、生活思考是2019年高考作文题目的几个关键词。

教育部考试中心相关负责人表示，2019年是中华人民共和国成立70周年、五四运动100周年，2019年的高考作文题以德育为魂，积极回应时代重大主题，发掘新时代立德树人的深刻内涵。

天津卷作文以"爱国情怀"为主题，选择方志敏、陶行知、黄大年的三则材料，分别表达对祖国光明前途的坚定信念，个人对国家、民族的责任，献身人类历史发展的人生观、价值观。

北京卷作文试题"2019的色彩"，引导考生将个人成长置于国家发展的历史进程中，激发他们的时代责任感和使命感。

北京卷"中华文明的韧性"、上海卷"中国味"则凸显中国元素，引导考生深入领悟中华文明"韧"的精神内核，加深对中华文化的理解与认同，强化文化自信。

引导考生思考让青春在奋斗中焕发光彩，是另一个重要主题。全国卷Ⅱ卷作文试题"青春接棒，强国有我"，写作任务设置五种身份，引导考生以参与者的身份设身处地体验历史、思考未来，激励他们秉承前辈奋斗精神，勇克难关。

此外，一些作文题从小事切入，强调对身边生活的理解与洞察。全国卷Ⅲ卷作文试题"画里话外，师生情长"，倡导尊师重教，引导学生品格修行；全国卷Ⅰ卷的"热爱劳动，从我做起"，立足于中华民族热爱劳动的优秀文化基因，引导考生热爱劳动、崇尚劳动、尊重劳动。

此外，浙江卷的"作家与读者"及江苏卷的"物各有性"，则视角开放，颇具人文和思辨色彩。

2. 考查重点

（1）时代共振、社会关切、综合素养

教育部考试中心相关负责人表示，2019年的高考作文题以德育为魂，积极回应时代重大主题；以智育为基，贴近学生现实生活及认知实际；同时助力体美劳教育，科学体现素质教育的全面育人理念。

"文章合为时而著，歌诗合为事而作。"华南师范大学附属中学语文老师曾一鸣表示，全国卷Ⅰ卷、Ⅱ卷考题视角宏大，与新时代主题共振，考生写作成功的关键，必须关心时政，准确把握时代脉动，拥有家国天下的胸怀抱负和思接千载的开阔视野。

与此同时，一些作文考题重点考查学生生活积累、情感挖掘、思辨能力。华南师范大学文学院教授滕威说，全国卷考题"热爱劳动，从我做起"，列举了多种现代人不正确的劳动观，很多看法或许就与考生本人的想法一致。如何面对一个莫衷一是的问题，充分厘清矛盾、分辨谬误、提出真知，既考验学生的价值观，又能透视他们对生活的真实思考。

广东省教育研究院语文科主任、高中语文教研员王土荣表示，深刻地观察社会、思考人生和关照自己，是新课标对语文教学的重要要求，也是当下语文教育中特别缺失的。2019年的高考作文题引导学生对人生、社会和个人进行思考和判断，富于针对性和启发性。一名优秀的高中生，应具备关注、反思、预测等综合素质和能力。

（2）未来趋势

语文怎么教？学生怎么学？

观察近年考题，一些教育专家与一线名师表示，未来高考作文将朝以下几个方向发展：

——贴近社会现实，"两耳不闻窗外事"不可行。从汶川地震到中国崛起，从女儿微博举报到名人虚假广告，从创业故事到"一带一路"，关注时事热点越来越成为一大趋势，此类主题也连续十几年出现在高考作文题目中。

山西太原十二中语文老师、"时代新人"演讲人赵旭老师认为，近年来，高考作文题目更为关注社会现实，直面社会热点。对考生提出了更高的要求，不能与社会隔离，要充分了解世界，构建成熟的价值观。

——凸显文化底蕴，应试背诵将更加失灵。清华大学教授谢维和表示，近年来的命题趋势，体现了对考生文化修养积累与沉淀的重视，仅有知识储备是不够的。取得优异成绩，需要阅读名著经典、铭记历史、感知时代、追踪新知，更需要深入思考、独立判断，那些刷题、押宝、死记硬背的方法将越来越失灵。

——鼓励多元表达，"脸谱作文"不讨喜。中国教育在线总编辑陈志文表示，随着社会不断发展，高考作文命题也越来越灵活，制式文本越来越少。这就要求学生不仅要关注学科内知识，还要加强对社会以及各领域相关知识的了解，增强想象力，才能在有限时间内完成选题、构思、写作等方面的任务，呈现个性化表达。

曾一鸣表示，语言运用能力、思维能力、审美能力、文化传承这四个方面的核心素养，是新课标的要求，也是今后语文教育的方向。

在语言建构与运用方面，无论是口头语言还是书面语言，学生都应多训练，多看、多听、多想、多写；在思维方面，要多关注现实、社会和历史，提高逻辑思维能力、辩证思维能力、创新思维能力和历史思维能力；在审美方面，要培养健康、向上、高尚的审美观和审美能力；在文化方面，要加强对社会主义先进文化、革命文化和中华优秀传统文化的关注，在实践中传承和理解。

新时代高考作文给学生提出更高的要求，阅读助力作文势在必行。在语文教学中长期以来一直存在着一个不容忽视的问题，即阅读与写作的脱节。阅读能力与写作能力是学生语文能力的重要组成部分。这两大能力不是相互排斥、各自独立的，而是互相影响、互相促进的。可是，有的语文教师只注重写作知识的传授，关注写作技巧，关注审题、立意、选材、布局谋篇，但收效甚微，这颠倒了"写什么"与"怎么写"的本末关系。当学生无"米"下锅时，任何烹调技术都没有实际意义。有了"米"，就会做熟，就能做好。在写作中灵活运用阅读素材，才能真正写好作文。

| 第三章 |

县域阅读推广活动运作

第一节　活动保障

一、法规保障

国外在这方面先行先试,探索出了一整套保障体系,如美国的《卓越阅读法》(1998年)、《不让一个孩子落后法案》(2002年),日本的《关于推进儿童读书活动的法律》(2001年),韩国的《读书振兴法》(1994年)、《读书文化振兴法》(2009年),等等。2006年11月,俄罗斯正式颁布了《国家支持与发展阅读纲要》,从国家立法的层面肯定了阅读对实现公民其他权利、保障公民融入多阶层多民族社会、促进俄罗斯实现全面现代化,以及增强国家综合竞争力等方面的积极作用。

2017年3月1日,《中华人民共和国公共文化服务保障法》正式实施。2018年1月1日,《中华人民共和国公共图书馆法》正式施行。两部国家立法的出台,标志着我国公共文化领域的法制化进程正加快推进,阅读推广事业正式走上了法制化的快车道。2017年6月,国务院法制办办务会议审议并原则通过了《全民阅读促进条例(草案)》,自2017年6月起实施。《江苏省人民代表大会常务委员会关于促进全民阅读的决定》已在2014年11月27日获江苏省十二届人大常委会第十三次会议审议通过,作为全国首部促进全民阅读的省级地方性法规,于2015年1月1日起正式实施。

二、政策保障

2019年3月15日,"倡导全民阅读"再次被补充写入《政府工作报告》,其全部完整的表述为"倡导全民阅读,推进学习型社会建设",并且其中对于"学习型社会"的表述首次由"建设"改为"推进"。自2014年起,"全民阅读"已经第六次被写入《政府工作报告》。继2018年之后,这也是"全民阅读"第二次被补充写入《政府工作报告》。

报告提出,丰富人民群众精神文化生活。培育和践行社会主义核心价值观,广泛开展群众性精神文明创建活动,大力弘扬奋斗精神、科学精神、劳模精神、工匠精神，汇聚起向上向善的强大力量。加快构建中国特色哲学社会科学。加强互联网内容建设。繁荣文艺创作，发展新闻出版、广播影视和档案等事业。加强文物保护利用和非物质文化遗产传承。推动文化事业和文化产业改革发展，提升基层公共文化服务能力。倡导全民阅读，推进学习型社会建设。深化中外人文交流。"全民阅读"连续六次被写入《政府工作报告》对阅读推广影响深远。这反映了政府对阅读推广的态度，也显示了阅读推广已进入一个新的发展阶段。

2014—2018年《政府工作报告》中关于"全民阅读"的内容如下：

2014年：文化是民族的血脉。要培育和践行社会主义核心价值观，加强公民道德和精神文明建设。继续深化文化体制改革，完善文化经济政策，增强文化整体实力和竞争力。促进基本公共文化服务标准化均等化，发展文化艺术、新闻出版、广播电影电视、档案等事业，繁荣发展哲学社会科学，倡导全民阅读。提升文化产业发展水平，培育和规范文化市场。传承和弘扬优秀传统文化，重视保护文物。加快文化走出去，发展文化贸易，加强国际传播能力建设，提升国家文化软实力。发展全民健身、竞技体育和体育产业。我国是历史悠久的文明古国，也一定能建成现代文化强国。

2015年：让人民群众享有更多更好文化发展成果。文化是民族的精神命脉和创造源泉。要践行社会主义核心价值观，弘扬中华优秀传统文化。繁荣发展哲学社会科学，发展文学艺术、新闻出版、广播影视、档案等事业，重视文物、非物质文化遗产保护。提供更多优秀文艺作品，倡导全民阅读，建设学习型社会，提高国民素质。深化文化体制改革，逐步推进基本公共文化服务标准化均等化，扩大公共文化设施免费开放范围，发挥基层综合性文化服务中心作用，促进传统媒体与新兴媒体融合发展。拓展中外人文交流，加强国际传播能力建设。发展全民健身、竞技体育和体育产业，做好2022年冬奥会申办工作。

2016年：推进文化改革发展。用中国梦和中国特色社会主义凝聚共识、汇聚力量，培育和践行社会主义核心价值观，加强爱国主义教育。实施哲学社会科学创新工程，发展文学艺术、新闻出版、广播影视、档案等事业。建设中国特色新型智库。加强文物和非物质文化遗产保护利用。深化群众性精神文明创建活动，倡导全民阅读，普及科学知识，弘扬科学精神,提高国民素质和社会文明程度。促进传统媒体与新兴媒体融合发展。培育健康网络文化。深化中外人文交流,加强国际传播能力建设。深化文化体制改革,引导公共文化资源向城乡基层倾斜,推动文化产业创新发展,繁荣文化市场,加强文化市场管理。推进数字广播电视户户通。做好北京冬奥会和冬残奥会筹办工作,倡导全民健身新时尚。

2017年:发展文化事业和文化产业。加强社会主义精神文明建设,坚持用中国梦和社会主义核心价值观凝聚共识、汇聚力量,坚定文化自信。繁荣发展哲学社会科学和文学艺术创作,发展新闻出版、广播影视、档案等事业。建设中国特色新型智库。实施中华优秀传统文化传承发展工程,加强文物和非物质文化遗产保护利用。大力推动全民阅读,加强科学普及。提高基本公共文化服务均等化水平。加快培育文化产业,加强文化市场监管,净化网络环境。深化中外人文交流,推动中华文化走出去。做好冬奥会、冬残奥会筹办工作,统筹群众体育、竞技体育、体育产业发展,广泛开展全民健身,使更多人享受运动快乐、拥有健康体魄。人民身心健康、乐观向上,国家必将充满生机活力。

2018年:为人民过上美好生活提供丰富精神食粮。要弘扬中华优秀传统文化,继承革命文化,发展社会主义先进文化,培育和践行社会主义核心价值观。加强思想道德建设和群众性精神文明创建。加快构建中国特色哲学社会科学,繁荣文艺创作,发展新闻出版、广播影视、档案等事业。加强文物保护利用和文化遗产保护传承。建好新型智库。加强互联网内容建设。深入实施文化惠民工程,培育新型文化业态,加快文化产业发展。倡导全民阅读,建设学习型社会。深化中外人文交流,增强中华文化影响力。我们要以中国特色社会主义文化的繁荣兴盛,凝聚起实现民族复兴的磅礴精神力量。

三、人员保障

1. 领导机构

县域有专门的阅读推广领导机构,负责指导、策划、组织、宣传、评估、品牌战略实施等阅读推广相关工作。如盐城市盐都区全民阅读活动领导小组2019年5月22日下发了《关于调整盐都区全民阅读活动领导小组的通知》(都阅发〔2019〕1号),因区级机关机构改革和人员分工调整,结合全民阅读工作需要，决定对区全民阅读活动领导小组组成人员进行调整。两个常委担任正副组长，成员由区委办、区政府办、区委宣传部、区委区级机关工委、区文明办、区教育局、区文广新局等20多个部委办局分管领导组成。区全民阅读活动领导小组办公室设在区委宣传部，办公室主任由王迎春同志兼任。2016年8月3日，盐都区成立了全民阅读促进会，由区委常委、宣传部部长和区委常委、统战部部长担任名誉会长，成员包括区文广新局、区文明办、区教育局等相关职能部门和单位。在实施县域全民阅读推广工作目标的过程中，采取以区、镇（街道）、村（社区）为主体，以区委宣传部、区文广新局等为牵头职能部门的方式，明确各成员单位所承担的职责，定期或不定期召开工作协调会，协调各单位的力量，处理阅读推广过程中的问题。同时，借助于网站、工作简报等载体，通报各镇（街道）阅读推广工作信息，宣传典型，交流经验，以此形成整体合力，扩大阅读推广影响，不断推进全民阅读工作迈上新台阶。

2. 阅读推广人

阅读推广人是指个人或组织阅读机构，通过多种渠道、形式和载体向公众传播阅读理念、开展阅读指导、提升公众阅读兴趣和阅读能力的专业和业余人士。阅读推广人应具有的素养有：爱阅读懂阅读，社交沟通能力，策划创意能力，宣传写作能力，能够利用新技术为县域阅读推广工作服务的能力。

县域阅读推广人的职责是阅读推广，传递阅读价值观念，帮助他人尤其是未成年人培养阅读兴趣与高雅的阅读品位，获得阅读能力、思辨能力和批判能力。他们推动市民的阅读兴趣培养和阅读能力建设，推动他人从"爱读"走向"会读"。他们关注阅读公平，为推动弱势群体阅读创造条件。县域阅读推广人成立的阅读组织及开展的各类阅读推广活动，一定程度上弥补了县级图书馆阅读推广服务的不足，扩展了县级图书馆延伸服务空间。推动阅读中心下移，实现了阅读走向基层、走进民间。

阅读有私人化的一面，又有社会化的一面；阅读既需要独处，又需要有交流、碰撞。阅读推广人通过"一对多"的组织形式，在学校、社区、机关、网络空间里凝聚起一个个探索真理、互相激励的阅读型团体。越来越多的阅读型团体的出现，是县域求学问道风气的直接表现，它不仅赋予一座城市以活力，而且赋予一座城市以文明沉稳的性格和超越肤浅表象的深度。人文精神对于社会进步和城市发展始终起着重要推动作用。世界城市发展的历史表明，城市的凝聚力、影响力和辐射力很大程度上取决于它的人文精神和人文力量。所以，我们提出，不仅仅要把读书看成是事业成功的手段，更要把阅读提升到一个城市的价值层面，来塑造这个城市的精神品格，"让城市因为热爱读书而受人尊重"。

3. 志愿者

县域阅读推广工作，仅仅依靠阅读推广人是不够的。发动、组织、鼓励志愿者，这是县域阅读推广机构必须不断学习、总结的工作。比如，"和悦读书润盐都"志愿服务项目，就利用盐都区图书馆自身资源优势，整合社会力量，吸收了志愿者 426 人。该项目紧紧围绕"静、动、研、新、宣、恒"六字诀，灵活多样地开展阅读分享、课题研究、参考咨询、展览、展演、讲座、研讨会、演讲、征文、知识竞赛、故事会、猜谜、文创产品开发、网上专题等线上线下志愿服务活动。每年开展志愿服务活动 200 多次，深入贯彻习近平新时代中国特色社会主义思想，推动中华优秀传统文化创造性转化，创新性发展，促进盐都区志愿服务工作和阅读推广工作向纵深推进。盐都区及周边地区每年受益群众近 10 万人。多次荣获国家、省、市表彰，志愿者乐绍琪、乐华泽等被评为中国好人、江苏好人等，并有志愿者出版专著 1 部，参编著作多部，主持的 18 个省市级社科课题立项结项获奖。学习强国、人民网、中国新闻网、《现代快报》、盐阜大众报业集团等数十家媒体每年报道 100 多次。

四、物质保障

1. 加强县域图书馆总分馆制建设

按照国际标准，一所图书馆的服务半径不超过 4 公里，这个距离以外的人群基本上是享受不到这个图书馆的服务的。早在 1977 年，日本颁布的《第三次全国综合开发计划》就提出居民徒步 20 分钟之内必须有一个图书馆。在我国，平均一个图书馆的服务半径是 32 公里。加强对县域图书馆的建设和投入，支持社区图书馆、流动图书馆的发展，真正发挥农家书屋的作用，缩小图书馆服务半径，是开展县域阅读推广工作的硬件保障之一。盐都区图书馆建立了区、镇（街道）、村（居委会）、文化中心户四级网络。作为全区文献信息资源的服务中心，在服务经济建设、开展社会教育、传递科学情报、开发智力等方面发挥了重要作用。

2. 加大城市阅读新空间建设力度

扬州城市书房的建设经验。一是靠近家门口。扬州坚持在城市最繁华、最漂亮、离老百姓最近的地方建设城市书房，构筑15分钟阅读圈，让阅读空间嵌入城市的各个角落。二是阅读全天候。城市书房为市民提供自助办证、阅览、借还、数据库检索、二维码书刊数字资源下载等"一站式"阅读体验服务，使其成为一个功能齐全的"微型图书馆"。与图书流动服务车、掌上图书馆相比，城市书房功能更全，且能提供场馆式阅读，不需去总馆就可就近找书、看书和借书。三是环境很温馨。扬州坚持以人为本、用温度和情感建设城市书房的理念。书房提供宾馆式居家式阅读体验，除了阅览桌，还有吧台式桌子，方便读书交友。无论外面寒冬酷暑，空调暖气设备都保证书房内四季如春。城市书房还配备了卫生间、电源插座、无线网络、图书自助消毒机、饮料咖啡零食自动售卖机和免费纯净水。通过集成数据通信和数据处理技术对室内设备进行自动控制，打造出人性化、智能化的温馨环境，极大地增强了城市书房的读者粘性。城市书房24小时"不打烊"，市民可以随时借阅图书，免费阅览每天更新的报刊、电子图书，免费下载数据库资源、查询图书馆馆藏书目资料等。城市书房极大提高了图书资源利用率，成为提升市民文化获得感的文化福利。

盐都区加大城市阅读新空间建设力度。充分论证，因地制宜，城乡同步，统筹规划，分步实施；成立盐都区城市阅读新空间建设领导小组和盐都区城市阅读新空间建设专家委员会。建设模式主要有以下几种：一是民营书城经营模式。充分利用民营资本，引入类似"钟书阁书店"品牌化运作，如在盐渎街道引入"融文书局"市场化运作。二是阅读新空间模式。在郭猛镇杨侍村、大纵湖镇三官村、大纵湖旅游度假区等旅游景点建设阅读新空间。在大市区范围内合理规划逐步建设城市阅读新空间，特别是用工较多的企业，要重点倾斜，如东山精密、悦达印刷等企业。不断提升区图书馆阅读阵地建设水平，充分发挥全区阅读总阵地的引领作用。三是乡镇阅读空间模式。一方面利用临街的镇级文化站，将其一楼门面升级改造成功能齐全的图书阅读空间，打造一批阅读型公益窗口；另一方面鼓励有条件的乡镇书店做适当的提升，打造一批集图书销售、图书阅读于一体的乡镇阅读空间，建成达标的可给予5万元以上补助。四是农村阅读空间模式。加强村（社区）图书阅览室和文化中心户建设，尽可能多与村卫生服务中心建在一起，不断提升农村阅读阵地建设水平，为广大农民群众提供更多更好更加便捷的阅读空间。

3. 鼓励社会各界开展阅读推广工作

在县域阅读推广领域还活跃着大量的其他社会力量。媒体、书店、学校、医院、读书会、基金会等，都是县域开展阅读推广工作的生力军。党委和政府应该对他们的工作予以鼓励和帮助，比如，在组织注册等方面为专门致力于阅读推广的民间组织提供方便。盐城县域活跃着一大批民间阅读组织，如盐都区和悦读书会、华泽书社、绍琪书屋等。

4. 文献资源

文献的形式有三种：纸质书、电子书和无字书。纸质书包括图书、报纸、期刊等，电子书包括电子图书、电影、电视、音乐、游戏、网页软件等，无字书是指存在于万事万物中的道。

5. 活动经费

县域阅读推广活动经费来源主要有：上级拨款、活动收入、企业赞助、合作收入、文创收入等。

五、安全保障

县域举办阅读推广活动，希望参与者多多益善的同时，又担心安全事故的发生。安全是一切工作的前提。县域阅读推广活动策划、组织、实施的全过程，都不能忽视安全管理，要有专门的安全管理机构、安全管理制度、事故防范措施，以及应对突发事件的应急预案。

与县域图书馆正常的安全管理不同，县域阅读推广活动开展时，参与读者多，不可控因素较多，特别是大型阅读推广活动，参与人员都是临时到场，对活动地点的环境、安全措施、逃生路线等不熟，一有风吹草动，可能会惊慌失措。所以，公安部门要求500人以上的大型活动事先报批，并派员维护治安，县域在举办大型活动时，一定要遵照执行，警钟长鸣。

随着县域阅读推广活动呈现分众化、个性化的发展趋势，小型阅读推广活动越来越多。尽管对于某一个活动来说，参与人数少了，但事实上活动场次多了，特别是少儿阅读推广活动，参与者年龄小，需要监护人陪同，在频繁的进出中，容易产生混乱，小读者离开监护人的视野，走丢等事故时有发生。

在县域阅读推广活动现场禁烟,既是文明的需求,也是安全的需求。乱丢的烟头极其危险,即使不发生火灾,只要活动现场有不明浓烟,甚至只有烟味,就可能引发骚乱,继而发生挤伤、踩踏等恶性事故。

安全管理,既不能因噎废食,为了安全不办或减少县域阅读推广活动,也不能盲目乐观,存在侥幸心理,忽视安全管理。因此,活动组织者应在大型阅读推广活动举办前,制订一个安全管理预案,通过这个预案,落实活动的安全管理责任,明确安全管理工作内容,堵塞安全漏洞,防止出现安全死角。制订应急预案,防止或及时控制突发事件造成的安全事故。

第二节 活动内容

一、推广内容

县域阅读推广工作要高举中国特色社会主义伟大旗帜,以习近平新时代中国特色社会主义思想为指导,增强"四个意识",坚定"四个自信",做到"两个维护"。自觉承担起举旗帜、聚民心、育新人、兴文化、展形象的使命任务。大力弘扬以爱国主义为核心的伟大民族精神,开展内容丰富、形式多样的阅读推广活动,着重增强仪式感、参与感、现代感,讲好中国故事,讲好中国共产党故事,讲好新时代中国特色社会主义故事,积极培育和践行社会主义核心价值观。文化是一个国家、一个民族的灵魂。文化兴国运兴,文化强民族强。没有高度的文化自信,没有文化的繁荣兴盛,就没有中华民族伟大复兴。大力推进习近平新时代中国特色社会主义思想,在县域落地生根,开花结果。推动中华优秀传统文化创造性转化,创新性发展,弘扬盐城地域文化,满足人民群众日益增长的精神文化需求,打通公共文化服务"最后一公里"。为"强富美高"新盐城建设添砖加瓦,为盐都区生态文旅高地建设做出新的贡献。

二、推广方式

1. 常规阅读推广活动

所谓常规阅读推广活动,是指经常性或周期性举办的县域阅读推广活动,如按天、周、月等时间周期举办,其特点是形式固定、内容单一、组织程序简单。常规性阅读推广活动因为内容单一、形式固定,所以不需要花费太多人力、物力进行策划与组织。

2. 主题阅读推广活动

主题阅读推广活动是非日常性的阅读推广活动,即不纳入日常固定的服务体系中,而是在日常服务之外举办的县域阅读推广活动。这类活动既可以是周期性的,也可以是非周期性的。如果是周期性举办的,其周期有长有短,长的如年度性阅读活动等,短的如每月主题阅读活动。

第三节 活动实施

一、确定方案

为确保县域阅读推广活动顺利开展,活动组织者需要策划并确定活动方案,明确职责,落实有关责任单位和责任人具体抓。以中国共产党盐城市盐都区组织部2019年6月下发的《关于开展盐都区首届红色教育周活动的实施方案》为例,活动方案共分指导思想、目标任务、主要内容、组织保障四个部分。

二、开展活动

1. 团队构成

县域阅读推广活动的团队构成可以由阅读推广部门相关人员组成,也可以从各个部门抽调人员组成。团队既包括县域图书馆人员,也可以包括读者、志愿者等。一般来说,常规项目应该有一个相对稳定的团队,比如读书会、征文、演讲、讲座、展览、书目推荐等,因为这类活动要定期举行,必须有专人进行负责。专题活动由于半年或一年举行一次,团队成员可以临时组建。

2. 任务分解及分工

县域阅读推广活动需要把任务分解为若干个互相联系的小任务，然后进行分工。不同的阅读推广活动任务分解会有很大不同，这里以比赛类阅读推广项目为例进行说明。比赛类阅读推广活动如征文、演讲、讲故事等比赛，一般可以细分为如下环节：宣传组（包括横幅等制作，准备投影仪、音响等，自媒体、传统媒体、新媒体宣传等）、联络组（报名、通知等）、评审组（邀请专家等）、安保组（负责安全）等。

第四节 活动宣传

县域阅读推广活动在实施前、实施中、实施后要采用实物宣传、媒体宣传和活动宣传等形式开展全方位、立体式宣传。

一、实物宣传

县域阅读推广活动的宣传品一般包括横幅、海报、宣传单，以及相应的文化创意产品。宣传品的选择主要考虑目标人群的特点及经费情况。比如面向未成年人的宣传品可以选择玩具、卡通贴等，面向中老年人的宣传品可以考虑比较实用的手袋、本子等，面向大学生的宣传品可以考虑时尚感强或文艺感浓郁的咖啡杯、手机套等。目前，很多阅读推广活动的宣传品非常丰富，比如英国"夏季阅读挑战"活动的宣传品达 21 种之多。

二、媒体宣传

用于宣传的媒体分传统媒体和新媒体（包括自媒体）两种。传统媒体主要有报纸、杂志、电视台、电台等，新媒体（包括自媒体）主要有网站、App、视频、动漫、游戏、博客、微博、微信公众号、抖音、QQ 群、微信群、短信等。盐都区图书馆利用网络新媒体开展阅读推广活动宣传，开设阅读推广活动专题博客、微博、微信公众号、微信群、QQ 群等。利用 LED 大屏、展板等开展阅读推广活动宣传，建立阅读推广工作档案，每次阅读推广活动都有文字记载、照片或音像资料。每次阅读推广活动都出通稿，第一时间在网站、微信公众号、博客、微博、QQ 群、微信群等发布，及时向媒体投稿。人民网、新华网、凤凰网、光明网、中国新闻网、《现代快报》、《扬子晚报》、《盐阜大众报》、《盐城晚报》、《东方生活报》等多家媒体进行宣传报道，形成浓烈的阅读推广活动氛围，影响深远。

三、活动宣传

县域阅读推广宣传由活动来实施的时候，包括人际宣传推广方式，活动宣传推广方式等。在读书会、演讲、故事会、展览等活动中读者可以亲身感受现场氛围，可以说这本身就是最佳的宣传方式。

第五节 活动评估

县域阅读推广活动评估，一是过程评估，也就是对活动的内容、实施、宣传、保障等环节逐一评估。二是效果评估，如活动策划的创新性、读者借阅量的变化、读者阅读意愿变化、读者能力变化、读者满意度、媒体宣传报道情况等。三是评价主体，可以分为内部评估主体和外部评估主体。内部评估主体是由县域阅读推广机构内部人员组成，外部评估主体是由县域阅读推广机构之外的组织或个人组成，可以是专家、学者，也可以是读者书友。为了确保评估过程的科学性，评估结果的客观性，必须构建评估机制。评估机制主要包括评估制度建设、评估体系研究、评估团队整合、评估结果反馈、评估效益的显示等。

县域从单个阅读推广活动的评价指标构建开始，进行实证研究，再层层推进，评价县域某单位某时间段的阅读推广活动效果，再上升到县域的阅读推广活动的总体评价指标体系的构建和实证研究。一个阅读推广活动评价的总体框架应该是一个科学的、连续的、动态的、多层次的、系统的、综合的县域阅读推广活动评价指标体系和实证反馈体系。活动评估有利于县域阅读推广活动走上规范化、高质量的道路。

第六节　品牌战略

　　县域阅读推广是一项长期的活动，在长期阅读推广过程中，应该实施品牌战略。品牌的要素是价值、文化和个性。长期性、周期性，有较好的服务效益和社会赞誉度的活动才有可能成为一个活动品牌。活动品牌建设要遵循从无到有、从小到大、循序渐进的原则，充分发挥名人在品牌建设中的效应，从而提升人们对阅读内涵的理解度，对阅读价值的认知度，对阅读效果的认可度，对阅读活动的参与度。2015年盐都区有书香盐都建设、和悦读书润盐都、民间藏品进农村展览、董加耕事迹展览、书报刊悦读节、红读、农读、故事会、演讲、知识竞赛、老中医养生讲座、网络春晚、农民读书节等13项活动品牌。计划到2020年增加到26项，增加的活动品牌分别为曹文轩草房子、盐都大讲堂、湖海文化大讲堂、欢声笑语走基层、盐渎四季诗书画雅集、龙冈诗会、盐城节日民俗、少儿模拟法庭、九点留守儿童课堂、红色小人书展览、王红专快板、大纵湖龙舞、秦南狮舞。其中董加耕事迹展览、和悦读书润盐都等多项活动品牌已经荣获省市表彰。

　　县域要深入研究目前存在的多种多样的阅读推广活动方式的形成机理，细致地研究构成县域阅读推广活动的要素，推出更多符合读者需求的县域阅读推广活动，把县域阅读推广活动推向更深、更广、更有效的层次。让社会各界关注县域全民阅读成效的同时，进而从整体上提高县域国民的阅读水平，为社会主义文化大发展大繁荣奠定坚实的基础。通过阅读推广，可以创造一种高尚的城市文明样式，创建一座城市的精神灯塔，使城市成为我们的精神家园。

第四章 盐城县域阅读推广探微

第一节　图书馆情

一、大丰区图书馆

大丰区图书馆在大丰区委、区政府以及局党委的正确领导下，认真履行服务职能，不断完善公共图书馆服务体系，先后获得全国文化工作先进集体、国家文化信息资源共享工程示范区、国家一级图书馆"四连冠"、江苏省公共文化服务体系示范区、江苏省社会科学普及示范基地、盐城市文明单位等荣誉称号。近年来，从阵地建设、读者服务、社会活动、业务管理等方面入手，解放思想，锐意进取，奋力开拓，真抓实干，认真开展各项工作。

大丰区图书馆成立于1956年，经过四次的变迁，于2017年新建场馆。新馆是一座集阅览、数据库检索、数字图书、文化信息共享及图书文献收藏等于一体的文化建筑。馆舍面积1.7万平方米，各类馆藏纸质文献76万余册。基于发展需要和群众阅读的自有特色，开设亲子、少儿、视障、成人、电子资源等13个科室。截至目前，建成1个24小时自助图书馆、6所阅读新空间、22所便民阅读点、13家乡镇分馆、200多家农家书屋。据统计，持证读者3.8万余人，年接待读者52万余人次。

大丰区图书馆以活动为载体，充分发挥组织作用，不断创新传播形式，开展图书馆特色活动，致力于提升大丰区广大市民的人文素养和精神境界。每年以"4·23"世界读书日为开端，打开全年全民阅读的新篇章。一是发挥图书馆主体作用，利用自有资源开展读者讲座、少儿亲子活动、主题征文演讲、展览等活动，目前已打造"麋鹿讲坛""亲子乐园"等多个活动品牌，年均开展活动300余场，参加活动人次达5万余人，一定程度上提升到馆读者的获得感。二是积极探索社会力量参与发展道路，通过与机关、学校、企业、军队等合作，有效地调动全民阅读的热情，加强图书馆的知名度。目前"名家讲座进校园""小茶小爱阅读新空间""小水滴公益文化扶贫项目"等被国家、省认可并扶持。

大丰区图书馆领导班子设置为馆长兼书记一名、副书记一名、副馆长三名。目前，大丰区图书馆共有工作人员40名，其中编内24名，社会化用工15名，人事代理1名，临时工3名；高级职称4人，中级职称7人。近年来，大丰图书馆重视馆员综合素质的培养，利用周一闭馆时间，组织馆员学习理论知识和业务知识，制订相应的学习计划。在学术研究上鼓励馆员发表学术论文和申报课题项目，组织优秀馆员进行馆际交流和业务竞赛，在各级活动中均取得喜人的成绩。

大丰区图书馆作为广大市民的第二起居室，以其特有的无门槛、大众化和高品位，成为大众追求生命智慧、享受学习乐趣的精神家园。大丰区图书馆的建成开放，充分实现了大丰人的愿景：让公众尽享读书的权利，平等自由地使用公共图书馆，享受和谐美好生活！

二、亭湖区图书馆

亭湖区图书馆系市政府2013年文化惠民重点工程项目，于2014年1月1日建成开馆。馆址位于市区东亭路10号，紧邻亭湖高级中学和大学城，总馆建筑面积2500平方米，总投资1200多万元，主体为两层，一层侧重于图书、报刊借阅和电子阅读，另一层侧重特色馆藏、配套功能和活动空间。

亭湖区图书馆现为国家二级公共图书馆，有纸质图书21万册，电子图书9万册，报刊近300种，阅览座席345个，读者用计算机终端数量48台，服务区和办公区无线网络全覆盖。图书阅览室（含少儿借阅）、报刊阅览室、电子阅览室、音视频播放室、汽车环保特色馆藏室、视障读者阅览室、地方文献馆藏室、展览厅、学术报告厅、少儿培训活动中心等15个功能室全部面向公众免费开放，服务窗口全年无休。截至2017年年底，建有通借通还标准化分馆33家，拥有注册读者5000多人。

亭湖区图书馆着力加强阵地建设，凸显服务意识，激活文化载体。与省、市文化共享工程中心实现无缝对接，加盟"江苏省公共图书馆馆际快借服务网"，满足城乡读者对文献资源的多层次需求。开辟汽车、环保两大特色馆藏，为辖区内汽车城、环保科技城提供智力支持。配合区阅读办和宣传、文化部门组织开展丰富多彩的阅读推广活动，"书香亭湖"全民阅读季、"鹤鸣讲坛"巡回宣讲、"悦读分享·点亮梦想"阅读关爱行动、"登瀛读书会"书友交流等品牌获评市级以上阅读示范项目。常年为特殊人群送书上门，在市民聚集区投放"图书漂流箱"等个性化服务举措，为城乡读者建起阅读交流的桥梁，被中国新闻出版网等主流媒体点赞。

三、东台市图书馆

东台市图书馆新大楼于1995年12月29日落成开馆，位于江苏省东台市金海中路41号，占地面积16.46亩，主楼4498平方米，藏书30万余册，开架书刊占90%，置读者座席400多个，阅览座席350个，少儿阅览座席150个，有可容纳200多人的影视报告厅。1996年实现采编借阅自动化办公，现采用力博图书管理系统，拥有完整的图书防盗报警系统等现代化设施。1995年起连续被文化部授予"国家一级图书馆"的称号。

东台市图书馆设有9个馆内服务窗口：综合外借厅、报刊阅览厅、少儿外借厅、少儿阅览厅、参考咨询厅、古籍阅览室、地方名人陈列室、江苏省文化共享工程支中心、电子阅览室。全市设固定联系点38个，其中台城10个；分馆247个，其中台城7个（文化馆、政务中心、交通局、人民银行、新华书店、党史办、边防大队），唐洋中学1个，头灶镇中学1个，镇14个，村224个。

2018年年底，全市持证读者21570人，年外借书刊文献149671册，年接待读者25.12万人次，组织开展各类活动64场次，其中包括举办新春读者座谈会、新春灯谜竞猜活动、少儿书画比赛、第六届"盐渎风"大型读书活动、"你读书，我买单"、"迈进新时代 共筑中国梦"主题演讲比赛优秀选手汇演、朱霆新作出版座谈会、花少语言能力大赛、数字图书馆暑期活动、协办东台市委宣传部等主办的"我为你诵读"活动等48次，送展览到社区、镇村活动等16次。

每周开放56小时，双休日、节假日正常开放，配合中心宣传，流动送书服务不受休息时间限制，统一组织，服从活动安排。东台市图书馆在公共电子阅览室专设了东台政府网、东台效能网等服务平台，及时更新信息，创新服务方式，拓展服务空间。为方便读者，增设了盲人走道，专设了视障人士阅览室、活动室、少儿阅览室，对聋哑、残疾人员和外来务工人员、少儿免证阅览，对供销人员和经常外出的读者可以代借代还，同时开展预约借书，对离退休老干部、科技人员等特殊读者送书上门。

东台市图书馆多年来多次荣获"东台市文明单位""星级文明窗口"

"先进单位""江苏省文明图书馆""'三八'红旗集体""工人先锋号"等称号、奖励。每年都有文章在国家、省、市学会举办的科学研讨会上获奖,部分优秀论文被《新世纪图书馆》《图书馆学刊》等专业期刊选登。

2018年10月1日,为推动"书香城市"的深入开展,位于东亭步行街的城市书房正式试运营。2019年2月5日,东亭公园城市书房正式试运营,并计划在一年内再开2家城市书房以及4家24小时自助书吧。现已建成开放的书房藏有人文、经济、艺术、生活等各类型的中外经典书籍各8000余册。

目前正在修建新馆,建设用地面积达18700平方米,总投资约22000万元,总建筑面积29974.2平方米,分地下一层(8891.4平方米)和地上五层(21082.8平方米)。整体建筑功能规划包含阅读、藏书、会展、演艺、科普、学术交流等多个方面,建成后的新馆有望成为东台市又一地标性文化建筑。

四、建湖县图书馆

建湖县图书馆为国家一级图书馆。总分馆馆藏纸质文献约75万册,其中总馆馆藏纸质文献22万册、电子图书12万余种、各类视听文献3万余种。图书馆在设计、建设、使用、管理等各方面凸显现代化、人文化、数字化、智能化的理念,在功能布局上,主要体现了以读者为中心,以开架为主要服务方式,实现藏、借、阅、咨询、管理一体化。图书馆功能设施完善,除了传统的文献采编与储藏、书刊外借阅览、网络资料查阅、讲座展览、知识培训与社会教育、读者自习外,还增加了亲子阅览、视障阅览、自助还书、数字图书馆、移动图书馆、读者公众微信服务平台等多元化的信息服务。近年来,根据全县读者阅读需求,合理规划成立通借通还的镇(街道)分馆14家、流通点246个、24小时自助还书点1个。配备了许多现代化的设备,具备了现代图书馆数字化标准的要求。图书馆一楼主要是少儿图书馆,包括少儿阅览室、少儿电子阅览室、少儿外借室和一个盲人阅览室。二楼是成人外借部,也是新馆最大的空间,包括报刊阅览室和综合外借室,图书馆采用先进的自助借还书系统,读者可以通过办理一卡通,自主进行借书还书。

作为精神文明建设的重要窗口,建湖县图书馆秉承深厚的文化底蕴,坚持人性化的服务理念,正以大开放的空间、智能化的楼宇、数字化的服务以及先进的设施和鲜明的地方特色成为建湖一道亮丽的风景。建湖县图书馆将始终坚持读者至上,推广全民阅读,创新办馆理念,扩大服务功能,提升服务水平,努力将图书馆打造成市民书房和读者家园。

五、射阳县图书馆

射阳县图书馆是县级公共图书馆,是公益性的社会文化信息服务机构,是展示县域人文资源、对外文化交流的重要窗口之一。坐落于相传因精卫填海而成陆、后羿射日而得名的射阳县城,为国家一级图书馆、江苏省文明图书馆。

馆史悠久。始建于1956年5月,原址在合德镇兴北街;1959年冬,并入县文化馆,迁至合德镇沿河路。1980年12月,建成570平方米图书楼;1982年12月,图书馆与文化馆分离,图书馆重新单独建制;1990年10月,在原址加建了近1000平方米图书楼;2003年5月扩建后面积达2010平方米。2018年12月县委、县政府为民办实事,拨款对图书馆进行馆舍改造升级,计划2019年12月对外开放。新图书馆正在规划筹建中。目前藏书总量达25万册,在编人员16人,其中副研究馆员2人、馆员5人、助理馆员6人。

理念先进。以传播先进文化为己任,秉持"读者第一、服务至上"的理念,全馆设有成人图书外借处、报刊阅览室、图书阅览室、地方文献室、电子阅览室、展览厅、少儿图书外借室、少儿阅览室、少儿多媒体体验室等,开展书刊外借流通、馆内阅览、电子阅览、参考咨询、培训辅导、课题跟踪、声像视听、文献复制等服务,营造了人文、舒适、休闲的读书环境,为实现"项目强县、兴业富民、实干争先,加快跻身全市第一方阵"目标贡献着自己的力量。近年来,射阳县图书馆先后获得江苏省巾帼示范岗、盐城市文明单位、盐城市文化工作先进集体、盐城市双拥模范单位、"青年文明号"等荣誉称号。

特色鲜明。努力探索总分馆制,在镇区分馆全覆盖的基础上,向社区发展,建立起"县图书总馆+镇区分馆+村农家书屋"三级联网模式,实现一卡通通借通还。开通县图书馆网站和微信公众号,发挥县数字图书馆、移动图书馆、基层数字图书馆、文化共享工程等平台作用,利用馆藏数字资源，开展专题跟踪服务，为领导科学决策、科研与经济建设提供信息资源。开展科技赶集、送科技下乡活动，编印《信息文摘》，免费发放到全县机关、各基层单位，以及农村种养殖专业户手中，为群众寻求致富途径提供了条件。

活动丰富。开办每月一期的"书香射阳大讲堂"，邀请知名学者和专家举行公益讲座，着力提高全民思想道德和文化素质。常态化开展公益展览基层行活动，免费将各类特色主题展览送入农村、集市、军营、学校、社区、景区、基层场馆等，扩展了公共文化服务的内容和范围。积极开展春节灯谜竞猜、"4·23"世界读书日、全民阅读月、读书沙龙、送科技下乡、"图书馆服务宣传周"等系列活动。还通过"六一"少儿读书征文演讲、"七彩夏日"——少儿系列活动、江苏省少儿数字图书馆线上线下系列活动、"红领巾读书"征文等活动为未成年人开展服务。不断拓宽读者视野、提升全民素质，在全社会营造浓厚的全民阅读的良好氛围。

六、阜宁县图书馆

阜宁县图书馆建立于1958年，2013年10月被评为国家一级图书馆，现为江苏省社科普及示范基地、盐城市科普教育基地。

50多年来，阜宁县图书馆为阜宁县地方经济发展和丰富广大人民群众文化生活做出了一定的贡献。在党和政府的重视下，2009年阜宁县图书馆南迁到阜宁中学左涤江艺术楼。现有馆舍建筑面积6460多平方米，馆藏文献20多万册（盘），阅览座席360多个。设有公共电子阅览室、图书借阅室、报刊阅览室、地方文献阅览室、参考咨询室、盲文及盲人有声读物阅览室、自修室、少儿综合借阅室、少儿声像服务室、资源播放室、学术报告厅、展览厅、政府信息公开查询点等服务窗口。

多年来，阜宁县图书馆面向社会免费服务，先后获"江苏省文化厅先进集体""江苏省文化厅红领巾读书征文评奖活动组织奖""中国图书馆学会全国少年儿童经典读物情景剧视频大赛活动优秀组织奖""华东地区少年儿童图书馆工作协作委员会征文活动组织奖""江苏省图书馆学会征文活动组织奖""盐城人社局、文广新局先进集体""盐城市首届全民读书月活动优秀组织奖""盐城市文广新局红领巾读书征文评奖活动优秀组织奖""盐城市图书馆学会征文活动组织奖"等荣誉，多次受到上级政府部门表彰。

七、滨海县图书馆

滨海县图书馆始建于 1959 年，位于老城区银行巷，馆舍面积 200 平方米。1966 年"文化大革命"期间，图书馆并入文化馆，成为文化馆图书室。1975 年于阜东中路 132 号新建馆舍。1998 年重新投资 680 万元在原址翻建了一幢六层图书馆大楼，2000 年新馆落成，正式对外开放。图书馆现总馆建筑面积 5033 平方米，馆内设有图书外借室、报刊阅览室、少儿阅览室、电子阅览室、采编室、读者服务部、自习室、文化共享工程县支中心等。图书馆年均订阅报刊 300 种，总藏书量达 34 万余册，自 2011 年 3 月开始实行全年免费开放。在 2018 年全国第六次公共图书馆评估定级中，被文化和旅游部评定为一级图书馆。

近年来，滨海县图书馆不断提升硬件设施和服务效能，一方面，拓展少儿区面积，增加"七彩童心悦读汇"小剧场，打造生动活泼的少儿阅读环境，创造温馨舒适的亲子阅读、低幼阅读空间。新采购万余册少儿图书，特别是低幼绘本，在不断丰富馆藏资源的同时尽量满足不同年龄未成年读者的阅读需求。先后增添了 3 台歌德数字阅读借阅机、3 台少儿触摸一体机、1 台中文数字在线一体机，目前读者用机包括 iPad 在内已达 45 台。同时，新购移动图书馆手机平台，为读者提供手机阅读服务。另一方面，读者服务丰富完善。包括阅览区、自习区、活动区在内的公共空间、阅读设备及无线网全部免费对外开放；各阅览室周开放时间达 56 小时以上；积极开展老年人送书上门服务和农村留守儿童送爱心服务；开展滨海县图书馆品牌活动——"七彩童心悦读汇"周末故事活动 120 余场，开展周六儿童电影展百余次，参与读者达万余人次；连续开展了六届滨海县大众读书节，组织全民阅读活动上百场次，参与群众达 10 万人次，评选出了滨海"十佳书香家庭""十佳农家书屋""十佳职工书屋"，百余名学生在读书活动中的征文、演讲等比赛中获得奖项。建设图书馆网站、微信公众平台及移动图书馆 App，提供网站、手机、微信等多平台数字阅读服务和馆藏及借阅信息查询服务等，积极开展线下阅读活动和线上数字资源服务活动等。

近年滨海县政府高度重视图书馆发展，将图书馆新馆建设列入全县

PPP项目库，规划于2019年建成一座集阅读、交流、休闲等多功能于一体的1.5万平方米的现代化、智能化图书馆，为广大读者带来全新的阅读体验，使图书馆成为民众享受学习乐趣的精神家园。

八、响水县图书馆

响水县图书馆始建于1978年，2018年被国家文化和旅游部评定为一级图书馆。至今馆内藏书约9万册，年增2500余册图书，征订报刊220种，拥有持证读者3000余人，电子图书近20万册，盲文图书5000册。图书馆各项功能日益完善，分区空间合理，服务配套设施齐全，无障碍设施条件健全。设参考咨询服务大厅，学术报告厅，盲文及盲人有声读物阅览室，少儿综合借阅室，成人、少儿阅览室，自修室，办公区。成人图书室内设电子阅览室、图书外借处、期刊借阅室、报刊阅览室、政府信息公开查询专处、采编室。活动中心内设少儿声像服务室、资源播放室、参考咨询室、地方文献阅览室、多功能大厅等。全馆365日全天候免费开放。另有5个分馆，年接待读者约3000人次。现有工作人员9人，领导班子3人，其中馆长1人，副馆长2人。馆内拥有两台电子借阅机、一台云屏数字借阅机、一台触摸屏一体机、两台iPad，网站、微信公众平台、移动图书馆等新媒体服务一应俱全，无线网络覆盖率达到100%。

响水县图书馆在平时的工作中积极举办各类文化活动，全年开展各类活动15余场次，主要是"书香响水"系列活动，"4·23"世界读书日，全民读书月，图书馆服务宣传周，红领巾读书征文，读书征文演讲、诵读比赛，健康教育、热点知识培训讲座以及各种大型图片展览等，这些活动已成为知名特色活动。

响水县图书馆充分发挥知识门户、终身学校、文明基地和信息枢纽四大功能，积极探索并不断实践公共文化服务体系建设。1998年被市人事局表彰为先进集体，被盐城市文化广电新闻出版局表彰为盐城市服务农民基层文化工作先进集体，2007年被响水县文化广电新闻出版局表彰为全县文化广电工作先进集体，多次被县委、县政府和县精神文明建设委员会表彰为文明单位。县图书馆作为文化共享工程的支中心，在加强自身软、硬件建设及不断提升信息集散功能的同时，负责全县文化共享工程基层服务点的业务指导、技术支持和信息推送工作，建立了县图书馆—乡镇文化站—村（社区）三级网络。

九、盐城师范学院图书馆

盐城师范学院图书馆由原盐城师范专科学校图书馆、盐城教育学院图书馆于1999年合并组建而成，2002年盐城商校图书馆并入，其前身盐城师专图书馆始建于1958年。

盐城师范学院图书馆秉承"读者至上、服务第一"的宗旨，为全校师生提供书刊借阅、信息检索、阅览自习、读者培训、情报咨询、文献传递、网络学习、电子阅览和视听欣赏等多类型、多层次的服务，现有新老校区两个馆，馆舍建筑面积共4.35万平方米，阅览座位4939个。其中，新校区（新长校区）馆建筑面积3.2万平方米，老校区（通榆校区）馆建筑面积1.15万平方米。两个校区馆统一管理，实行通借通还，可在任一校区借阅归还其他校区的书刊。

该馆现设一室四部（办公室、文献资源部、技术部、读者服务部、情报咨询部），共有在编人员43人，编外人员12人，其中正高2人、副高9人，博士研究生2人、硕士研究生8人。自1999年以来，员工在省级以上学术刊物上共发表论文430多篇，其中权威和核心刊物120多篇，有40多项省、市、院级科研项目立项或结项。

近年来，该馆根据学校规划及教学科研需要，遵循"围绕教学、服务科研、统筹规划、合理配置、突出重点、构建特色"的原则进行资源建设，形成了完整的综合藏书体系，涵盖人文科学、社会科学、自然科学与应用技术等各领域。目前馆藏文献总量达370万册，其中纸质图书190万册，纸质刊物近1200种，古籍1.6万册（其中明清善本33种）。该馆还藏有《四库全书》《古今图书集成》《民国史档案资料》《不列颠百科全书》《美国大百科全书》等古今中外重要文献资料。

该馆购置和自建中外文数据库50多个，包括各种知名的大型综合数据库、各类权威的专业全文数据库，主要有中国学术期刊全文数据库、中文科技期刊全文数据库、中国学位论文全文数据库、超星方正电子图书、维普考试资源、新东方多媒体学习、网上报告厅、计算机和英语学习库、博看期刊、读秀学术搜索、百链云、Elsevier、SciFinder、EBSCO、Springer等。这些数字资源覆盖面广、专业性强，对教学科研起到了重要的保障作用。

该馆 1996 年开始使用自动化网络管理系统，1998 年建立"阳光网"（http：//lib.yctc.edu.cn），经过不断发展和更新，其功能逐步增强，服务日趋完善，深受读者欢迎。还开通了移动图书馆、微信平台、官方微博，使服务全面进入了移动微时代。

盐城师范学院图书馆是江苏省苏北地区高校联合体成员馆，同时也是盐城地区高校联合体文献资源共享的牵头馆。该馆充分发挥区域文献信息中心的作用，开通了盐城地区高校联合体文献传递系统，提升了盐城地区高校的文献资源建设能力和保障水平，为地方经济和社会发展提供了良好服务和有力支撑。

十、盐城工学院图书馆

盐城工学院图书馆成立于 1996 年，由原盐城工业专科学校图书馆和盐城职业大学图书馆合并而成，现有两座馆舍，分别位于南校区（希望大道）和北校区（建军东路），总建筑面积 4.7 万平方米，有阅览学习座位 4622 个。馆藏印刷型文献 177 万册，引进与自建数据库 34 个。图书馆下设 6 个部门：办公室（与文献检索课程组合署）、读者服务一部、读者服务二部、文献资源建设部、科技查新工作站（与参考咨询部合署）、技术部，现有工作人员 87 人。2014 年，盐城工学院获批教育部部级科技查新工作站（理工类），成为全国 102 所获得该资质的唯一地方工科本科院校。图书馆充分发挥在学校人才培养、科学研究、社会服务和文化传承创新中的教育与信息服务两大职能。以建设高水平应用型大学图书馆为定位，以"读者第一，服务至上"为宗旨，以资源建设为保障，不断提高服务质量和服务水平。在不断满足学校教学科研所需的文献信息资源和情报服务需求的同时，积极为社会和地方经济发展提供信息咨询和情报服务。

1999 年开通盐城工学院图书馆网站，经过多次升级改版，目前已经成为为教学和科研提供信息服务和情报咨询的主要窗口和平台。2000 年引进"汇文"图书馆自动化集成管理系统，实现了跨校区书刊流通管理。2015 年开通图书馆微信平台并建成新生入馆教育自助考试系统。目前拥有计算机 500 余台，在南北校区各设有电子阅览室，形成了独立的图书馆计算机光纤互联网络，通过网络向广大读者提供高效便捷的网上信息服务。两个校区图书馆在网络设施、办公设备、存储设备等方面的基础设施建设进一步升级，实现集中存储模式，集中存储设备达到 120TB，满足了文献信息服务的需要。

盐城工学院图书馆目前为读者提供包括借阅、参考咨询、科技查新、信息素养教育等服务内容。在借阅服务方面，实施"流阅一体化"模式和组织开展形式多样的阅读推广活动，不断满足读者自主学习和多元化阅读的需求；在参考咨询服务方面，通过网络为用户提供虚拟咨询、代查代检、定题跟踪、原文传递等服务项目，同时为学校人才引进、职称评审、学科建设等提供决策依据；在科技查新服务方面，获得教育部部级科技查新站资质；在信息素养教育方面，系统安排"新生入馆教育"讲座、定期举办"信息资源使用"讲座、全面开设"信息素养与信息检索"课程，同时利用信息素养与信息检索教学课件、"新生入馆教育"PPT、常见问题解答（FQA）、图书馆微信平台等为读者提供信息素养辅助教育。

十一、江苏医药职业学院图书馆

江苏医药职业学院图书馆创建于 1958 年，前身为盐城医学专科学校图书馆。2006 年 8 月，图书馆与信息中心合并成立图书信息中心，现有工作人员 20 人。伴随江苏医药职业学院的整体战略发展，图书馆现有解放校区和建军校区两处馆舍，总建筑面积 24844 平方米，总阅览座位 2000 余席。

图书信息中心已成为学院的文献资源及信息建设的中心，承担着为全院师生提供完善的图书借阅、报刊阅览、非书资料以及网络资源的查询下载服务工作；承担着学校图书、期刊、音像资料和电子文献的收集、采购、编目及管理工作；同时还承担着全院计算机学科的教科研任务，负责校园网功能的开发、运行维护和管理服务工作，负责现代化教学技术的管理指导及相关资料和课件的采集、维护、使用。

随着学院办学层次不断提高，办学规模逐步加大，学生数不断增加，资源不断丰富，图书馆的读者人数逐年上升，从 2000 年的约 5 万人次发展到 2016 年的 10 多万人次，图书馆的服务时间不断延长，周开放时间也从 48 小时增加到 91 小时，即每周 7 天、每天 13 小时的连续开馆服务。

自学院升格以来，图书经费的投入增长幅度较大，图书馆的馆藏资源不断丰富，图书馆根据实际工作的需要，采取印刷文献和电子文献并重，实体馆藏与虚拟馆藏并存的采购策略。截至2016年年末，学院图书馆的纸质藏书已近45万册，中外文报刊800多种，引进中外文数据库5个，购进并存储电子图书2662GB。基本上覆盖了学校的所有学科和研究领域，种类丰富、品质优良的数字资源为全面提高学校教学科研和学科建设水平提供了有力保证。

图书馆集"藏、查、借、阅、参"于一体，兼具管理中心职能。图书馆投入使用后，图书馆的硬件水平有了极大的提升，在此基础上不断拓展各种形式的创新服务，除传统的纸质文献借阅、多媒体阅览、参考咨询、馆际互借、文献传递、学科服务、科技查新及讲座、展览等服务之外，移动图书馆、座位预约管理系统等智能化信息管理系统的应用使图书馆的现代化水平日益提高，力求以更加人性化的服务，为读者打造舒适温馨的阅读环境，使图书馆成为学校的文献保障中心、学术交流中心和文化传播中心。图书馆全体馆员本着"读者第一、服务至上"的宗旨，努力为读者营造文明、有序、舒适、开放的学习和信息利用环境，为学校的教学和科学研究提供强有力的文献信息服务保障。

十二、盐城工业职业技术学院图书馆

盐城工业职业技术学院图书馆于2006年9月投入使用，馆舍面积13000平方米。内设基本书库、专业书库和综合书库，馆藏图书60多万册，中外文报刊1000余种，形成了结构合理、特色鲜明的藏书体系。设有社科阅览室、自然科学阅览室和多功能自习中心等学习场所，拥有座位近2000个，馆内实现无线网全覆盖，方便读者自带笔记本上网。设有4台OPAC查询机和3台触摸屏机，读者可以非常方便地查询本馆藏书目录和个人借阅信息。图书馆大厅设有超星电子图书借阅机、九星时代电子报刊阅读机等设备。另外，馆内还设有悦读时光咖啡书吧、诚信书屋、电子阅览室、E空间和大学生事务中心等不同功能的区域，最大限度地满足读者的各种需求。

盐城工业职业技术学院图书馆现有各类管理人员19人，下设4个部门：资源建设部、信息技术部、读者工作部和综合办公室。该馆秉承"读者至上、服务第一"的宗旨，立足为教学科研提供良好的文献保障和优质的服务，注重学生的人文素质培养，在搞好纸质文献建设的同时，加强数字资源建设，资源获取能力日益提高。根据读者教学科研和学习的需要，该馆先后购置了中国知网期刊、硕博论文、报纸、会议、专利、标准等全文数据库及大学生论文管理系统，万方数据服务平台，超星移动图书馆、超星读秀、超星发现、超星汇雅百万电子图书包库系列资源，以及畅想之星随书光盘，中科考试学习资源库等海量的数字资源。该馆采用开放的文献布局，藏、借、阅一体的现代图书馆管理模式，全方位地为读者提供各项信息服务。建立了到馆现场服务和网上虚拟服务相结合的服务体系，提供书刊借阅、科技查新、论文检测、读者培训、馆际互借和文献传递等各类服务。

该馆以读者为中心，通过举办新生入馆教育与体验，校园读书节，名家讲坛，开展读者协会活动，开通微信公众号等方式与读者积极互动交流，不断推动书香校园建设，多次受到上级有关部门的表彰。2016年，该馆"零距离、深体验、菜单式——"95后"新生入馆教育多元化模式的实践"，受到江苏省高校图书情报工作委员会表彰，荣获"江苏省高校新生入馆教育优秀案例"一等奖，是全省唯一获得该奖项的高职高专院校。同年，在江苏省高职高专院校图书馆第二届"倡导全民阅读，构建书香校园"阅读活动大赛中，该馆荣获二等奖。

十三、盐城幼儿师范高等专科学校图书馆

盐城幼儿师范高等专科学校是经教育部批准设置的全日制公办普通高校，由原盐城高等师范学校和阜宁高等师范学校整合组建。学校肇端于现代文化思潮涌动的1920年，在抗日烽火的洗礼中逐步成长，中华人民共和国成立后不断发展壮大。2005年、2007年，盐城鲁迅艺术学校、盐城建筑工程学校先后并入，为学校发展注入新的活力。学校历史悠久，文化积淀丰厚，形成了以学前教育专业为主体，小学音乐、体育、美术教育等专业为特色，艺术、建筑、外语等专业为优势的"一主多元"办学格局。

盐城幼儿师范高等专科学校图书馆现有学海路校区图书馆、海洋路校区图书馆，馆舍总面积2.2万平方米。馆内设办公室、资源建设部、读者服务部、流通阅览部、市馆分馆等部门，功能室有综合书库、工具书阅览室、教师教育资料室、教师阅览室、学生阅览室、音像资料室、过刊阅览

室、电子阅览室、市馆分馆等，阅览座位总数近 1000 个。图书馆现有工作人员 12 人，其中江苏省第五期"333 高层次人才培养工程"培养对象 1 人、高级职称 2 人、中级职称 5 人，本科 8 人、专科 4 人。近三年来，图书馆先后主持江苏省高校哲社研究基金项目、盐城市社科应用研究立项课题 4 项。

该馆承袭百年师范的历史积淀，拥有丰富的文献信息资源，逐步建立起文、理、艺、工学科门类齐全、结构合理、层次分明、纸质文献和电子文献相互补充、实体资源和虚拟资源并行发展的文献信息资源保障体系。图书馆馆藏纸质图书近 40 万册，过刊 20 多万册，报刊 1400 种，购置了知网、万方、维普等数据库。学校设有盐城市图书馆盐城幼专分馆，师生在校内即可享用市图书馆近百万册纸质图书及各种数字资源。

该馆以打造"自由阅读的天堂，心灵成长的港湾"为目标，秉承"读者第一，服务至上"理念，充分发挥图书馆作为学校文化建设主阵地、展示学校形象新窗口、师生成长新家园的功能。图书馆每年 4 月 23 日"世界读书日"开始组织"学海书香"盐城幼专读书节系列活动，每年组织参加"盐渎风"盐城市全民读书节相关活动并取得优异成绩。图书馆利用集体阅读课、班级图书角等方式进行阅读推广，通过学海读书会、星海文学社等社团服务读者。图书馆使用汇文文献信息服务系统，实行图书、期刊、报纸一体化管理，借阅一站式服务模式。学生阅览室周一至周日全程开放，书库全面开架借阅，网络电子文献全年连续服务。图书馆积极开展新媒体阅读服务，努力拓宽信息服务渠道。

展望未来，图书馆将在满足阅读需求、丰富服务内涵、建设书香校园、服务教育事业等方面努力工作，逐步实现馆藏资源多样化、阅读服务个性化、服务社会常态化，努力使图书馆成为盐城学前教育资源中心、盐城地方文化资源中心，形成凸显学校特点、弘扬地方特色的馆藏优势，服务师生，服务社区，服务社会，打造读书乐园、精神家园，为建设书香盐城做出应有的贡献。

十四、盐城生物工程高等职业技术学校图书馆

盐城生物工程高等职业技术学校图书馆建于 1978 年，经过多年的发展，规模逐渐扩大。2007 年 10 月开始建造新馆，2008 年年底建成了

10251平方米的独立馆舍，2009年新馆开始投入使用。

图书馆正对学校南大门，位居校园中心位置，是学校的标志性建筑。图书馆总建筑面积1.03万平方米，外观造型寓意新颖。在外部环境营造上，以景观道、中心广场、草坪绿树相映，显示出端庄大方、宁静典雅的视觉效果；在内部结构布局上，以大流通、大阅览、读书学习、文化休闲相融，体现人文关怀的情境。

图书馆功能齐全，以实用理念为主导，秉承着数字化、现代化、开放型、研究型和以人为本的建设理念与服务理念，体现了"藏、借、阅一体"的管理与服务。藏书12.85万册，阅览座位500多席，上机席位300多个，设置了200多个有线信息点，无线网络覆盖全馆。周一至周日每天8：00—22：00连续开放，电子资源24小时全天候为校园网读者服务。

图书馆下设图书借阅室、期刊阅览室、报纸阅览室、读者服务部、电子阅览室。图书馆现有职工10人，其中中级职称3人。

目前，盐城生物工程高等职业技术学校图书馆的基本馆藏资源分两部分：印刷型文献和电子型文献。目前有印刷型文献12万多册，电子型文献20.1万册。年订购期刊近500种，过刊合订本300余册。引进了中国学术期刊数据库、超星数字图书馆、万方数据资源等多个中文数据库。在图书馆主页上设立了"网上图书""网上期刊""网上报纸"等栏目。

图书馆全体馆员本着"读者第一、服务至上"的宗旨，努力为读者营造文明、有序、舒适、开放的学习和信息利用环境，加强职业教育，提高工作人员的政治觉悟和业务水平，为学校的教学和科学研究提供强有力的文献信息服务保障。

十五、盐城机电高等职业学校图书馆

盐城机电高等职业学校图书馆位于得英楼西面，是一座三层图书楼，面积1500平方米，一楼书库及借阅室，二楼期刊报纸阅览室，三楼电子阅览室。现有藏书10万册，中职专业生人均拥有图书15册，高职专业生人均拥有图书19册，每年新购专业图书120册，订阅报纸杂志100种，工具书400余种，电子图书10000册，有完善的图书管理制度，专职管理人员4人。

目前，藏书种类涵盖哲学、政治、法律法规、科技、经济、历史、地

理、文学及各类工具书等十余种。

随着科技的进步，时代的发展，现图书室全面采用电子自动化操作，旨在满足全校师生在教学与阅读上的需求，可以高效地进行图书相关数据管理、查询，以及图书借阅等操作，为大家学习生活提供了便利。室内配置办公设备一套，图书防盗系统一套，桌椅若干，典藏书架12个，报纸杂志架若干，可同时容纳100余人。该馆正常开放。

第二节　出版印刷

清宣统三年（1911年）留日归国学生季龙图创办盐城第一个印刷厂，全是四号铅字，只有一台印刷机。抗日战争爆发之后，为了宣传抗日，凝聚人心，中共中央发出指示，要求各根据地建立印刷厂，出版书报。盐城是革命老区，是新四军重建军部的所在地，积极响应中央号召，创办印刷厂，出版《盐阜报》《盐阜大众报》等报刊，开辟了盐城出版印刷的新天地，为抗日战争、解放战争的全面胜利，为中华人民共和国的经济建设，做出了应有的贡献。

为落实毛泽东同志"每个根据地都要建立印刷厂，出版书报，组织发行和输送机关"的指示，中共盐阜区党委决定筹建《盐阜报》。1942年1月1日机关报《盐阜报》创刊，由新四军军部江淮印刷厂印刷。

为了与汪伪发行的储币和国民党的法币开展斗争，盐阜行政公署决定发行盐阜抗币。1942年2月1日，盐阜区党委决定，购买盐城县私商张增五的美新印书馆所有印刷器材，自办印刷厂，厂名定为"盐阜印刷厂"，组织派李忠担任副厂长，厂址设在阜宁县羊寨区草泽庄能仁寺。当时印刷厂设备不多，只有一部旧的脚踏四开机、一部圆盘机、一副五号字四盘、一副混合头子字和一把切纸用的拖刀。其印刷品主要是印刷盐阜银行发行的二元、一元、五角、二角的抗币。

1942年10月，为了缩小目标，将抗币划出印刷，成立"盐阜印钞厂"，厂址迁至阜东县八巨区东辛庄。留下的部分跟随盐阜地委（由原盐阜区党委改成的），专门印刷《盐阜报》、《支部生活》（盐阜党刊）以及地委、行署文件，厂址在阜宁县郭墅区西北庄，李忠为盐阜印刷厂厂长。

1943年2月12日至4月4日，日伪军聚集重兵对盐阜区发动大规模扫荡。根据地委指示，盐阜印钞厂停止工作，印刷器材转交给盐阜印刷厂，并疏散年老体弱的同志，选择12个青壮年同志，负责报社和印刷厂的保卫工作，随宣传部、报社转移到阜东县施头庄（今滨海县振东乡），坚持一边与敌人打游击，一边出版报纸。

1943年4月25日，《盐阜大众报》创刊，第一、二期是油印的，以后改为铅印。1943年6月，为了扩大宣传，《盐阜报》从三日刊改为两日刊，《盐阜大众报》从旬刊改为周刊，增设《盐阜记者》和《新知识》等刊物。

1945年1月7日，报社和印刷厂迁到益林镇南边的陶老舍。8月15日，日本无条件投降，抗日战争取得了最后胜利，印刷厂以最快的速度将"号外"套红印发。1945年9月22日，淮城解放，印刷厂于10月12日随五地委（1945年12月4日盐阜地委改为五地委）驻进淮安淮城东门大街水巷口的蒋公馆。

1946年7月，国民党撕毁"双十协定"，大举向解放区进攻。由于蒋军占领淮阴、淮安，1946年9月17日，根据地委指示，盐阜印刷厂从淮安撤出，迁到阜宁县崔庄。

为了更好地宣传群众、组织群众、支援前线，1946年10月10日，五地委作出"关于出版《盐阜日报》和《盐阜大众报》的决定"，地委宣传部副部长高峰兼任社长。

1946年12月底，新四军主力北撤，整个五分区被敌军占领，蒋军、还乡团气势猖狂，恶霸地主、"地头蛇"乘机向农民反攻倒算，大肆迫害乡村干部和革命家属。针对这一情况，根据地委"乡不离乡，区不离区，坚持原地斗争"的指示，成立了以高峰为大队长，印刷厂职工为核心力量的盐阜游击大队。

1947年3月，为便于坚持原地开展斗争，盐阜印刷厂根据苏北区党委的决定一分为二，谭苏民留十一分区，出版《黄海日报》与《黄海大众报》。厂长钟道平率40多位职工到五分区随五地委出版《盐阜日报》与《盐阜大众报》。

根据形势发展需要，苏北区党委决定，从1947年4月11日起，《盐阜日报》与《盐阜大众报》停刊，改出《苏北日报》与《苏北大众报》，盐阜印刷厂亦随之更名为《苏北日报》印刷厂，由周一萍任社长，张良任经理部主任，钟道平任经理部副主任兼印刷厂党支部书记，李海波任厂长。主要任务是出版《苏北日报》和《苏北大众报》以及党内刊物、宣传材料等，另外，还开展文娱宣传，排演群众喜闻乐见的淮剧，如《干到底》、《人面兽心》、《白毛女》和《王贵与李香香》等。

1947年8月7日，十一分区又合并给五分区，《黄海日报》与《黄海大众报》停刊，合并到《苏北日报》。10月30日，华东分局决定，成立华中工委，《苏北日报》与《苏北大众报》停刊。1947年12月7日，《盐阜大众报》复刊，五地委宣传部部长周一萍兼任社长，李海波厂长兼党支部书记，印刷厂又恢复为"盐阜印刷厂"。

解放战争进入大反攻阶段，为了及时传播我军胜利消息，《盐阜大众报》在不影响正常刊期的同时，增出"号外"，其报头叫"捷报"，先后出了七八十期，其中包括《解放叶挺城，全歼郝鹏举》、《活捉敌旅长王匡》、《打下济南府，活捉王耀武》以及《淮海战役》等重大胜利消息。

1948年11月底，印刷厂从阜宁县王桥口移驻到阜宁县东沟西北边的南荡；1949年3月30日，盐阜印刷厂随地委进驻盐城亮月街。不久李海波调至苏北总工会工作，卢宝骧任厂长，王子桢、孙宝山任副厂长。

1949年10月1日，中华人民共和国成立了，盐阜印刷厂职工热情高涨赶印"号外"，宣传这一特大喜讯，欢庆开国大典。

1949年12月，为修筑沿海挡潮大堤工程需要，盐阜印刷厂随报社迁至海堤工地，驻射阳县小林基，印刷报纸和《工程快讯》。

1950年2月，国家政务院颁布整编方案，决定停办各地地委机关报。盐城地委决定《盐阜大众报》于5月4日停刊。但是为了保留盐阜印刷厂以期发展，地委决定留下孙宝山、李开福等10多位同志，搞保本自给。

1951年10月1日，《盐阜大众报》第二次复刊。

1953年1月1日，为贯彻党中央提出的过渡时期的总路线，盐阜印刷厂制定了第一个五年规划，对工厂的五年发展目标提出要求。印刷厂为此连续几年开展爱国增产运动，举办社会主义劳动竞赛，不断提高劳动生产率，生产质量明显提高，经济效益显著提升。

1954年1月，工厂被命名为"地方国营盐阜印刷厂"，1956年改由盐城县工业局领导，1958年又重新划归地委宣传部领导。

1958年5月，党中央提出"多快好省地建设社会主义总路线"后，盐阜印刷厂的印刷任务不断增加。《盐阜大众报》由两日刊改为日刊，还印刷《农村工作快讯》《整风简报》以及省出版社出版的有关小学教科书等。1958年9月22日，文化部在上海召开第一次全国印刷技术革新经验交流会，大大推动了印刷厂的技术革新，且取得进展。1958—1960年三年间，盐阜印刷厂的技术革新达34项，推进了印刷厂机械化的进程，机械化率达54%。在技术革新中，还涌现出一批劳动模范和先进工作者。1959年，郑长庚出席省群英会；1965年，路发如被评为省先进生产者；在"赶江南"运动中，盐阜印刷厂夺得"红旗单位"称号。

1960年9月10日，《盐阜大众报》停刊，报名留给盐城县县委《大众报》。

1962年1月1日，《盐阜大众报》复刊，四开四版周三刊。

"文化大革命"给盐阜印刷厂造成了一定的损失，《盐阜大众报》也随之停刊。

党的十一届三中全会以来，盐阜印刷厂进行了一系列拨乱反正的工作，开创了新的局面。1979—1984年，印刷厂完成的省出版局排字总产量为1650万字，书刊印刷产量为14万令，胶印产量为106800对开色令，完成产品3111万册，各类图书画册为299种。

1980年元旦，《盐阜大众报》复刊。盐阜印刷厂为此做了大量的准备工作。1983年盐城建市，盐阜印刷厂也随之改称为"盐城市印刷厂"。

1985年5月4日，盐城市印刷厂与《盐阜大众报》社分家；9月30日，盐阜印刷大楼竣工，交付使用，面积达4430平方米，造价142.5万元。

盐城地区人民出版社始建于1958年10月，终止于1960年9月，仅仅短暂地存在了23个月，当时社址位于盐城北大街（今盐城市区解放北路）盐城专区新华书店楼上。在近两年时间内，该出版社先后出版过政治类、文艺类、科技类等多类图书100多种，为盐城的新闻出版事业进行了艰苦的探索。

根据盐城市人大常委会原副主任皋古华介绍，北京图书馆收藏着一本经他编撰的《盐阜民歌选（注音本）》，该书1960年4月由盐城地区人民出版社出版，37页，36开，定价0.12元，至今还完好地保存着。

1958年盐城地委提出了文化"大跃进"的设想，一下子办起了师专、工专、医专、水专、食专、体专、中医专等8所高校、61所农业中学，并决定正式成立"盐城地区人民出版社"。当时出版社的同志虽然感到条件不足，但凭着一股热情，硬是将出版社办起来撑下去。

盐城地区人民出版社受省人民出版社和中共盐城地委宣传部双重领导，出版社为县处级建制，日常工作由地委宣传部负责。那时领导体制是不讲党政分工的，出版社的思想政治工作、编辑出版工作、印刷发行工作以及财务管理工作等，统一由地委宣传部直管。出版社由地委宣传部一位副部长分管，副社长陈恒，编辑组长陈红，编辑陈翔、何泽、孙超、陆大新，美术编辑唐文英，校对王福兴，会计胡干娣、吴为珍等，编制一共只有8个人。办公室就设在新华书店楼上，办公面积只有14平方米，条件十分艰苦。编辑中只有1人是大学生，其余都是中师、高中文化。

当年盐城地区人民出版社编辑组长陈红，如今已是80多岁的老人了。他告诉我们，1958年2月，出版社开张后出版的第一本书为《新传奇》，讲的是一位青年抗洪救灾的故事。撤销前出的最后一本书是《标点符号的具体用法》，总共出版图书为100余种。

为配合马列主义、毛泽东思想学习以及时政学习，配合当时思想政治工作，地区出版社出版了仲志诚（集体笔名）编写的《高举毛泽东思想伟大红旗》、地委宣传部编写的《赶江南群英会文选》、地委组织部编写的《组织工作》等几种书。同时还印发了几种干部学习材料《活页文选》，总数共计有十来种。

盐城是一个农业大市，出版工作仍要以农业为重点，为了充分体现国民经济和社会的发展以农业为基础，客观上要使农业和科技有所融合。出版社在这方面出书总数在50种以上。主要有专区科学技术协会编写的《科技工作手册》、地委办公室汇编的《跳出盐城赶江南》（精装本）、专署农业局编写的《农业"八字宪法"解》、专署科学研究所编写的《水稻棉花玉米山芋大豆花生高产栽培技术操作纲要》、专区科委编写的《绿肥油菜蚕豆丰产技术资料汇编》、老专家王智卿著的《甜菜栽培技术》《棉花整枝》《怎么种西瓜》、王钰编著的《山芋栽培技术》、崔月明著的《耕牛的保养和使用》、专署农业局几位同志以个人名义写作的几种农作物栽培规程等。多种经营方面的书也有几种，如曹祝山著的《养猪八字经验》、专署多种经营局编的《淡水养鱼》、成筱白和包澄中编写的《养蚕手册》等。这些书具有浓厚的科学性、地方性、适用性,在当时"大办农业"的口号推动下,深受从事农村工作的广大干部和社员群众的欢迎。

工业方面出版的书籍就很少了,除了出版《新式农具介绍》这本支农性质的书以外,没有出版过其他工业类书籍。

文教卫生方面出版过十来种书,主要有皋古华编著的《盐阜民歌选(注音本)》,杨汉春为中学生课本编写的《古文今译》,董国栋编著的《标点符号的具体用法》,盐城师范附属小学苏丹、丁锦云、周吟华等人分别写作汇编出版的《教学经验点滴》《小学教学教案》,射阳县实验小学编写的《小学数学复习提纲》,还有阜宁县委宣传部编写的《高峰卫生登高峰》(宣传该县高峰大队卫生工作搞得好的经验)等。另外还有几本扫盲读本。这类书总体来讲有两个特点:一是发行范围广,如《古文今译》发至省外;二是发行量大,一般在万册以上。因此,新华书店乐意订购,出版社乐意出版。

文艺方面出书大约在30种以上,中短篇小说只有《新传奇》《棉花姑娘蔡长秀》等3本,出版最多的是演唱材料。那时很强调出版业为政治服务,出版社很注意政治宣传。每一个重大节日前两个月,都是出版社的繁忙时节。为适应节日文艺宣传需要,地区出版社总是出版较多的文艺演唱材料,如《迎国庆》,曹跃南著的《小宝不见了》等。歌曲有吴刚记谱、宋金榴编词的《跳出盐城赶江南》等。民歌有三本,即胡呈祥编写的《王港诗抄》和《卫生小唱》,崔月明编写的《水利民歌》。画册有阜宁县委宣传部编写的《盐碱荡变米仓》。另外还出版了阜宁县委宣传部汇编的《墙头诗》。这些方面的书,时代的烙印最深,它一方面号召人们鼓足干劲来建设社会主义,具有导向指航作用;但另一方面,要人们干劲一鼓再鼓,上游一争再争,"多、快、好、省"一齐上,严重违背了客观规律。这方面出版的大部分书籍,现都已成为历史陈迹。

当时盐城地区人民出版社出版的图书,除按规定送若干本给国家版本图书馆和中央、省、地宣传部,个别书籍发行至外省外,其余都在本专区发行。从现在已找到的图书印数看:印数最多是《高峰卫生登高峰》,印刷18000册;最少的是《盐阜大众报》编辑部编写的《我们个个是专家》(儿歌),达2040册。一般印数在8000册左右,平均每种书印数可能近万册。

编辑的劳动是文学加工劳动,它与作者的文学创作劳动一样,都是艰苦的。老编辑陈红告诉我们,他离休前曾在 20 个单位工作了 44 年,但是,工作负担最重、熬夜最多是在专区人民出版社工作的那段时间,那是令人难以忘怀的。特别令人难忘的是,当时三年困难时期,国民经济严重衰退,人民生活十分困难,他们大多是勒紧裤带在夜间工作。

盐城当代出版工作包括报刊出版、印刷复制、电子出版物出版、网络出版和内部资料出版等,此项工作虽起步较晚,但经艰苦努力,有了长足的进步,著作权管理工作水平逐步提高,知识产权保护力度不断加大,"扫黄、打非"不断深入,出版物市场得到净化和繁荣,全市的新闻出版业也得到迅猛发展。

▶ 第三节　书店书城

一、大丰新华书店有限责任公司

大丰新华书店有限责任公司位于大丰市区人民南路的繁华路段,成立于 2007 年 11 月,为江苏凤凰出版传媒股份有限公司的全资子公司。公司主要从事图书期刊、音像制品、电子出版物经营等;内设机构有办公室、业务部、教材部、财务部、储运部,下设 8 个销售部门(其中城区大型综合书城 1 个、教材发行部门 2 个、乡镇部门 5 个),现有在职职工 41 人;2016 年实现销售收入 4156.97 万元,利润 414.12 万元。

公司所属中心门店大丰书城位于大丰市区最繁华的人民路中心位置,总建筑面积近 5000 平方米,用于经营图书、音像、文化用品。经营品种 4 万多种,配备了电梯 2 台、吸顶空调、背景音乐、服务总台、图书销售电脑管理系统、公用卫生设施等。人性化的设计理念、现代化的硬件设施、统一的形象、规范化的服务,大大提升了大丰新华书店的品牌形象,成为市区一道最亮丽的风景线。

公司将秉承新华书店悠久的光荣传统,致力于宣传先进文化的发展方向,按上市公司的要求,奉行现代企业管理制度,按照股份公司围绕构建中国现代书业"第一网"的目标，以调结构、促发展为主线，以信息化提升和网点升级为抓手，以企业文化建设为保障，为凤凰新华的新发展，为凤凰倍增计划做出新的贡献。

二、盐城新华书店有限责任公司盐都分公司

盐城新华书店有限责任公司盐都分公司成立于1994年1月，分公司实行依法工商登记，按章纳税，对外单独经营，自负盈亏的经营模式，享有国家新闻出版署核批的书刊二级批发权。主营一般图书、中小学课本、高等院校教材、图书馆馆配、音像制品等。

盐都分公司现有总资产6600万元。2000年、2001年连续两年被江苏新华发行集团公司评为全省"综合实力二十强"，2005年被盐城市委、市政府评为支持教育工作先进集体。发行网点有11处，市区5处：解放北路22号中心门市部、迎宾北路门市部、大庆路门市部、盐马路门市部、盐都新区（课本、图书）储运中心及一座4000平方米图书发行综合楼，乡镇有6处网点。20多年来为众多学校教材发行做出了积极的贡献，真正做到了"课前到书，人手一册"的发行宗旨。在高等院校教材、图书供应方面与盐城工学院、盐城师范学院、盐城生物工程高等专业学校、盐城纺织学院等十几所院校都有密切的合作关系，提供大中专教材和图书服务，雄厚的经济实力，优良的信誉，深得客户好评。与盐城市图书馆、盐都区图书馆等公共图书馆和盐城高校图书馆保持多年的良好合作。

近年来，通过机制创新，公司已与江苏省新华发行集团有限公司实行连锁经营，以先进的信息网络、优良的物流设备为支撑，以全新的营销服务体系和优质优惠的服务理念，更好、更快、更优地为客户提供真诚的服务。

三、东台新华书店有限责任公司

东台新华书店有限责任公司成立于2007年11月20日，是江苏凤凰出版传媒股份有限公司所属全资子公司（国企），并经盐城市东台工商行政管理局注册登记，取得企业法人营业执照，注册资金200万元人民币，公司经营范围包括图书、报刊、电子出版物、音像制品、食品［预包装食品（食盐限零售）］批发与零售、日用品（除电动三轮车）、文具用品、

体育用品（除射击器材）、电子产品、电子计算机及配件、通信器材（除卫星地面接收设施）、家用电器、五金产品、服装、鞋帽、工艺美术品、书架、书桌、书椅、安防监控器材（国家有专项审批规定的项目除外）、家具销售，房屋租赁，图书编目服务，音乐、美术、书法、舞蹈、戏曲培训（不含文化教育及国家统一认可的职业证书培训）。

作为党和政府的宣传部门之一，东台新华书店有限责任公司多年来一直认真履行党的图书发行方针政策，传播科学文化知识，普及大众教育，确保学生"课前到书，人手一册"。先后被评为江苏省文明单位、盐城市文明单位、东台市文明标兵单位、全省新华书店系统先进店。

2016年末共有员工54人，发行门店、网点共计11个；总资产5139.57万元，固定资产原值1699.25万元，年实现销售收入4482.64万元，利润384.46万元。企业目标为秉承新华书店悠久的光荣历史传统，致力于宣传先进文化的发展方向，奉行现代化管理制度，坚定不移地沿着规模化经营、科学化管理、多元化开拓的发展思路，全面落实科学发展观，以社会主义核心价值体系为根本，大力推进和谐文化建设，为促进地方经济建设又好又快地发展，为全面建设小康社会提供强大的精神动力。

四、建湖新华书店有限责任公司

建湖新华书店有限责任公司成立于2008年3月，系江苏凤凰出版传媒股份有限公司全资子公司，公司始终坚持为人民服务、为中国特色社会主义服务的方针，弘扬"和实生物、自强不息、厚德载物、凤凰于飞"的企业精神，积极服务于建湖政治、经济、文化（教育）、精神文明建设等，企业连续十多年获得"盐城市文明单位"，并获得"2007—2009江苏省精神文明建设先进单位"，多次被集团公司评为发行工作先进单位，企业党组织多次被县级机关工委评为"先进基层党组织"。

公司始终着力于强化服务意识、提高服务水平、优化服务质量、做好细节工作，切实维护好图书发行市场，坚持社会效益优先，经济效益兼顾。

一是精准服务，不断提升教材教辅征订发行质量。按照上级主管部门对图书经营工作"高效、扎实、主动、细致"的要求，指导员工越是在市场下滑的时候，越是要做好服务工作，以一流的服务切实维护好图书发行市场，赢得地方各级部门以及学校的信任和支持。长期以来坚持"课前到书，人手一册"，较好地维护学校的正常教学秩序。

二是抓好凤凰书城规范化服务。组织书城全体员工学习集团公司"星级门店"评选标准，在书城广泛开展"每月一星"星级营业员评选活动。5月份、11月份，分别组织大型读者评议活动，广泛征求读者意见，不断改进图书发行工作，争创一流服务品牌。聘请了5名社会行风监督员，定期对书店服务工作进行明察暗访。通过"每月一星"、明察暗访等各种评比考查活动，进一步提升了服务意识，增强了员工的服务能力。

三是开展营销活动，扩大一般图书销售。紧密结合工作实际，经常性地开展各类营销活动，扩大图书市场人气，促进图书销售增长。为了加大政治读物宣传力度，在书城设立了习近平总书记系列重要讲话读本推荐专区、十八届五中全会重点读物推荐专区。通过内容丰富的活动，烘托了书店的销售气氛，创造了市场效益，展现了新华书店的良好形象。

根据发行集团对书城经营发展目标要求，对人民路书城进行阅读空间升级改造。升级改造后的书城真正将读书、休闲、环境、修心融为一体，体现了人、书、境的和谐合一，得到了县委、县政府及社会各界的一致好评。今后将与建湖电视台建立长期合作关系，在书城开展形式多样的阅读文化休闲活动，促进公司社会效益和经济效益同步协调发展。

五、射阳新华书店有限责任公司

射阳县新华书店成立于1947年，隶属于江苏凤凰出版传媒集团，是党的文化宣传阵地。2007年根据省新华书店集团有限公司指示精神，实行股份制改造，更名为射阳新华书店有限责任公司，现有职工63人，全县下设图书发行网点四个：中心门店一个、校园书店三个。

射阳新华书店有限责任公司主要经营图书、期刊、音像制品、电子出版物、文化用品等。多年来，射阳县新华书店始终坚持为人民服务、为社会主义服务的方针，并出色完成大中小学教材的发行和"送书下乡"等各项工作任务，努力营造一流购书环境，千方百计为读者找书，为书找读者，并深入开展优质服务，争创"星级门店"，不断追求新目标、新高度。连续多年被评为省、市、县级文明单位、诚信单位，因成绩优异、服务优良，曾被中央宣传部、新闻出版署授予全国农村图书发行工作先进单位，摘取了本行业的最高荣誉。

射阳新华书店有限责任公司中心门店于2017年5月重装开业，这次升级改造聘请国内一流的设计和营销团队，在射阳核心商业区打造省内第一家航海文化书店，从原来单一图书卖场格局，转变成涵盖美食、艺术廊、图书、展演、艺文空间、市民书房、文创产品等多业态复合书店格局。该项目总投资约380万元，现门店营业面积达1100平方米，极大地改善了全县人民的阅读环境，进一步推动了"全民阅读"，营造出书香城市的良好氛围，在全社会形成"多读书、读好书"的良好舆论氛围和文明风尚，更好地提高了全民族思想道德和文化素质，深受全县读者好评。

六、阜宁新华书店有限责任公司

阜宁新华书店有限责任公司始创于1948年6月，原名为"华中新华书店盐阜分店阜宁支店"，1956年更名为"江苏省阜宁县新华书店"，主管部门为阜宁县委宣传部。1999年4月江苏新华发行集团成立，阜宁新华书店成为江苏省新华发行集团子公司，人财物划归省集团公司，党组织属地方管理，劳动工资也由地方管理。根据江苏新华发行集团机构设置要求，设立了经理室、党支部、工会、团支部、办公室、门店管理科、物业管理科、计财科、配供科、教材科、计算机信息管理科、发行科、仓储科。2004年9月，根据省新华发行集团改革要求，职工用工管理由县人事局移至县劳动局。2007年根据省新华书店集团有限公司指示精神，实行股份制改造，更名为阜宁新华书店有限责任公司，现有职工64人，下设图书发行网点三处：县城二处（阜宁书城和城河路门店）、乡镇一处（益林门店）。

多年来，阜宁新华书店始终坚持为人民服务、为社会主义服务的方针，并出色完成大中小学教材的发行和"送书下乡"等各项工作任务。公司自2010年起连续9年获得"江苏省文明单位""盐城市文明单位"等荣誉称号。阜宁书城2008年被省股份公司评为"三星级门店"。益林门店被省股份公司评为"农家书店示范店"。

阜宁新华书店有限责任公司于2015年6月对所属的中心门店——阜宁书城进行转型升级，9月份隆重开业。两年来阜宁书城先后举办了"最美书城"摄影大赛、三期"小小图书管理员"、名家签售、书法比赛、课堂进书城、高级教师讲国学、"4·23"国际读书日暨新华书店成立80周年诗歌朗诵会等各种题材的活动近百场次。国家电网阜宁公司、阜宁县国家税务局等单位分别在阜宁书城举办读书沙龙活动。特别是阅读品牌365天无间歇的"朗读者"计划，每晚8：00—8：30，让读者自己走上舞台朗读诗歌、散文、小说，既展示自己的才华又享受购书的优惠。让读者在感受优美环境，享受愉快阅读的同时能得到方便快捷的服务，是阜宁书城的服务宗旨。首先是重装开业后的阜宁书城延长了营业时间。晚上下班时间由原来下午6：00延长至9：30，每天增加三个半小时。其次是营造阅读环境，个别小学和幼儿园把课堂开在书城里，让孩子们在书的海洋中聆听老师的教诲，感受与学校完全不一样的视觉体验。再次是书城开通多项便捷服务，读者持购书卡可享受选购图书、文创用品，品尝咖啡、蛋糕、饮品等一条龙服务。同时开通移动支付、多点查询等智慧便捷手段，方便读者快捷通畅的选购和支付。书城的微信公众平台的"图书商城""阅读空间""惊喜活动"等窗口定期推介新书、畅销书、阅读知识、举办活动的相关信息。各大报纸、电视台、网络、手机、微信等平台都纷纷宣传阜宁书城。两年来还先后被江苏省文广新局和省全民阅读办授予"江苏最美书店"，被中国阅读学研究会授予"华夏书香地标"，被中国新华书店协会评为"全国最美新华书店"，被团省委授予首届"江苏省青年书香号"，被《中国图书出版商报》评为全国十大最美"优秀基层书店""文化地标"等。阜宁新华书店在引导大众读书，推动全民阅读工作中展现了新华书店独特的引领作用和示范效应。

七、滨海新华书店有限责任公司

滨海新华书店有限责任公司，系江苏凤凰出版传媒股份有限公司全资子公司，现有员工65人，是一家有着60多年光辉历程的国有图书音像出版物和文化用品发行企业，经营项目包括中外图书、教材、音像制品、电子出版物、文化用品、数码产品等。公司始终坚持先进文化的前进方向，以社会效益为主，积极履行社会责任。开展送书下乡、结对帮扶、文明共建、捐资助学等多种公益活动。2016年实现销售收入6140万元，利润370万元，为全县文化大发展大繁荣做出了贡献。

公司始终以高度的政治责任感，认真贯彻国务院关于义务教育阶段学生全部享受免费教材的政策，定期走访中、小学校，听取他们对教材、教辅发行工作的意见和建议，视教材、教辅增长为命脉，全力做好中小学教材、教辅的征订发行工作，实现发行主阵地整体稳定增长。2016年共发行中小学免费教材码洋1569.21万元，作业本275.69万元，助学读物3268.75万元，连续38年圆满地完成了"课前到书，人手一册"的服务承诺。

公司致力于繁荣图书市场。一是丰富凤凰滨海书城图书品种，以优质的服务赢得更多的读者群体，2016年书城销售各类图书485万元。二是积极开展党员"两学一做"活动，共发行《习总书记系列重要讲话读本》5500册，码洋8.8万元，发行《胡锦涛文选》1300套，码洋18万元。三是加大校园读书节活动力度，协助县实验小学、东坎实验小学举办读书节活动，邀请儿童作家曹文芳女士来滨海讲学签售，销售各类少儿读物码洋11.48万元。四是积极参加南京馆藏图书订货会，销售馆藏图书71.52万元，销售大折扣优惠馆藏图书10.33万元。

公司把创名店、创星级门店作为服务读者、服务社会的有效载体。大力开展业务技能比赛、优质服务竞赛、优秀员工评比等活动。对照星级门店评比条件标准，逐条逐项抓落实。引入"行风监督员"和"秘密顾客暗访"等机制。对图书销售服务进行有效监督，凤凰滨海书城被省股份公司授予"二星级门店"称号。

八、响水新华书店有限责任公司

响水新华书店有限责任公司成立于1966年5月，现隶属于江苏凤凰出版传媒股份有限公司，内设办公室、财务科、业务科、教材科、信息科、储运科6个职能科室，下辖凤凰响水书城、小尖农家书店示范店2个发行网点。有员工45人，其中出版物发行师8人，高级图书发行员20人。响水新华书店紧紧围绕图书发行"两为"方针，以服务社会、服务经济为中心，坚守文化使命，担当社会责任，保持和发扬改革、创新的进取精神。紧跟经济发展形势，紧扣文化发展主题。立足实际、科学决策，全力推进图书发行工作。连续38年实现"课前到书，人手一册"，先后获得"江苏省文明单位""盐城市文明单位""出版行业文明单位""江苏省价格诚信先进单位""江苏省巾帼示范岗""省巾帼示范明星岗""盐城市五一劳动奖状"等荣誉。

响水新华书店始终把服务社会，服务大局，维护稳定放在工作首位，实现了"两个效益"的统一发展。一是积极配合好党委、政府的中心工作，发行好各类政治理论读物，千方百计地满足多方面、多层次的阅读需求。二是优质高效地做好免费教材和农家书屋的发行服务工作，连续38年做到"课前到书，人手一册"。三是"扶贫助困"奉献新华爱心，采取捐资助学、定点帮扶、结对共建等形式，深入开展"扶贫助困"活动。举办"凤凰助我飞"公益活动资助全县中小学生，减免书款和发放助学金；为红十字会"博爱万人捐"活动捐款、为灾区学生捐赠爱心包裹；此外，还落实专人参加扶贫工作小组，积极实施县委脱贫致富工程。

响水新华书店不断探索图书发行的新方法、新思路。把维护好、发展好大众图书市场、满足城乡群众日益增长的精神文化需求摆到中心工作上来，这也成为立店之本、发展之基。紧紧围绕读者的阅读需求，巩固好、拓展好大众需求的传统市场。不折不扣地完成好政治读物的发行，深入机关、企业推荐学习用书。积极开展文化三下乡服务，通过与企业联办书展，上门征订政治学习材料以及各类在职学习考级用书，利用门店所在地的地缘优势，辐射周边乡镇，实现流动供应。抓好名人签售活动，借人气、名气促进销售，利用校园人文行、党建专家江苏行等形式开展营销活动。发挥了文化宣传主渠道作用，为净化市场、繁荣市场做出积极贡献。

响水新华书店通过优质服务塑造良好的企业形象，将行风建设和优质服务作为书城中心工作来抓，以创建星级门店为载体，充分利用各种媒体资源，结合新时期图书发行工作的新要求和星级门店创建新规范，以"让社会满意、让读者满意"为工作目标，将优质服务贯穿于经营工作的全过程。实行首问负责制和一条龙服务，向社会公布服务承诺，诚恳接受读者评议。被集团公司授予"二星级门店"称号。

▶ 第四节 阅读组织

一、和悦读书会

盐都区和悦读书会以传统服务与创新服务相融合的服务方式，拓展服务空间，丰富服务内容，采用阅读分享、课题研究、参考咨询、展览、展演、讲座、研讨会、演讲、征文、知识竞赛、故事会、猜谜、网上专题等形式，整合社会力量，利用传统媒体和新媒体等载体，灵活多样地组织活动。该项目具有理论性、实践性、独特性、公益性、基本性、均等性、便利性等特点，全面推进学习型社会建设，营造人人读书、终身读书、读书受益的良好社会风尚，为构建县域公共文化服务体系提供新的平台。群众受益面广，社会影响力大，受到社会各界好评，取得了良好的社会效益。该会倾力打造和悦书香盐都，为"强富美高"盐都建设提供文化支撑。

盐都区图书馆打造了一个较为立体的盐都区和悦读书会活动功能区域。盐都区和悦读书会活动做到年初有计划，年底有总结，有比较完善的激励机制。盐都区和悦读书会常年开展阅读分享、课题研究、参考咨询、展览、展演、讲座、研讨会、演讲、征文、知识竞赛、故事会、猜谜、网上专题等读书活动，形式新颖，内容丰富。全年开展各类活动100多次，活动参与人数达10万多人次。读书征文、讲座、演讲、经典诵读、阅读分享、故事会、猜谜、知识竞赛、七彩的夏日及民间藏品进农村展览等，已成为该会的知名特色活动。2016年1月，盐都区和悦读书会被盐城市全民阅读活动领导小组授予"盐渎风"盐城市第三届全民读书月示范项目荣誉称号。2016年4月，区图书馆又被江苏省全民阅读活动领导小组授予"江苏省全民阅读工作先进集体"荣誉称号。

和悦读书会读书活动创新突出，完善了区、镇（街道）、村（居委会）、文化中心户四级服务网络。连续五届荣获由国家文化部等八部委颁发的全国农民读书征文组织奖。2006年以来，盐都区民间藏品进农村展览已举办80多次，全国首创。与盐城鹤鸣亭等单位联办的盐城首届网络春晚和盐城首届少儿网络春晚跨界跨区域合作，开创了盐城市县级读书会办大型网络春晚的先河。区和悦读书会已成为区图书馆的知名特色品牌。多次接受省市媒体以盐城民俗为主题的采访，并在《扬子晚报》《现代快报》《盐阜大众报》《盐城晚报》《东方生活报》等登载30多次，其中多次整版登载，光明网、凤凰网、中国新闻网、江苏省委网等多家媒体转载。

盐都区和悦读书会活动是一项系统工程，是一项长期工作，必须持之以恒，坚持不懈，协调各方，形成合力。盐都区图书馆从组织领导、人员队伍、制度管理、配套设施、活动特色、突出成效、策划创新等方面精心组织，认真开展盐都区和悦读书会活动工作。工作中，将与各社区、乡村、学校、机关、企事业单位、社会团体、媒体等保持良好而密切的联系，力争相关单位对盐都区和悦读书会活动工作的大力支持，发挥好读书会的作用。

二、登瀛读书会

盐城市登瀛读书会成立于 2016 年 5 月，是由亭湖区图书馆与盐城市雷锋馆、盐城顾吾书社、盐城如意斋读书会联合组织成立的一个读书组织，共有两个活动地点，一个是盐城城北金鼎装饰城如意斋丁爱东先生组织的登瀛读书会，每周日 14：30 到 17：00 开展读书活动，侧重于国学经典、传统文化方面的读书分享；另外一个是盐城雷锋馆馆长夏天德先生在老虎桥菜场附近的雷锋馆里组织的登瀛读书会，每周五 19：00 到 21：00 开展的读书活动，侧重于红色文化、海盐文化、现代文化等方面的读书分享。登瀛读书会有固定场所，有十多名志愿者提供服务。雷打不动的阅读推广读书时间段，采用成员轮流读书分享方式，每人签到并有记录。

发起读书会活动，需要发挥自己所在组织的特点和资源。登瀛读书会发挥自己的优势，把握读书会的行业和主题的选择，读书会活动的受众的需求和服务；有内在设计和外在计划的读书会活动形式，有举办线上、线下的各种读书会活动方法；注意把握组建高效率的读书会活动团队；做好有特色的读书会活动宣传，人性化的读书会活动服务，以及读书会活动的传播与传承。读书会成员经常走进社区和学校，为居民，尤其是向孩子们弘扬传播传统文化的精华内容，聚集读者讨论、交流、传播雷锋精神。

登瀛读书会自成立以来，已经开展读书活动 130 多场次，参与活动人次 4000 余人次，帮助十多个家庭化解了矛盾，20 多名迷途社会青年重新树立了正确的人生观、价值观，得到了社会的赞许与关注。登瀛读书会被盐城市评为优秀阅读组织和阅读推广服务示范项目。

三、华泽书社

华泽书社创办于 1993 年 3 月，系江苏省盐城市盐都区尚庄镇南吉村青年农民乐华泽自费创办，无偿服务于社会，是全国早期农家书屋。25

年来，始终坚持"团结青年、互助互勉、勤学苦修、服务于民"的书社精神，扎根农村，服务基层。现有藏书10000余册，自办《芳土》文艺印刊、《农家信息报》各1份，下设古殿、丁沙沟两个分社。全国政协原副主席张怀西、孙家正曾作批示并委托赠书，解放军原总后勤部政委周克玉上将两次为书社写社名，原南京军区司令员朱文泉上将、成自龙少将、徐平少将，著名儿童文学作家曹文轩等为书社题词。

该社积极助民学习，通过学习提高农民素质，促进社会和谐。先后有100多人次脱盲，有3人取得国家认可的高中文凭，7人取得大学文凭，38人完成省成人初等教育。书社主要成员有4人加入党组织，在此基础上，成立了全省首家村级文化党支部。注重农村工作研究，《关于优化我国农村发展机制的建议》被农业部作为资料，《关于村民委员会组织法（草案）的修改建议》被全国人大作为参考。认真读报用报，每年开展全国"十佳报刊"自评活动，得到《半月谈》《中华读书报》等在全国颇有影响力的报刊的关注支持。参与农村文化活动，举办文体活动近200场次。连续举办三届农民读书节，指导古殿分社乡村庙会、丁沙沟民间故事编纂等创作活动。全力服务现代农业，每年举办四期以上农业知识讲座，重点辅导高效农业、特色项目等致富技术。推进农民读书成果，书社藏有读者心得千余件，其中书社成员的征文《书缘难断》等5篇作品，在全国农民读书征文中获三等奖，《情感乡村三部曲》获2010年中国作家金秋笔会一等奖。2017年投入5万元在市区投放21座"阅读漂流屋"。关爱未成年人，2004年成立村级未成年人（留守儿童）活动中心，定期开展关爱留守儿童活动。利用假期，正常开展"学习讲堂"，重点开设爱国主义、思想道德教育等讲座和小手工、小制作等培训。共开展"快乐假期""经典国学""留守儿童成长礼"及音乐情景剧《远声古韵》等主题活动45场次，直接服务1800多人次。穿着汉服阅读国学经典活动成为市、区特色品牌。

四、绍琪农家书屋

乐绍琪是盐都区尚庄镇姚伙村一位普通农民，却有着不一般的人生追求。他热心农业，关爱农村孩子。30多年来，乐绍琪每年都自费订阅10多种农业科技报刊，悉心研究农作物防病、治虫、除草、施肥等技术，为周边农民开设"农技咨询热线",免费为群众测土配方、平衡施肥和提供咨询服务,推广直播水稻。2007年5月,他自筹资金2万多元,省吃俭用创办农家书屋,为农家孩子提供了校外活动阵地。2010年9月,他被评为"盐城市第二届道德模范";2012年2月,他又获得"盐城市十大'三农'人物"提名奖。2011年7月,乐绍琪自筹资金50多万元,新建了一幢两层400多平方米的"绍琪农家书屋",为农民提供科普阵地。2015年7月,乐绍琪又自筹资金20多万元,新建了200多平方米的"农民梦想大舞台",为农民提供娱乐场所。

乐绍琪生在农村,长在农村,对农业科技有着浓厚的兴趣和不懈的追求。他订阅10多种农业科技报刊,购买了大量的科技种植光盘,主动申请去农科院所学习,带领全村及邻村农民栽桑养蚕、种蘑菇、搞特种珍禽养殖、种植大棚蔬菜。2008年,村民朱留红种植3亩番茄,番茄开花后,叶子突然发枯,用了很多药都没有用。他把这情况告诉乐绍琪,准备放弃了,把大棚拆掉,将番茄刨掉。乐绍琪从区植保站请来几位专家一起现场会诊,发现是猪粪没有进行发酵,在大棚里造成粪毒危害。他们建议朱留红用解毒药在叶面喷施。最终,叶枯病明显控制,朱留红每亩番茄收益达8000多元。2009年8月,水稻纹枯病大面积发生,姚伙村青年农民陈如标等十几个农户,由于用药不对路,造成纹枯病越来越严重。乐绍琪知道后,立即到田头查看,建议他们有的放矢地喷洒农药,有效地保护了功能叶。同时,他利用广播进行宣传。全村3000亩稻田由于及时采取防病虫措施,均获得较好收成。

为进一步向农民推广科学技术,2007年1月,乐绍琪申请成立了《江苏农业科技报》的农技咨询网点,搭上农业科技的快班车。连续十年来,他每年都邀请省农科院和农科报社的专家、教授来尚庄镇免费举办高效农业培训班。为了搞好培训,他每次都是自费打印千余份通知,骑自行车到周边乡镇近50个村(居)发放与张贴。2009年4月,他举办的水稻直播技术及高效农业培训班,吸引了近千人参加培训。2010年,受到两次台风影响,姚伙村的直播稻都没有倒伏,亩产量超过750公斤。10月份,省农科院、农业科技报社的专家、教授一行11人来村现场考察直播稻示范田,一致认为直播很成功。年终,在江苏农业科技报社表彰的14个全省"优秀农技咨询点"中,乐绍琪这个咨询点就在其中,同时被表彰为"优秀农技服务品牌店"。

为更好地为农民服务，2008年3月，乐绍琪自费赴北京参加第三届农技员测土配方培训班。测土配方是一项新技术，为了全面掌握中国农大教授讲的新技术，他克服人老眼花、记忆力差的困难，上课一字不漏地记笔记，每天回宿舍都要熬夜到12点钟进行温习补课。

经过培训考试合格，他获得国家人保部颁发的"庄稼医生"资格证书。回到尚庄后，他整天和泥土打起交道，免费为本镇农民测土配方，还骑车到40里外楼王镇测土配方200多亩，到目前为止已测土2万多亩，受益的农民达数万人次。2009年8月，他牵头带领村里的老干部、老党员和科技示范户，组建了"十老汉农民粮食专业合作社"，吸纳社员近100户，通过示范带动、结对促动，有效解决了村民在生产生活中遇到的各类困难。

姚伙村有正在读书的中小学生200多人，其中有80多名孩子的父母在外打工。一些孩子放学回家后，经常到网吧、游戏厅里去玩。为了让孩子们在放学后和节假日有个好去处，乐绍琪自筹两万多元，创办了一个农家书屋，购买5000多册图书，订阅10多份报刊，让孩子能看到书读到报。他还成立读书看报学习小组，定期组织青少年学习交流。留守儿童小吴的父母在上海打工，随奶奶生活。小吴在小学逃学，不愿意学习，贪玩。乐绍琪知道后，就找他谈话教育，协助学校老师教育，并加强课外辅导。现在，小吴已成为一名品学兼优的学生，今年已考上尚庄中学。

筑梦尚庄农民大舞台。他发现村里老少都爱唱戏跳舞，希望拥有自己的舞台，他多方奔走，争取场地和筹集资金，区老龄委支持5万元，村老党员自筹2万元，菜籽收割完后，乐绍琪开始忙碌着建起了属于农民自己的大舞台。他还买来音响、红绸带、戏服，请来村里的老教师担任教练……夜幕降临，广大村民自发集聚在这里跳舞健身，寂静的夜晚农村成了欢歌笑语的海洋。还应群众要求，定期、不定期组织开展群众文娱节目汇演。乐绍琪还购买电视机，添置了扩音机、喇叭，经常宣传德育知识、国内外大事、农业技术等，定时播放新闻、天气预报、戏曲等，活跃了农村的精神文化生活。

他还积极参与"盐都区好人志愿服务队"等活动。他以实际行动践行着社会主义核心价值观，在盐阜大地树立起道德标杆，传递着温暖和力量。在他的周围，爱读书的人多了，乐于做公益的人多了。

五、顾吾书社

1980年6月17日晚，亭湖区新洋街道盐电社区顾寿义等，拉矿抡铁锤之余，自发自费在一间7平方米的职工宿舍里创办了顾吾书社。他们将顾寿义的200余本图书、千余册连环画、20多种报刊，无偿供周边工友及远近的工农市民借阅、浏览，久之，大家也自愿参与，服务于更多求学求助者。初名：瓢城新蕾读书社。

书友们立足本职，刻苦用功，读书补文化、钻技术，自学中互助，互助中同进而声誉迭起。同年9月，文坛巨匠茅盾先生亲赐现名后，备受党政工、团和社会关注，如周克玉、陈昊苏、顾秀莲、魏巍、贺敬之、林默涵、于光远、丁芒等参观指导或题词慰勉，有的还亲自担任书社顾问。1995年6月，李克强听取社情汇报后，即签名赠书，并通过全国青联持续赠书刊至2004年9月。

该社现藏书53900余册，报刊39970余种、数十万份。该社屡被表彰为"全国书香之家""省青少年国学堂""省文化志愿服务先进单位""省社科普教示范基地""市读书先进集体""市十大社会民间阅读组织"……

该社30多年矢志于全民阅读推广，热心公益事业，为构建书香盐城竭尽所能地进行了诸多卓有成效的社会活动。

自2013年始，该社推出以"读诵经典、滋养人心"为主题的每周三晚7点"国学经典读诵"会，不仅吸引了周围的民众踊跃参与，远在外县市区的人也纷至沓来。周三读书会已举办了260余场。

2016年2月起，协助亭湖图书馆筹办登瀛读书会，逢周五晚6点和周日下午2点，在东闸雷锋藏馆、城北金鼎如意斋红木馆，举办受众、表现形式各异，读诵主题各有侧重的夜读、午读。早在2014年9月，就协助盐都图书馆，逢周六下午3点共办和悦午读会。2016年正月初三起，该社承办、明德学堂协办的"国学经典讲读分享月会"，在市图书馆3楼的读者沙龙里开场，月月不间断。

为更好地营造成风化人、弘传中华优秀文化的氛围，该社通过身边人讲述身边事，助力社会公众共同促进、共同进步，积聚各方有识善士，筹组了市图书馆《黄海讲坛》为期四天日均都有千人听讲的"公民道德教育·幸福人生公益论坛"；在市图学术报告厅与市关工委等联办了"幸福人生，和谐家庭"读书用书公益论坛；与亭湖区文明办、亭湖区委党校联办了"国学经典进社区，和谐家庭共营造"系列读书会。2015 年 3 月 11 日，在五星村举办 500 余人听讲的"厚德盐城、大爱无疆"公益论坛；2016 年 1 月 1 日—5 日，在射阳举办了日均超出 200 余人参加的"家庭美德"义工学习班；11 月，在阜宁师范附小举办为期四天的公益论坛。2017 年 3 月 25 日起，应永兴寺之邀，逢周六全天在水街联办"中华传统优秀文化经典亲子共读班"；9 月 1 日—7 日，在盐城技师学院举办为期 3 天的开学第一课……

为服务书香盐城建设，满足各阶层市民的读书需求，该社接受城乡社区邀请，先后设立了亭湖区文峰街道朝阳社区，新洋街道城北社区，盐东镇千鹤湾康养小城，城南开发区步凤镇五条岭，阜宁县罗桥镇、陈良中心小学，盐都区学富镇，响水县黄圩初中、小学交汇的聚贤堂分社等 10 多个送读点，引发四面八方的热切关注。

"读善书、做好人"是该社孜孜以求、努力不懈的追求。30 多年来，该社不但传播书香，还尽自身绵力，多方联系社会志士，通过传统媒体渠道，更借助网络与微信群动员大家同携手。汇集社会爱心，屡屡救助我市城乡因病致贫或家中突遭变故的贫病弱势群体，尤其针对城乡留守学童的读书与生活，该社给其源源不断地持续性帮扶。自发自费地巡访盐阜大地上万平方千米区域内的抗战老人，运用社会公益机构定期协调来关爱帮扶其中老弱病残者，送上人文的呵护慰问。针对城郊乡村里的"空巢老人"，该社常错开年节，赴阜宁罗桥、射阳洋马、亭湖青墩、南洋等地慰问；并对盐都鞍湖敬老院和步凤麻风村，坚持探慰常态化。

六、樊登读书会

樊登读书会是基于移动互联网的学习型机构，是倡导全民阅读的先行者。使命是帮助中国 3 亿人养成阅读习惯。樊登读书会提供形式多样的精华解读，以视频、音频、图文等多种形式呈现在樊登读书会 App 上进行分享传播。樊登读书会以文字解读和视音频讲解的形式，帮助那些没有时间读书、不知道读哪些书和读书效率低的人群每年吸收 50 本书的精华内容。樊登读书会旨在帮助更多中国人养成阅读习惯，通过知识的传播来改善自我，造福社会。

樊登读书会利用移动互联网工具，大胆创新阅读形式和阅读社区模式，经过4年多的发展，会员人数已超过260万。目前已在中国境内成立15个省级分会、198个城市级分会、303家县级分会以及10个海外分会。

樊登是北京交通大学应用传播学研究所所长，前央视主持人，北京师范大学传媒学博士，西安交通大学工学学士、管理学硕士，99国际大专辩论会冠军，IBM领导力认证高级讲师，北京大学总裁班签约讲师，曾创办《管理学家》杂志并担任董事总经理。樊登以其横跨传媒界、学术界和培训界的资深背景，成为国内公关营销和领导力方面极具影响力的专家和讲师。樊登授课风格睿智幽默、旁征博引、互动性强，非常善于将传统文化与西方最新理论相互印证。

樊登读书会盐城分会自2016年3月成立以来，组织百场线下沙龙读书活动，影响了盐城至少二万余人读书学习。为培养阅读习惯、助力全民阅读，樊登读书会盐城分会一直在努力前行，在中国每多一人读书，就多一份祥和。

七、克胜集团明德堂

九龙锦江国际大酒店作为江苏克胜集团全资子公司，秉承克胜集团企业文化的精髓，十分注重强化酒店的文化蕴涵，尤为注重营造全民读书的氛围，加大投入购置图书，大力提倡学习光荣、读书高尚、书中有知的新风尚，全民读书活动开展得有声有色，取得较好的成效。

酒店为员工设置专门读书室和读书角等，通过读书赋予员工丰富的知识色彩；并把读书与实际工作水平提高、实际工作能力提升结合起来，也把读书作为培养个人素质的有效之举，员工参读率达86%以上，收到良好效果。

酒店把明德堂这个酒店文化基地作为读书的大本营，增加宾客读书长廊和图书阅览处，在酒店大堂设立多处来宾书报点，并在酒店所有房间配备了免费阅读书吧，在来宾待办手续、交流洽谈之时，为他们创造学习、休闲及掌握时事消息、人文地理等知识的条件，让客人在休息、旅行之余享受文化书刊的熏陶。

尽管大形势导致酒店行业陷入效益平平、财力有限的局面，九龙锦江国际大酒店还是拿出资金，加大图书购买力度，先后购置各类图书 3000 余册，在明德堂会馆陈列 2000 余册，酒店大堂的来宾书报点、客房及员工读书室和读书角投放 1000 余册，供来宾及员工阅读和学习，并与盐城书城合作，对所有书籍的种类及时进行不断的充实和升级，从而让大家每次都能读到时新、鲜活的各类文化书籍。

在做好酒店内部全民阅读工作的同时，还积极参加市全民阅读办组织的各项系列活动，多次派出人员参加全民阅读领读者培训班及优秀读者演讲活动等；2017 年 1 月被评为盐城市"十大优秀阅读组织"称号。九龙锦江国际大酒店在不断飘扬的酒香、菜香中，又派生出书香这个受益匪浅、回味无穷的韵味，且愈浓愈烈。

八、金沙湖读书会

为推动全民阅读活动深入开展，加快推进书香阜宁的建设，2015 年 5 月 8 日下午，金沙湖读书会成立大会在阜宁县图书馆报告厅隆重举行，来自阜宁社会各界百余名会员代表济济一堂，共同见证了这个激动人心的时刻。

金沙湖读书会以"搭建平台、推进交流、营造氛围"为宗旨，通过开展读书活动，提高会员的文化素养，开拓视野，增加阅历，促进会员的个人发展，推进组织建设，发挥团队作用，打造书香阜宁，让读书会成为地方的一个文化制高点，引导和形成全民学习的氛围。读书会宗旨在于加强全民阅读活动宣传，推进阅读设施建设，优化全民阅读环境，激发全民阅读热情，推动全民阅读活动深入开展。

目前金沙湖读书会多以征文形式采纳会员的作品，开设一些专栏，如名作欣赏、美文品读、文化名人研读、文坛轶事、文坛风云、新手文学作品等类似的文学栏目，还有国家经济政策、未来中国的发展方向、经济动态、中国外贸现状、商务理论与实务之类的专栏，另外还请知名学者开办讲座，研究一些文学或者商务专业方面的问题，也组织会员一起联谊活动等，旨在学习、交流、锻炼、培养能力等。

举办或参与组织的活动主要有：

"国学大师——柳诒徵"图片展。展览分柳诒徵的学术人生、柳诒徵与南高学派、柳诒徵与国学图书馆、柳诒徵的学术成就四个部分。

"校园溢满书香 好书伴我成长"读书活动。活动把"读书"和"活动"紧密结合起来,活动的趣味性越强,读书就越富有吸引力。由老师推荐一些适合学生阅读的书籍,调动学生读书的积极性。通过读书活动的开展,学生的读书热情有了很大的提高。孩子们在不同的程度上感受到读书带来的快乐。学生的阅读能力和写作能力也有了不同程度的提高。此次活动读书会精心组织,通过广播、电视、报纸、网络等各种新闻媒体广泛宣传,得到了社会各界广泛好评。

"朗诵周末"系列活动。2017年6月以来,让广大会员通过学习经典、诵读经典来了解中华民族灿烂文化。目前已成功举办13期,其中有6期进行了微信平台同步直播,线上观众达到近十万人次,效果良好。

书籍是人类进步的阶梯,书籍是人类宝贵的精神财富,金沙湖读书会自成立以来,在组织者和会员们的共同努力下,达到了预期的效果。今后读书会将根据自身发展的实际情况,不断完善,让会员做到认真读书,快乐读书,终身读书,使读书真正成为生活中的一个习惯并受益终身。

九、醉里挑灯朗读者协会

醉里挑灯诵读团队是基于创办十年的醉里挑灯文学网站而建立的,和醉里挑灯文学网站是一个有机的整体。醉里挑灯文学网站创办于2006年,系非营利性纯文学公益性网站,立足盐阜地区,面向全国,目前注册会员已逾十万人,2008年被评为盐城市十佳文明办网先进网站。2016年10月16日成功举办醉里挑灯十周年庆典活动,省、市、县文联、作协、新闻媒体均参与并做了多方报道。

根据网站发展需要,醉里挑灯诵读团队于2008年组建,诵读团队骨干成员三十人左右,松散型成员近二百人,有醉里挑灯文学网站、醉里挑灯微信公众号、醉里挑灯微信群共同支撑,运作已经非常成熟。

醉里挑灯诵读团队集创作与阅读为一体,网站写手是强大的创作团队,而诵读团队又很好地宣传了网站优秀作品,使文学作品通过一次次诵读活动深入推广到群众中。十年来,醉里挑灯诵读团队成功举办了四十余次诵读活动,于2017年4月正式注册为盐城市阜宁县醉里挑灯朗读者协会。

2011年5月,醉里挑灯诵读团队与阜宁县散文家协会联手,在美丽的金沙湖畔举办了"金沙湖杯散文诗歌诵读大赛",诵读了由醉里挑灯文学网站部分作者创作的歌颂金沙湖深厚历史底蕴、优美自然风光的精品诗文,活动有上千人参加,吸引了许多游客驻足欣赏,受到大家广泛好评。

2012年3月,醉里挑灯诵读团队与阜宁县散文家协会联手,在黄河故道边的羊寨桃花源举行了桃花源开幕式朗诵会,会员们清新隽永的作品和诵读成员声情并茂的朗诵,引来游客们的阵阵掌声,为开幕式增光添彩。

2013年9月,醉里挑灯诵读团队走进滩涂湿地,进行了为期两天的采风和诵读活动,会员们深入景区,创作了许多脍炙人口的精品佳作,即兴朗诵了许多讴歌滩涂的经典和新篇。

2014年12月,醉里挑灯诵读团队在阜宁县天涯共此时大酒店成功举办了醉里挑灯八周年诗文朗诵会,朗诵了"我与醉里挑灯"征文中的众多优秀作品,现场气氛高雅而热烈,温馨而动人。近二百名会员从盐城周边各市、县赶来参加。

2015年8月,醉里挑灯诵读团队与海莉团队成功举办了走进金沙湖诗文朗诵会,艺术家和朗诵爱好者们朗诵了醉里挑灯文学网站与金沙湖联合举办的"大美金沙湖杯征文"中的众多优秀作品。来自周边县区的一百多名诵读爱好者参加了此次活动。朗诵会结束后,大家兴致勃勃地游览了金沙湖景区,留下了难忘的记忆。

2015年9月19日,醉里挑灯诵读团队在阜宁县老年公寓参与阜宁县纪念抗战七十周年慰问演出,醉里挑灯诵读团队成员的精彩朗诵受到热烈欢迎。

2015年12月,醉里挑灯诵读团队在嘉隆国际大酒店成功举办射河之韵冬季诵读会,县内二十余名诵读爱好者上台诵读,百余名来自全县各个阶层的听众产生强烈共鸣,现场气氛热烈,掌声阵阵。

2016年4月16日,醉里挑灯诵读团队和人民艺术诗社在阜宁县金沙湖旅游度假区举行了"金沙湖之春"主题诵读会,诵读会上,醉里挑灯诵读团队成员激情大气的朗诵表演,得到了著名作家洪烛一行的高度赞扬。

2016年6月23日,阜宁县发生了特大龙卷风冰雹自然灾害,在大灾面前,醉里人亲赴灾区,日夜奋战在一线,白天参与抗灾抢险,深夜赶写灾情报道,并通过醉里挑灯微信公众号第一时间向全社会发布灾情信息。对抢险救援工作顺利有序进行、社会秩序人心稳定起到了一定的作用。并和海莉团队合作，于7月9日在盐城市疾控中心成功举办"爱，永远不分开"公益诵读活动，醉里挑灯数百名会员到场聆听，阜宁县救灾英雄亲赴现场接受访谈，整个诵读会感人肺腑、催人泪下，成为许多人难以忘却的记忆。

2016年10月2日，醉里挑灯诵读团队和"串场风·爱诵读"团队在盐都台湾农民创业园倾情上演"金色的家园"主题朗诵会，将人们对菊花的喜爱和赞美之情推向极致。

2016年12月举办"阜宁澳洋——不忘初心，再出发"主题诵读会，通过微信直播收看人数突破十万。

2017年协会挂牌成立后，于4月23日举行了"悦读经典，品味阜宁"——4·23世界读书日公益主题诵读会，4月30日举行了"金沙情，碧水梦"——金沙湖专题诵读会，为祝贺阜宁第十七届经贸洽谈会隆重召开，于5月16日成功举办了"品读阜宁"专场诵读展演，6月2日举行了县市场监督管理局"弘扬家风、养德修廉"廉政家书专场诵读展演，6月23日举行了"我们这样走过"——纪念6·23抗灾救灾、重建家园一周年专场诵读展演，7月16日举行了"我们深爱这世界"——醉里挑灯会员作品悦读分享会，8月13日举行了醉里挑灯作品悦读分享会——"且歌且吟话乡愁"，9月16日承办了"铁军颂·纪检情"主题诵读会。

十、老约翰绘本馆

老约翰绘本馆，自2015年11月登陆滨海以来，为更多的家庭提供了方便快捷的绘本借阅支持。该馆旨在以"引领阅读——自主阅读——亲子阅读"为开展形式，同时还提供阅读专业指导及相应阅读课堂——故事会、绘本精读、魔方课等增值服务，获得更多家庭的一致好评与认可。

该馆不仅提供专业早期阅读指导和绘本阅读支持，更倡导一种"爱孩子爱阅读爱生活"的健康、有趣、有益的生活方式：

健康——从绘本原创版本、优质纸质、环保印刷油墨开启阅读之旅。每册经手的绘本做到每日全面消毒，避免交叉感染。

有趣——课程以"多一点分享，少一点要求；多一点欣赏，少一点问题；多一点乐趣，少一点枯燥；多一点体验，少一点传授"为教学灵魂，这样的阅读方式才能吸引孩子，从而让孩子喜欢上阅读。

有益——每年中国要砍伐近5000万棵树木制造原生纸来印书。借书,可以使一本书多次利用,省纸、省树、减少污染,让我们一起保护环境。

该馆是一家O2O电商模式的绘本阅读服务机构,以互联网为平台,为用户提供网上自主选取绘本,送还免费上门服务,开创绘本阅读的新方式。

该馆的网上租阅系统比传统的绘本馆有着明显的优势:其一,绘本借还程序都可以在网上完成,足不出户,点点鼠标便可轻松完成借阅;其二,该馆网上绘本借阅馆由于充分利用网络平台,绘本齐全,家长可以根据自己孩子的阅读年龄和阅读口味,自由选择;其三,若会员想借阅的绘本,现有的库里没有,将为其量身订购。

也许,阅读不能、也不应该成为孩子生活中最最重要的事情,同样绘本也不能解决孩子成长中遇到的所有问题,但是,从绘本里给孩子找一个小小的榜样,告诉宝宝"请你像我这样做",对孩子来说,也是一种极大的安慰与鼓励。更或者,一本好书未必能找到最完美的解释,也未必能回答孩子的疑问,但它能提供一个"体会的过程",让孩子学会打开情感的出口和入口。

在倡导全民阅读,建设书香社会的今天,老约翰致力于做阅读领跑者,让身边更多家长一起加入亲子阅读,全民阅读。以合理安排好时间为基础,坚持每天看书,养成"夜不读书难自眠"的习惯,让阅读成为大家不离不弃的生活方式。

十一、滨海·神奇世界·亲子阅读馆

滨海·神奇世界·亲子阅读馆成立于2016年5月28日,位于滨海中央花园北门,馆内面积达200平方米,一楼为绘本阅读区,二楼是亲子互动区及上课教室。

滨海·神奇世界·亲子阅读馆是滨海首家早期亲子阅读推广机构,引进国外先进的阅读理念,汇集全球经典绘本5000余册,是一家专为0—14岁孩子开设的儿童图书馆,专注于儿童早期阅读。馆内藏书种类多样,皆为名家精选的"经典绘本"。该馆为父母和孩子提供绘本借阅、早期阅读指导,同时开设故事会、多元绘本主题活动、父母沙龙、亲子游学等半公益性服务,另有绘画、手工、科学实验、职业体验等高品质绘本延伸课

程，全力打造最专业的亲子阅读机构。

滨海·神奇世界·亲子阅读馆自开业以来做过亲子故事会、科学实践及社会实践等大小活动共计40余场，平均每周一次亲子故事会，在一次次故事会和活动中，老师和孩子们的感情逐渐升温，孩子们把神奇世界当作第二课堂，放学后要到书馆看会儿书再回家，周末有空要来馆内坐坐，或看书，或听故事会，或做手工……孩子们放学后还带着吃的来找老师，说老师辛苦了，给老师带个肉包子垫肚子；户外活动时，妈妈们积极报名做义工……太多太多的感动像一股无形的动力推动着神奇世界往前走，一步一个脚印，坚定且义无反顾……

绘本阅读推广的路还很长，未来要做的事还有很多。推广亲子共读，让孩子通过小小的绘本，打开认知世界的窗口，滨海·神奇世界·亲子阅读，一直在努力！

十二、东坎镇会读书馆

滨海县东坎镇会读书馆由丁桂云女士于2014年6月创办，是一家专业为3—16周岁少年儿童量身定制的社区专属读书馆，拥有中小学必读选读课本及各类图书6000余册。经过三年的发展，书馆成功举办公益阅读推广活动近百场次，接纳读者逾千人次。为了能容纳更多的读者参与，书馆由最初的选址东坎镇坎园路142号，于2016年5月又迁至东坎镇三中北巷16号，开办了160平方米的会读书馆阅览区。同年从工商部门和文广部门取得了工商营业执照和出版物经营许可证书。

东坎镇会读书馆创建的理念是为孩子创造一个良好的阅读环境，让孩子们远离手机和电脑，从此爱上阅读。书馆每天都会认真安排小读者进行40分钟经典书本阅读和每晚"睡前故事"30分钟的阅读分享。每周六、日为小读者开展丰富多彩的故事会活动、阅读训练、作文指导，同时开展24小时背120首古诗（每周2小时，12周完成任务）等活动；每月及时登录"阅读排行榜"，查看小读者阅读情况，对前三名进行奖励；定期组织小读者和家长开展户外亲子活动；积极推动"公益阅读家庭"推广活动，让更多的孩子爱上阅读，帮助孩子养成一个良好的阅读习惯。

2017年东坎镇会读书馆打破传统的阅读体系，为读者推出了更多的读书新理念。陆续推出了科学实验、创意绘画课、每日睡前故事、专注力训练等活动；为小读者们开设了阅读故事会，在进行必读选读课本精读细讲的同时，每周日和读者一起观看公益电影、组织儿童户外游戏及广场故事交流会；每月组织家长讲座、妈妈沙龙、儿童生日 Party、亲子户外游等活动；利用放学或周末时间免费为留守中小学生辅导作业，为小读者们免费打造自己的特色阅读课程与学习体系。

由于引进的各种特色课程尝试，更加积极地推广阅读，让阅读走进社区，走进家庭，让更多的家庭意识到少年儿童早期阅读的重要性。在2017年6月成功地推广会员读书卡的同时，暑期吸引了近150名新读书会员。同时，书馆与社会其他组织进行密切的合作，使书馆的优秀阅读理念覆盖附近的社区，以便服务更多的家庭。东坎镇会读书馆和当地爱心协会多次达成联盟，不断地组织小读者为贫困的家庭和孩子做一些公益捐助活动，让更多需要帮助的人得到更多的援助，让小朋友们从小懂得献爱心，懂得感恩。

十三、徐警官读书俱乐部

徐警官读书俱乐部成立于2007年4月，是为了满足文化品牌建设和"书香戒毒所"创建的需要，在盐城市图书馆有关专家指导下，由江苏省方强强制隔离戒毒所教育科民警、《朝阳报》《至善》编辑徐兆阳警官领衔，以各大队戒毒人员通讯员为重要成员的大墙内阅读推广组织。

徐警官读书俱乐部以"经典点亮智慧，阅读改变人生"为活动宗旨，积极引导大墙内戒毒人员的读书活动，让他们亲近经典，品味书香，在读书学习中反思吸毒罪错，弘扬矫治正气，力争做一个有文化的中国人。

在所内小报《朝阳报》二版《学习园地》设立《专家讲坛》《每月一卷》专栏，每月向各大队通讯员读书小组赠送一本新书；每年邀请地方新华书店来所举办"书市进所"1—2次，组织"光明书香节"走进戒毒所活动；每年4月"文化月""读书节"期间开展主题读书征文活动；邀请有关专家来所举办读书与人生专题知识讲座等，主要活动包括：

"名师讲坛"：与盐城市社科联合作，定期邀请盐城市有关专家、学者来所举办专题知识讲座，每年编辑《名师讲坛录》；

"警官讲堂"：在所内物色有一定专业背景的骨干民警为戒毒人员举办专题讲座，提高戒毒人员综合文化素养；

"每月一卷"：每月推荐一本新书，倡导戒毒人员每月读一本书，养成"爱读书、读好书、做好人"的良好风尚。

十四、《人民作家》微杂志

《人民作家》微杂志创办于 2016 年元月 2 日，以发表原创文学为主，为全国首个由公安民警创办的文学微杂志。宗旨是：大众写给大众看，让普通的文学爱好者有一个展示梦想的平台，让普通大众能够看到普通大众的梦想也能照进现实，为普通大众提供即时迅即的阅读支持。

该杂志由江苏达人文化传媒主管，与盐城市大丰区全民阅读促进会、"宇之声"播音主持平台等机构合作创办，著名作家、中国散文学会副会长、江苏散文学会会长、雨花杂志社原主编姜琍敏，原《文学报》社长、总编、著名作家陈歆耕，著名时事评论员、复旦大学特聘研究员、香港《大公报》特约评论员苏虹等任顾问，江苏公安作家骆圣宏任总编，江苏警方杂志社原副主编赵长国和盐城市大丰区图书馆馆长、大丰区全民阅读促进会秘书长沙广萍任特邀副总编。

杂志现有专兼职编务人员 15 人，开办有《大众文学》周刊、《公安文学》周刊、《名家在线》周刊、《中学生作文》周刊、《小学生作文》周刊、《动态与评论》等栏目，每期五到七篇文章，已经发布 200 多期 1300 多篇文章，先后有近百篇文章被《人民公安报》、《扬子晚报》、《盐阜大众报》、交汇点、澎湃社、腾讯、人民网等多家知名公众号、网站和报刊全文转载或引用、转发，累计点击量达上千万人次。不仅读者群迅速遍及全国各地，作者群也涉及各层各级，有家庭妇女，也有大有成就的作家。

该杂志运行中积极参与全民阅读的推进工作，先后与大丰区全民阅读促进会等组织一起举办"书香大丰"读书征文大赛暨《人民作家》中学生作文擂台赛、《人民作家》年度优秀学生作文奖评比和"我为山区孩子捐本书"等活动，取得良好效果。同时关注社会热点问题，传播正能量。2016 年元月 15 日清晨，盐城市大丰区三龙交警中队交警陈飞、辅警陈国斌上路执勤时，警车被违章行驶的一辆大货车碾平，两人当场身亡。新闻发布后，却被许多不明真相的网友喝倒彩，幸灾乐祸的评价声一片。当夜，《人民作家》平台及时写作和发表《爸爸再也不用巡逻站岗了!》一文，以牺牲交警陈飞的 4 岁女儿角度，记录了孩子的少年不知愁滋味，感动了无数网友,并被众多知名网站、媒体转载,迅速扭转了网络上的暴戾之气。其后又创作和发布《战友,我们等你归队》《陈飞,你妹妹喊你出勤呢》等诗、文,这些内容也被大量转载。当大丰公安局为牺牲交警召开追悼会的时候,网友的评论已经趋于理性,为交警的牺牲精神点赞的评论占据主流。人民网专门撰文给予了高度评价。公安部文联、《江苏警方》杂志和公众号先后采用大篇幅的文章对《人民作家》微杂志给予推广。

十五、"宇之声"微信公众平台

微信公众号"宇之声"(yzsbyzc)创建于2015年6月29日,是江苏省盐城市大丰区一家以展现语言艺术为主体的新媒体,旨在通过传播诵读艺术作品,展示声音魅力,讴歌时代,感染大众,弘扬正气,传播社会主义核心价值观。

平台开播以来,通过较高质量的诵读作品,很快受到全国许多朋友以及海外华人的喜爱,特别是得到文学、朗诵、音乐、摄影、书法等艺术爱好者的高度关注,积聚了大量的粉丝。因为这些弘扬真善美的文学和声音作品,一些文学爱好者纷纷加入平台建设中,他们纷纷寄来作品,远在西班牙的华人韦龙杰收听到平台后,积极向平台投稿,成为平台的铁粉。因为这些充满着真诚和挚爱的作品,一些诵读爱好者主动与平台研讨沟通音频作品,很快在大丰区形成了10多人的诵读爱好者队伍。一群志同道合的人定期开展业务研讨和主题活动。2016年是红军长征胜利70周年,宇之声团队自发组织活动,用朗诵来表达对长征精神的传承,赢得社会的广泛好评。

平台作品播出坚持唱响主旋律,每年播出的诵读作品达200多部,《千年古镇——刘庄》《草堰——一个让心温暖的小镇》《祖国在上,阜宁挺住》等数十部作品点击阅读人数都达万人以上,全年阅读量达到50万人次左右。

为了扩大平台的影响,平台主动和大丰区各学校联合开展朗诵竞赛活动。一些对朗诵爱好的孩子家长主动联系,通过平台展示孩子的作品,也引起了社会广泛的关注。在大丰区实验幼儿园开展的"宇之声"诵读比赛中,一些幼儿虽牙牙学语,但是却表现得有模有样。在传统的诗歌朗诵中表达出稚嫩的情怀,一位孩子的姑爷爷听到朗诵作品后,兴奋之余,挥毫泼墨，赠给侄孙女书法作品让其留作纪念，并在微信朋友圈晒出后，引起许多微友的围观和好评，在活动中培育出孩子对传统文化的热情和兴趣。

宇之声始终坚持用书声滋润精神，用真诚品味人生。在平台运转以来，坚持做公益，所有的活动都是自费，没有向社会和任何学生收费。同时关注社会，关注民生，2015年夏天，大丰发生了洪涝灾害，面对城区的大量积水，平台根据微友提供的照片和了解到的相关信息，采用"初页"制作软件及时制作微场景《加油！大丰！》，动员全区人民在地方党委政府的领导下奋力抗洪，2天时间获得了空前的社会关注度，获得了手机379万人的关注。2015年秋天，大丰撤市设区，面对可能会发生的社会不稳定情况，平台适时推出微场景《祝福你，大丰区！》，引导社会舆论和百姓情绪，获得了广泛的关注度，获得了113万的点击人数，国家民政部领导来大丰视察时，对大丰撤市设区工作给予高度评价，说没有一封人民来信，这在别的地方很难做到，宇之声平台默默替政府担当，也许取得了一些效果。

第五节　活动品牌

一、盐都大讲堂

2019年6月15日上午，"盐都大讲堂"举办第二十六场讲座。中共中央党校（国家行政学院）公共管理教研部副教授、北京大学博士后、中国科学院博士赖先进应邀做题为《坚持底线思维，防范化解重大风险——认真学习贯彻习近平总书记在2019省部级主要领导干部开班式上重要讲话精神》的专题讲座。盐都区四套班子领导听取专题讲座。区委常委、宣传部部长葛建华主持讲座。

讲座中，赖先进紧紧围绕"坚持底线思维，防范化解重大风险"主题，从"防范化解重大风险的内涵与意义""重在抓早，加强事前预防与准备""重在抓小，强化事中化解与处置""重在变量，加强网络舆情的引导""重在治本，提升社会风险抗逆力"五个方面进行了系统阐释，内容丰富、分析深刻、见解独到，具有很强的理论性、思想性、指导性，让在座听众受益匪浅。

活动要求,全区上下要提高政治站位,强化政治担当,把防范化解重大风险作为重大政治任务抓紧抓实,以实际行动和实际成效检验"四个意识"、践行"两个维护"。要坚持问题导向,树立底线思维,全面深入排查全区各类重大风险,对各领域风险挑战做到心中有底、脑中有策,打好主动仗。要采取针对措施,建立全面的"问题清单"、精准的"措施清单"、明确的"责任清单",坚决打赢防范重大风险攻坚战,以优异成绩庆祝中华人民共和国成立70周年。

二、书香大丰全民阅读大讲堂

自2013年开始,大丰区图书馆开设"书香大丰全民阅读大讲堂",多次邀请专家、学者举办讲座,和读者听众们分享人生中最宝贵的经验与智慧,受到了社会各界的广泛关注和参与。

中国图书馆学会阅读指导与阅读推广委员会副主任、中国阅读学研究会会长、南京大学教授徐雁,南京大学国际传媒研究所所长、博士生导师、著名美学家潘知常教授,著名儿童文学作家曹文芳,零点研究咨询集团董事长袁岳,盐城市第一人民医院营养科主任、营养与食品卫生专业主任医师高红兰等都是"书香大丰全民阅读大讲堂"的受邀嘉宾。讲座内容涵盖文学、艺术、摄影、创业、健康、瑜伽等,如"青春红楼""重读安徒生童话""劳于读书,逸于作文"等。为了满足市民的广泛需求,大讲堂还走出图书馆,来到乡镇,走进学校、企业、军营,为更多大丰市民送去讲座。2017年大丰区图书馆新馆试开放以来,充分利用网络、微信等新媒体手段,对大讲堂现场直播。

该活动以推进"全民阅读"为宗旨,营造学习氛围,提升公民素质,推动形成"爱读书、多读书、会读书、读好书"的良好氛围。大讲堂至今已成功开讲69期,累计受益市民约8万人次。

三、鹤鸣讲坛

湿地之都,仙鹤起舞。"鹤鸣讲坛"取名于盐城珍禽、保护动物丹顶鹤,鹤鸣苍穹,传播美丽。由亭湖区全民阅读促进会、亭湖区图书馆主办,它是一个讲座交流互动型论坛,每年都要举办20期左右,内容涵盖红色文化、海盐文化、国学经典、养生健康、家庭教育、金融理财等诸多领域，通过"请进来""走出去"的方法，邀请专家、学者授课，为听众零距离传播正能量知识，每年在社区、村头与群众开展接地气的交流互动，达到了较好的传播效果，截至2017年底，"鹤鸣讲坛"举办了公益讲座近80期，被评为盐城市阅读示范项目。

"鹤鸣讲坛"始终坚持以"关注民生问题，普及科学知识"为宗旨，发扬盐城地方文化特色，将独特的地域文化与市民生活紧密结合，吸引了越来越多热爱盐城、关注亭湖的市民积极参与。论坛创办至今，累计接待现场听众10000余人次。论坛积极践行和培育社会主义核心价值观，论坛以"中国共产党胜利之路""大众创业、万众创新""城市记忆与城市故事""灾害防御与应急""健康品质生活"为主题内容；紧密结合时事热点，贴近群众热盼需求，将前沿科学知识平常化，使论坛不仅提高了市民的科学素养，也丰富了市民的生活，同时给公众带来很多日常生活中能用得上的科普知识。论坛以"城市记忆与城市故事"为主题内容，举办了一系列带有地方特色的讲座。先后邀请了盐城市新四军纪念馆陈宗彪老师主讲"铁军精神与盐城建设"，盐城市地方志主编于海根老师主讲"寻根海盐文化·感受城市之魂"，盐城师范学院文学院教授陈义海老师主讲"骑着水牛去纽约"。这些名家的讲座融哲理性、实效性、广泛性于一体，通俗易懂，让听众追寻历史的脉络，感受人文情怀，启迪心智。

近年来，"鹤鸣讲坛"在讲座的内容及形式上做了诸多新的尝试，在讲座的策划中，更进一步考虑深入基层，走进社区、学校、监狱等社会各个角落，无差等地做好知识的传播工作，整合更多社会资源，结合时事热点，充分关注民生，用丰富的、贴近老百姓生活的选题配合生动的讲座形式，将先进的科学文化理念和历史文化之根贯穿始终，取得了良好的成效。

四、"书香射阳"大讲堂

由射阳县全民阅读领导小组、县委宣传部主办，射阳县全民阅读促进会成员单位和各街道轮流组织，共同承办的"书香射阳"大讲堂，坚持把大力培育和践行社会主义核心价值观，进一步弘扬优秀传统文化和当代先进文化作为宗旨，通过举办市民喜闻乐见的系列精品讲座，让大讲堂真正成为市民的文化殿堂。为推动射阳经济社会大发展，建设美丽新射阳提供强有力的精神力量、智力支持和创新源泉，为建设美丽射阳丰富新内涵、增添新动力。

在整体形式上，"书香射阳"大讲堂具体分为：专家讲座、社区和学校讲堂三个模块。内容主要涉及区域经济社会发展、中国传统文化、名家名著、鹤文化、法制教育、形势政策教育、养生保健文化、艺术鉴赏、励志教育等，或者根据邀请的专家、学者设定主题、内容。除此之外，大讲堂还面向全社会开展讲座需求调查，公开征集讲座选题，不断充实讲座内容。

自2017年3月"书香射阳"大讲堂举办以来，邀请了来自各领域的教授、专家，讲座主题、内容既符合主流观点，又契合听众需求，兼顾政策性、知识性和趣味性，不断扩大"书香射阳"系列活动的受益面和吸引力、影响力。

五、阜宁"庙湾讲坛"

"庙湾讲坛"自2009年创办以来，坚持举办各类公益讲座、培训、朗诵会、故事会，内容丰富，涉及面广，现已举办了"朗诵周末""经典诵读""阜宁好故事""金沙湖读书会""南图讲座基层行"等系列讲座。多年来，"庙湾讲坛"坚持免费入场，以公益化的形式服务社会，努力营造城市学习和求知的良好环境，满足人们对信息、知识、文化的渴求，成为图书馆联系读者的纽带。

"庙湾讲坛"通过自身的不断努力和与各界的广泛合作，为社会和广大听众提供真诚而周到的服务，进一步拓宽和延伸了图书馆的公共文化服务功能。由于经常参加讲坛活动，广大市民对"庙湾讲坛"凝结了浓浓的讲坛情结，增加了自身的智慧和创新能力，提高了工作水平和生活质量。

"庙湾讲坛"由此营造了城市的学习与求知环境，使城市文明得到升华，在社会和读者中产生了极大影响。

六、滨海"周末大讲堂"

滨海县党员干部"周末大讲堂"活动，是为落实"大规模培训干部、大幅度提高干部素质"任务，进一步倡导优良学风，有力推动学习型党组织和学习型机关建设，不断提高党员干部服务发展、服务基层、服务群众的能力和水平，而开展的全县党员干部教育培训活动。参学人员主要为全县乡科级以上领导干部、在编在岗公务员、参公人员以及县直属事业单位领导班子成员。

活动由县委组织部、宣传部、党校负责指导协调，各镇、区和单位进行课题申报，并负责具体组织实施。每月根据实际情况举办1—2期，全年举办不少于20期。活动紧紧围绕县委、县政府中心工作，紧密结合党员干部学习需求，精心安排思想政治、经济发展、科技创新、社会治理、行政管理、领导艺术、传统文化、健康生活等方面学习课题和内容。

活动授课主要采取以下形式：一是专家、教授专题讲。通过征求党员干部想学盼学的内容，归纳整理需求比较集中的课题，有针对性地邀请专家、教授、滨海籍知名学者及文化名人等进行现场授课，拓宽学习范围，提升学习层次。二是领导干部带头讲。邀约县领导、部门单位领导干部授课。授课人自主选题、自行备课，授课不拘形式、不限内容，注重实效。三是上下联动交流讲。对党员干部反响良好、效果突出的课题，适时举办送教下镇、下村活动，达到互动交流、共同提高的目的。"周末大讲堂"授课视频在相关部门网站发布，努力拓展党员干部学习覆盖面。

活动采取单位积分制和个人积分制的考核方式。年底，根据参学积分评选出全县党员干部"周末大讲堂"活动优秀组织单位和先进个人。

七、东台市全民阅读活动

全民阅读活动被列入东台市政府为民办实事项目和文化惠民工程，市、镇、村设立全民阅读活动领导机构或指导组织，全民阅读氛围日渐浓厚。2016年东台市以市图书馆为主导，以镇图书分馆为支撑，多措并举，加大农家书屋通借通还试点工作力度，当年完成50家建设任务。到2018年，实现农家书屋通借通还全覆盖。

2016年8月16日，东台市全民阅读促进会成立大会暨"你读书、我买单"活动启动仪式在东台新华书店举行。市委常委、宣传部部长周爱东，副市长汤冬青参加活动。

八、建湖县"我与农家书屋"征文演讲比赛

"我与农家书屋"征文演讲比赛是由建湖县委宣传部和县文广新局主办,建湖县图书馆承办的征文和阅读的品牌活动,自 2012 年开始延续至今,连续 7 届,成功引导群众品味书香、诵读经典、感悟人生、体验社会、了解科学、拓展思维、明悟真理……因其组织性强、参与面广,成为建湖县书香阅读建设的一项文化服务品牌。该活动主要有以下几项特点:

组织性强,积极性高。为进一步促进全民阅读活动的开展,巩固建湖县 199 个农家书屋的建设,提升农家书屋的使用效率和服务能力,建湖县委宣传部在每年年初牵头组织关于农家书屋的读书征文暨演讲比赛的预备会。邀请各镇(街道)宣传委员、文广中心主任和部分农家书屋管理员代表以及文广新局、图书馆相关领导、科室负责人,联合研究制定该活动实施方案,从活动形式、参与对象、周期安排、评判标准、考核形式等方面详细规划,确保活动的可操作性和可持续性。所有镇(街道)从组织、征集、报送、辅导等方面按需落实相关负责人,确保参与有方向、创作有目标、理论有指导,积极调动广大群众和图书管理员的主动性和创造性,并将这种参与的热情持续升温,更大程度地感染周边的人,进一步扩大全民阅读的普及效果。自组织这项活动以来,每年参与征文活动的人员超过 500 人次,参与演讲活动的人员近 20 人,受众人数近万人。活动期间,各镇、村积极组织开展征文活动,经县委宣传部组建的评审组审核后,在县文广新局多功能厅举办演讲比赛和颁奖典礼,对于组织得力的镇、村亦予以表彰,极大地调动了镇、村文化从业人员的积极性。

活动周期长,参与面广。建湖县委宣传部根据各镇(街道)文化特色,对照各镇文化元素,进一步明确征文内容,让读书征文活动更具有镇、村特色,让更多的读者能结合本镇文化背景和文化特色撰写读书心得、思想感悟。经过三年的活动组织,初步形成了建阳的忠烈文化、庆丰的红色文化、冈西的民俗文化、九龙口的龙文化等具有代表性的镇、村文化特色,由初期组织镇、村文化从业人员主动参与,再到有写作爱好的退休教师、干部以及民间写手自发参与,全民读书的影响力在逐渐扩大,而参与群众的构成也在向多层次、多领域发展。更有家庭长辈主动要求家中学生一起参与读书征文活动,即便未获奖,起码也是对孩子阅读习惯的培

养和写作的促进。从活动的策划到开展，再到阅读征文、演讲比赛，全程周期长，给予有参与想法的群众以足够的时间来思考和参与。各镇、村活动过程中的保障到位，给予读书活动以持续的动力，使得越来越多的人从观望到想参与，再到自己投入其中甚至带动影响其他人，直达开展活动的最终目的。

意义重大，成果显著。"我和农家书屋"征文演讲比赛活动，是"书香建湖"建设中的一个细枝末节，在公共文化服务之中无足轻重，但是其社会效应不容置疑，正在以"星星之火可以燎原"之势深刻影响着广大群众、引导着广大群众、带动着广大群众，最终营造让阅读成为一种习惯的社会氛围。一方面，以读书、征文丰富着群众的业余文化生活；另一方面，促进了区域内人们对于人生、社会、科学、真理多方面的思索，提升了区域内整体文化素质；最后，为随着财政体制改革的推进，当硬件提升到位后，如何能有效利用现有图书资源提升公共服务能力积累了宝贵的经验。

九、射阳县"我是小小图书管理员"活动

"我是小小图书管理员"活动是射阳县图书馆创建于2014年的一项服务活动，旨在让未成年人熟悉图书馆、利用图书馆，培养他们乐于助人的高尚情操，增强少年儿童乐于奉献、服务社会的意识。该活动是在每年的寒假进行，至今已举办四届。

"我是小小图书管理员"活动时间为一天，每次活动前均会对孩子们进行简单的图书馆业务基础知识培训和安全知识教育。工作人员向他们讲解图书馆布局功能和科学利用图书馆的方法，帮助他们了解和熟悉图书馆的工作流程，让他们学习简单的图书分类知识。活动分两部分进行：上午安排小读者和工作人员一起到新华书店进行"你挑书我买单"采购活动。每次活动让小读者们自己选购心仪的图书500多册。下午进行岗位体验，分成三个小组轮换到各部（室）岗位体验。在图书馆工作人员的带领下，"小小图书管理员"们参观图书馆，在各部（室）工作人员指导下分别学习和体验图书技术加工、图书分类、图书借还、读者服务、读者导读及书报刊的上架、排架、巡架、整理等工作。对所购图书进行加工整理上架，孩子们亲自体验图书到馆上架外借的全过程。为了让小管理员们了解数字

图书馆的功能,对数字图书馆有进一步的认识,工作人员领他们来到电子阅览室,通过正确引导,让孩子们上网登录数字图书馆业务平台,让他们通过业务平台上网阅读、看视频、查资料。

孩子们在体验过程中热情很高,感受当上"小小图书管理员"的自豪,都显得异常兴奋,且很认真地完成各项工作的体验任务。短暂一天的体验,对于渐入佳境的孩子们来说意犹未尽,他们不舍地摘下工作牌,并认真书写体验心得。与书为伴的这一天他们感受了书籍的另一面,阅读之外的接触,让他们与书籍更贴近。

体验活动增强了孩子们对图书馆的感性认识,图书采集、加工整理、分类编目、上架借阅等一系列体验,为孩子们提供了一个认识图书馆、了解图书馆、利用图书馆的宝贵机会,不仅使他们懂得合理、有效地利用图书馆,而且让他们更加热爱图书馆,成为一个快乐的阅读者。同时也为孩子们搭建出一个参与社会实践的平台,锻炼了孩子们的社会实践与交往能力,培养了他们尊重劳动、热爱劳动的传统美德和做事认真负责的态度,同时在参与活动的过程中培养了他们爱书、护书、读书的良好习惯。这项活动受到了小读者们和家长的热烈欢迎。

十、阜宁县"朗诵周末"

2017 年,阜宁县广泛兴起大阅读热潮,从机关、学校、企业到社会各阶层人员都以极大兴趣投身到大阅读活动中来。为引导大阅读健康、持久地开展下去,阜宁县全民阅读活动领导小组和阜宁县文广新局以阜宁县图书馆为阵地,每个周末举办一场朗诵会,名为"朗诵周末"。这项活动引起了社会广泛关注,众多朗诵爱好者积极主动地投身到"朗诵周末",阜宁县教育朗诵协会和醉里挑灯朗诵者协会已多次组织"朗诵周末",同时还组织多次微信直播,都以正能量的主题朗诵展示,让成千上万的群众收听、收看到"朗诵周末"的直播。中共阜宁县纪律检查委员会、中共阜宁县委宣传部、中共阜宁县委组织部、中共阜宁县委统战部、阜宁县教育局、阜宁县市场监督管理局、阜宁县散文家协会、阜宁县诗词协会、阜宁县电商产业园和金沙湖读书会都以主办或承办单位支持"朗诵周末"活动的举办。

十一、大丰区"名家阅读讲座进校园"活动

为进一步弘扬中华民族传统文化,丰富广大群众的业余文化生活,不断创新传播形式,吸引大众走进图书馆、利用图书馆多读书、读好书,大丰区图书馆以传统节假日、图书馆服务宣传周、"4·23"世界读书日等为契机,开展"名家阅读讲座进校园"活动。大丰区图书馆紧扣学生需求、突出阅读特色,改变传统、单一的阅读模式,有针对性、实效性地引导青少年学习,常年在全民读书月期间举办"名家阅读讲座进校园"系列活动,先后邀请到曹文轩、徐雁、曹文芳、潘知常等知名学者,走进校园开展讲座,营造了浓郁的书香氛围,累计听众已逾8万人。活动已成为大丰全民阅读活动的一个文化品牌,多次得到盐城市全民阅读活动领导小组的表彰。

"名家阅读讲座进校园"的最大特点是"和名著对话,与大师同行",每年选择几部经典名著,确立一个主题,通过知名文化学者讲座、现场解答的形式,为读者深入解读每部名著精义,同时普及各类相关知识。如大丰区图书馆曾邀请2016"国际安徒生奖"获奖者,当代著名作家、评论家,北京大学中文系教授,中国作家协会鲁迅文学院客座教授,人教版新编国标小学语文课本及新编国标初中语文课本主编曹文轩教授来大丰给中小学生讲如何阅读、如何写作文,曹文轩希望孩子们能够发现自己身边的故事,仔细观察、体验这个世界,充分利用自己的想象,写出更好的作文;曾邀请中国阅读学研究会会长、南京大学信息管理系徐雁教授做"劳于读书,逸于作文——如何提高名著欣赏与语文读写能力"大型阅读讲座,受益学生共达到2万余人次;2016年特邀著名儿童文学家曹文芳做以"我的作家梦"为主题的阅读、写作指导讲座,她强调,写文章一定要独特,要以小见大,务必写出真情实感;2017年著名美学家潘知常教授来大丰,以安徒生的四大经典作品为例,谈了谈他对于安徒生童话的重读。文化名人深入浅出的讲解,有助于学生从阅读中发现美,汲取力量,对他们今后的人生发展带来有益的启发,而且对营造校园浓郁的读书氛围、提升学生全面素质起到了积极的推动作用,扩大了公共图书馆的社会影响力。邀请来的文化名人知识渊博、见识宽广,讲座内容丰富、旁征博引、深入浅出,给大家留下十分深刻的印象。观众和主讲人可以互动,有提问

交流的机会，在一对一的交流中提高了大家对讲座的理解，这种形式很受老师和同学们的欢迎。

名家阅读讲座选取的内容都是经典文学名著，由浅入深、由近及远是掌握知识非常有效的途径，因而先选读经典小说，再转向哲学名著，可以逐步激发起民众的阅读兴趣，引导读者对经典名著进行系统阅读。邀请多位专家、学者从文学、历史、哲学等多个角度，对名著进行了不同层面、不同观点的全面解读，同时每场都安排听众提问与专家解答的互动环节，引导读者养成对名著全面理解和深入思考的阅读习惯。

十二、书香亭湖全民阅读季

"书香亭湖全民阅读季"是亭湖区图书馆于2014年4月推出的一个较大的活动项目，以"推进全民阅读，共建书香亭湖"为己任，胸怀全局，放眼未来，引领阅读时尚，社会影响力日渐显现，多年来开展了多项具有浓郁区域特色的阅读、服务、探索活动，已经成为盐城市阅读品牌项目。

"书香亭湖全民阅读季"是亭湖区开展全民阅读的主阵地和有效载体，也是各部门联动开展全民阅读合作交流的平台，其活动内容多姿多彩，内涵丰富，形式多样，越来越受到广大群众的青睐和读者的关注。阅读季期间开展的"宣传服务周"、"七彩的夏日"、读书征文演讲、"鹤鸣讲坛"、"登瀛读书会"、"经典阅读"、"关爱留守儿童"、"阅读延伸服务"等活动，相互映衬，相得益彰。"书香亭湖全民阅读季"既是主线，贯穿其中，相关活动又是这个线上的珠子，独立成章，彰显特色。比如，"鹤鸣讲坛"是一个讲座交流互动型论坛，每年都要举办10至20期，通过"请进来""走出去"的方法，邀请专家、学者授课，为听众受众零距离传播正能量知识，与社区、村头群众进行接地气的交流互动，达到了较好的传播效果。再比如，阅读的拓展与延伸活动，亭湖区图书馆延伸阅读服务的空间，进行了"读者的需要就是我们的责任"社会公示，黄尖卫生院沈志富先生的父亲曾经参加过解放战争，其父亲生前所在部队首长撰写的回忆录中，有关于他父亲战斗的记录的章节，沈先生一直怀念父亲，也希望把父亲的精神更好地传承下去，一直找不到这本书，就委托亭湖区图书馆工作人员帮忙，还其心愿。得知沈先生的需要，也为了还沈先生的凤愿，图书馆工作人员经过艰难的寻找，终于帮助沈先生买到了这本书，让沈先生很受感动。家住市区东河村的张正龙老人已经七十多岁了，腿脚一直不是很方便，老人喜欢读短篇小说，希望图书馆工作人员能上门服务，阅读季期间，图书馆工作人员上门为其办理了借书证，并定期把老人预约的短篇小说送到他家中，连续几年的跟踪服务赢得了老人的称赞，也受到了中央级媒体的点赞。

"书香亭湖全民阅读季"开展以来，受益群众达48万多人次，实现了阅读规模和社会效益的同步发展，区域内全民阅读的良好氛围正在形成，对引导社会的价值观取向，占领道德风尚的制高点，起到了促进作用。

十三、盐城师范学院校园读书节

校园读书节是盐城师范学院每年均举办的品牌阅读活动。2017年4月22日下午，盐城师范学院图书馆在通榆校区国际会议中心举行了第十一届校园读书节开幕式暨第九届国学知识竞赛决赛。盐城师范学院图书馆、宣传部、团委、公共管理学院、外国语学院、城市与规划学院等单位负责人及相关二级学院团总支老师、学生代表近300人参加了此次活动。

本届校园读书节以"读享青春"为主题，由图书馆、宣传部、工会、团委、离退休工作处共同主办，图书馆读者协会、文学院团总支、法政学院团总支、公共管理学院团总支、外国语学院团总支、城市与规划学院团总支具体承办。

图书馆副馆长彭秉成致开幕词，他说："书犹药也，善读之可以医愚"，书籍是传承文明的载体，书籍是人类思想的宝库。他希望全校师生都能积极地投入读书节的各项活动中，以书籍为伴，以读书为乐，以读书为荣，在书海中汲取智慧的营养。

"用珠宝装饰自己，不如用知识充实自己"，观看完国学知识竞赛赛前采访小短片后，活动正式开始。此次活动分为博闻强识、知识陷阱、争分夺秒、盐师论剑四个环节。比赛过程中，选手们充分发挥聪明才智，展现出了深厚的国学文化功底，他们的出色表现，赢得了观众席上学生的阵阵掌声与赞叹。每个环节，评委老师都对选手的答题及表现进行了点评，一题一题，不失耐心，也让在场的每一个人更加深入地了解了国学。青春需要梦想的搀扶，才能屹立刚强；梦想有青春的陪伴，才能展翅高翔。由五位朗诵者带来的《青春梦想》的朗诵表演，将活动推向高潮——争分夺秒，此时，场上的氛围变得凝重起来，选手也变得紧张起来，迅速的抢答与完美的回答，着实让人佩服。经过激烈的角逐，最终，第三组以221分的高分脱颖而出，成为本次活动的冠军组。

比赛结束后，出席活动的领导嘉宾给"盐读风"盐城市第四届读书节相关活动中获奖的二级学院和学生代表以及本届读书节国学知识竞赛获奖队员颁发证书，并与选手们合影留念。

第十一届校园读书节为期一个多月，活动时间截至5月20日，其间开展了丰富多彩的活动：悦读慧——师生同读一本书、"诵经典美文，品千年古韵"音诗画朗诵比赛、书香墨香汇——名言警句书签制作、"共建书香乡村 共享阅读乐趣"——送书下乡活动、"图书馆杯"盐师大学生英语口语大赛、读书·交流·共享——寻找"最美读书笔记"活动、"观影品书，书影相随"——观影及欣赏优秀书籍、"超星云舟杯"微朗读大赛、2016—2017年度图书借阅排行榜及书香班级评比等。

十四、盐城工学院阅读推广系列活动

2017年4月23日上午，在第22个世界读书日到来之时，由盐城工学院图书馆、党委宣传部、校团委、学生处联合举办的2017年度阅读推广系列活动在南校区图书馆拉开帷幕。启动仪式由图书馆副馆长潘松华主持。

盐城工学院校党委宣传部部长韩雅丽宣布盐城工学院2017年度阅读推广系列活动启动，校团委副书记包雅玮宣读《盐城工学院2017年度阅读推广系列活动计划》，校学生处处长张兵宣布2017年度阅读推广系列活动签字仪式开始，校党委宣传部副部长高留才、图书馆科级以上干部、图书馆职工代表、读者协会代表、书友会成员代表等150余人参加了启动仪式。

盐城工学院2017年度阅读推广活动以"悦读，在路上"为主题，具体包括12个项目，时间跨度为9个月，从4月开始，至12月结束。在启动仪式上，优秀书目推介、馆藏精品书展、志愿者招募、你选书我买单、专家评书、读者箴言征集活动等通过多个媒介同时展开。该项活动旨在深入推动校园文化建设，提高师生的阅读能力和文化素养。

十五、江苏医药职业学院"悦读·点亮青春"读书节

为引导和鼓励大学生走进图书馆,养成多读书、读好书的良好习惯,提高校园文化品位和格调,营造浓厚的读书氛围,构建有特色的书香校园文化,江苏医药职业学院图书信息中心与公共基础学院于2016年5月24日下午3:40在千人礼堂展厅组织了"悦读·点亮青春"读书节系列活动之"你选书·我买单"广场荐书活动。

本次活动组织了文学类、历史类、生活类、管理类、艺术类、综合类等畅销书、经典书共计七百余本。前来参加活动的同学和老师们在书桌边翻阅各类书籍,并挑选、交流、推荐自己喜爱的书目,整个活动气氛温馨而热烈。图书馆将汇总师生们推荐的书籍并纳入馆藏,推荐该书的同学可优先借阅。师生还可通过微信平台、手机阅读App等方式网上荐书、看书或者查阅文献资料。

十六、盐城幼儿师范高等专科学校"学海书香·经典诵读"系列活动

盐城幼儿师范高等专科学校重视经典诵读活动,由图书馆牵头组织,雅言口语名师工作室悉心指导,相关部门大力支持,院系、班级结合教学实际及专业特点开展诵读比赛,学校层面定期组织全校比赛,展示师生风采。同时,选送优秀节目参加校外比赛,近年来,该校选送的《我有一个强大的祖国》《少年中国说》等节目在"盐渎风"盐城市全民读书月经典诵读比赛中荣获一等奖,学校荣获优秀组织奖。在盐城市"共筑中国梦"中华经典诵写讲系列活动中,皮啸楠、刘妍两位同学分别获"经典诵读"一等奖,学校获优秀组织奖。

"风雅神韵"中华诗词诵读大赛中,参赛选手倾情演绎了《茅屋为秋风所破歌》《木兰辞》《乡愁》《琵琶行》《老水手的歌》《梦想照亮中国》等经典诗文。他们字正腔圆、抑扬顿挫、饱含深情,加上恰当的配乐和多媒体背景的直观演示,把大家带入了诗的意境、文学的殿堂。学前教育学院选送的《我有一个强大的祖国》,凭借激情昂扬的朗诵,字字铿锵、酣畅淋漓、大气磅礴;初等教育系顾坤元等同学在现场古筝的伴奏下,将陆游和唐婉的《钗头凤》演绎得淋漓尽致。老师们的表演更让本场比赛高潮

迭起，精彩纷呈。李森梅老师朗诵的《声声慢》，极具大师风采，声情并茂、情真意切、引人入胜；丁恒生老师的《黄河颂》字字铿锵、大气磅礴、豪迈的气势振奋人心；周梅香和张伟老师共同演绎的《我的南方和北方》酣畅淋漓、入情入境；孙晓妹、王燕燕和王欣荣老师的新诗组合清新明快、典雅脱俗；初等教育系全体教师在系主任的带领下，融诗词、音乐、舞蹈于一体，为大家倾情朗诵了《一棵开花的树》和《相信未来》，至情至爱、入情入境、韵味无穷。

八礼四仪国学经典朗诵比赛中，学前教育学院的《水调歌头》声情并茂，融诗词、音乐、舞蹈于一体。《中国的微笑》《青春中国》《我的祖国》《满江红》等节目以优美的意境、优雅的表演、优质的诵读给全校师生献上了一场震撼心灵的中华经典诗文的视听盛宴。

这些比赛是该校"学海书香·经典诵读"系列活动的缩影。该校成立了雅言口语名师工作室，由周梅香、戴兢兢两位名师领衔，工作室秉承"研究、提升、培养、创新"的工作理念，充分发挥专业引领作用，指导经典诵读教学研究、活动开展、技能训练。还专门邀请南京艺术学院电影电视学院播音与主持艺术系的李国顺教授，为喜爱朗诵的师们开设了专场朗诵艺术讲座。

古今英华句，上下五千年，师生诵吟现真情；纵横八万里，吐纳宇宙间，经典缘聚盐幼专！"学海书香·经典诵读"系列活动让师生们领略到了经典的美丽和中华文化的博大精深，为进一步深入推进中华传统文化教育、促进师生积淀文化底蕴，做出了完美的示范和有力的引领，逐渐成为盐城幼专一道靓丽风景线。

十七、盐城机电高等职业学院教师读书活动

为进一步引导教师更新教育理念，提升专业素养，树立终身学习的思想，建设一支师德高尚、业务精良的教师队伍，盐城机电高等职业学院开展了"分享阅读，专业成长——教师读书活动"，促进教师的专业自主发展，建设浓郁书香的学习型校园。

推荐好书，分享阅读。在广大教师中，开展好书推荐活动，推荐真正适合教育教学实际、教师喜爱阅读、利于专业成长的书籍，形成一学期学校好书推荐书目，并逐步充实学校图书室藏书。

好书同读，智慧共享。全体教师同读雷夫·艾斯奎斯的《第56号教室的奇迹》一书，教师人手一本，鼓励在书中批注、点评或摘抄，撰写读书笔记和心得体会，团队开展一次思维碰撞的读书沙龙、学校开展一次智慧共享的读书经验交流，举行一次青年教师读书演讲比赛。

学科阅读，专业发展。将教师阅读与校本教研相结合，鼓励有主题的阅读。根据学科专业特点，确定阅读主题和任务，组织教师积极开展教研组、备课组活动或根据兴趣爱好而自发组成读书小组的活动，开展教师专业成长阅读沙龙活动。如数学教师阅读华应龙的《我就是数学》，语文教师可阅读《朗读手册》、薛瑞萍的教育书籍、有关诗词创作技巧的书籍等，其他学科可选择有学科特点或者教育共性的书籍。

搭建平台，展评交流。通过校园网、教师博客等网络媒体，鼓励教师撰写读书心得、教育随笔、教学反思等，定期开展展评交流活动。

师生共读，教学相长。根据不同系部学生学科特点，开展师生共读活动，班级开展丰富多彩的读书交流活动，与语文主题阅读相结合，促进学生良好阅读习惯的养成和诗文创作能力的提高，真正做到教学相长。

活动中，开展了读书活动阶段评比和展示。以学期为单位，开展读书笔记展评，优秀读书心得评选、优秀教师博客评选等。开展了读书先进个人、书香办公室评选等。同时与学校诗文育人各项活动评价相结合。

第五章

立足地域文化开展阅读推广

第一节 盐城市盐都区简介

一、基本概况

盐城市盐都区位于江苏省东部、长江以北的苏北平原，盐都行政中心设在盐都经济开发区内，与江苏省辖市盐城市同城，位于盐城市区南部，是盐城市新的政治经济文化中心。

盐都交通方便，宁靖盐高速、京沪高速、盐淮高速、204国道、沿海高速大通道、盐城机场、大丰港、射阳港提供了四通八达的便利交通。铁路南接京沪线和宣杭线，北接陇海线。航空线已通北京、广州等城市。

二、历史沿革

盐都区原名盐城县，据考成陆于新石器时代。区境在商周时为"淮夷地"。周时属青州，春秋时属吴，后属越。战国时属楚，秦代属东海郡。西汉初为射阳侯刘缠（即项伯）封地。西汉元狩四年（公元前119年），始设盐渎县。东晋安帝义熙七年（公元411年）更名为盐城县。北齐于此设射阳郡，陈时改为盐城郡。隋末，韦彻起义曾据此设置射州。自唐以后直至民国年间，均称作盐城县。明、清时期，盐城县属淮安府。辛亥革命后直属江苏省。

古时的盐城县，幅员辽阔，东至大海，南界海陵（今东台市、海安县），西界安宜（今宝应县），西北界山阳（今淮安市、阜宁县）。

1933年，江苏省于盐城设行政督察区，后改为盐城区，此时县域面积有3650余平方千米，1936年又改为第六督察区，盐城县先后隶属之。1940年10月，盐城县成立抗日民主政府，为便于对敌斗争，1941年9月，将盐城县分为盐城、建阳（今建湖）、盐东三县。盐城县面积缩减为1320平方千米。1946年4月，为纪念叶挺将军，将盐城县改为叶挺县，1949年4月复名为盐城县。1983年实行市管县（区）体制时，盐城县撤销，盐城镇成立盐城市城区，其余乡镇为盐城市郊区；1996年9月，撤销盐城市郊区，设立盐都县。冠名盐都，取音与汉代古县"盐渎"同音；取义，都即城之首也。2004 年初，国务院批准撤销盐都县，设立盐城市盐都区。

第二节　盐都区图书馆简介

1901 年，盐城县始设"读友用书社"，1928 年建立硕陶图书馆，后演变为盐城县图书馆，距今已有百年历史。1983 年市管县体改，盐城县图书馆划归市有。1996 年恢复区图书馆建制，1998 年在盐都世纪公园东侧建设 4708 平方米的图书馆。盐都区图书馆 2004 年被国家文化部评为国家三级图书馆，2009 年被评为国家二级图书馆，2013 年被评为国家一级图书馆，2018 年 8 月再次被评为国家一级图书馆。2017 年 9 月被江苏省社科联授予"省社会科学普及示范基地"称号。2018 年 6 月被授予"盐城市爱国主义教育基地"称号。

盐都区图书馆位于盐城市华夏路 30 号，馆舍面积 6000 多平方米。拥有纸质图书 86 万余册（含分馆），电子图书 23 万余册，电子资源数据库 10 多个，视频 3000 集，纸质报刊 600 多种，电子报刊 8000 多种。现有工作人员 23 人，副研究馆员 1 名，馆员 4 人，助理馆员 4 人。一楼设有总服务台、存包处、报刊阅览室、综合阅览室、盲人阅览室、少儿阅览室、亲子阅览室，二楼设综合阅览室、电子阅览室、地方文献室、采编部、预约光盘区、政府信息公开查询室、音像欣赏区、信息技术办公室，三楼设有学术报告厅和办公区，四楼设会议室、接待室。

多年来该馆实行 365 日全天候免费开放，在工作中始终坚持"读者第一，服务至上"的宗旨。紧紧围绕"动、静、研、新、宣、恒"六字诀开展工作，每年开展各类活动 200 多场次。和悦读书会系列活动、"4·23"世界读书日、全民读书月、图书馆服务宣传周、农民读书征文、红领巾读书征文、讲座、演讲、网络春晚、经典诵读、座谈会、湖海国学社、盐渎四季诗书画雅集、故事会、七彩的夏日及民间藏品进农村展览等已成为该馆的知名特色活动。馆员出版专著 1 部，参编著作 5 部，已发表论文 100 多篇，主持的 10 多项省市级课题立项结项获奖，荣获国家、省、市、区各种奖项 100 多次。

盐都区图书馆建立了区、镇（街道）、村（居委会）、文化中心户四级网络。作为全区文献信息资源的服务中心，在服务经济建设、开展社会教育、传递科学情报、开发智力等方面发挥了重要作用。

第三节　开发盐城红色文化

盐城历史悠久，红色文化资源丰富。盐城红色文化文献保护与开发，能丰富盐城人文资源，打造盐城文化品牌，提升城市竞争力，增强城市魅力，促进城市发展。

一、盐城红色文化资源由来

1. 红色文化由来

红色文化是在革命战争年代，由中国共产党人、先进分子和人民群众共同创造并极具中国特色的先进文化，蕴含着丰富的革命精神和厚重的历史文化内涵。红色文化是一种重要资源，包括物质文化和非物质文化。

2. 盐城红色文化由来

"陕北有个延安，苏北有个盐城"，盐城作为革命老区，早在20世纪20年代，就建立起中国共产党的基层组织。1928年1月，成立中共盐城县委，下辖3个支部和若干党小组，积极开展党的活动。20世纪40年代，东进北上的新四军与南下抗日的八路军在大丰白驹狮子口胜利会师后，在海安成立华中总指挥部；1941年年初皖南事变后，中共中央力挽狂澜，针锋相对，在盐城重建新四军军部。此后，又相继在盐城成立了中共中央华中局、中共军委新四军分会、华中党校、抗大五分校、鲁艺华中分院、江淮银行等，刘少奇、陈毅、黄克诚、粟裕、叶飞、张爱萍、洪学智、曾山等老一辈无产阶级革命家曾在这里战斗和生活过，盐阜大地到处都留下了他们光辉的足迹。盐城迅速成为华中敌后的政治、军事、经济、文化中心，在中国革命史上写下彪炳千秋的光辉篇章。新四军的"铁军"精神以及丰富多彩的根据地文化，共同融合成为盐城所独有的厚重的"红色文化"资源，它不仅包括一大批标志性纪念设施，更积淀了深厚的老区精神。

3. 盐城红色文化资源丰富

（1）盐城革命遗址、纪念地等

盐城作为革命老区，新四军的足迹遍布全区，既有泰山庙新四军军部旧址、江淮银行、停翅港新四军军部旧址、陈家港战斗指挥所旧址等红色遗址；还有盐城新四军纪念馆、华中鲁迅艺术学院殉难烈士纪念碑、芦蒲盐阜区抗日阵亡将士纪念塔、八路军和新四军白驹狮子口会师纪念碑、粟裕纪念堂等后建的影响较大的红色纪念建筑，分布在盐阜大地上的纪念碑、纪念塔等红色革命遗址有248处。

（2）盐城红色新文化革命运动

由于新四军军部设在盐城，盐城成了华中根据地的军事、政治、经济和文化中心。当时，国内外知识分子、进步青年来到盐城的有数千人，有敌后文化城美称。1941年以后，根据地在盐城相继建立华中党校、华中抗大五分校、华中文化事业委员会、鲁迅艺术学院华中分院、文化村、湖海艺文社等。先后创办的报刊达100多种，这些报刊积极围绕抗日斗争，加强文艺宣传和思想教育，不仅为新四军文艺活动（小说、戏剧、诗歌、报告文学等）提供了阵地，也为及时传播新思想、新文化，为对敌斗争和根据地文化建设做出了重要贡献。盐阜新四军积极开展文学、音乐、美术创作和戏剧演出、歌咏等文艺活动，以其巨大声势、丰富的内容和形式为世人瞩目。抗战时期盐阜根据地红色文化运动的实践和经验，现在仍然是我们建设中国特色社会主义新农村的宝贵精神财富，对于发展社会主义先进文化，促进三个文明建设，仍具有十分重要的现实指导意义和深远的历史意义。

（3）新四军的铁军精神

新四军在艰苦卓绝的烽火岁月中形成的"铁的信念、铁的纪律、铁的团结、铁的意志、铁的作风"成为新四军铁军精神的主要特征。坚定铁的信念，是新四军铁军精神的核心灵魂；执行铁的纪律，是新四军铁军精神的可靠保证；坚持铁的团结，是新四军铁军精神的力量源泉；磨砺铁的意志，是新四军铁军精神的重要表现；树立铁的作风，是新四军铁军精神的优良传统。新四军铁军精神的五个方面，内容丰富，博大精深，但最根本的就是坚持党的绝对领导，坚持人民军队的政治本色，坚持我军的革命精神。铁军精神是为民族解放，为革命不怕牺牲，无私无畏的奉献精神；是坚定不移地执行党的路线，高度的组织纪律性，绝对服从党指挥的自觉精神；是前赴后继、不屈不挠、有我无敌、一往无前的革命英雄主义精神；是无限忠于人民、与人民群众紧密联系，全心全意为人民服务的公仆精神；是独立自主、大胆放手、自力更生、艰苦奋斗的创业精神；是坚强的革命信念，热爱真理，崇尚科学，自觉为共产主义而奋斗的精神。伟大的铁军精神在盐阜老区薪火相传，这一精神给盐城人民无穷奋斗动力。

二、盐城红色文化文献开发的意义

1. 有利于培育核心价值

盐城红色文化的形成和发展，凝聚着无数革命者的艰辛努力和探索，是集体智慧的结晶，是宝贵的精神财富和重要的精神动力。社会主义核心价值体系，是我国当前精神旗帜的重要标识，是社会发展的思想保证，也是生发区域红色文化的重要资源。培育和践行社会主义核心价值观，对于推进中国特色社会主义伟大事业、实现中华民族伟大复兴的中国梦，具有重要的战略意义。一个地方的红色文化文献蕴含和表达着当地社会的基本价值取向和民众坚持的基本价值原则，社会主义核心价值观提出的国家价值目标、社会价值取向和公民价值准则，明确了当代中国最基本、最核心的价值观念。盐城红色文化与社会主义核心价值观的互动，究其内在本质是在价值层面、观念层面的互动和影响，其外在表现形式即是社会主义核心价值观依托地域文化来实现落地生根、深入基层和群众，而盐城红色文化在社会主义核心价值观引领下进一步丰富和发展。

2. 有利于建设魅力城市

在沿海大开发战略中，盐城确立了以"高水平全面建成小康社会高质量发展走在苏北苏中前列"为目标，以"开放沿海、接轨上海，绿色转型、绿色跨越"为路径，坚定不移地推进"产业强市、生态立市、富民兴市"战略。那么，盐城的城市特色是什么？一个有个性的城市才是有魅力的城市，而一个有魅力的城市本身就是永不衰竭的经济增长点。随着社会的发展，科学技术的进步和文化交流的频繁，城市的形象可能趋同，盐城红色文化遗产是盐城的宝贵财富，可以准确定位城市，提升城市形象。把盐城红色文化符号融入城市建设，把城市建设的个性特色定位于盐城红色文化上，这样才能提高城市品位，提高城市竞争力。在知识经济的大背景下，盐城红色文化文献开发不仅丰富了城市的文化底蕴，而且成为城市发展源泉和新的经济增长点。美国文化产业占到整个GDP的27%，日本达到20%，我国仅占2%。差距意味着落后，同时也蕴藏着巨大的增长空间。随着我国新时代社会主义市场经济的发展，现代化水平的逐步提高，文化产业的功能与作用日益显现出其强大的社会效益。通过盐城红色文化文献开发，可以为盐城整体经济发展开辟新的投资项目和市场空间。盐城大力推进红色文化相关产业的发展，如盐城新四军纪念馆、革命旧址、纪念碑、纪念塔等红色旅游和图书、影视、书法、摄影、美术、戏剧作品等开发，以及雕塑、动漫、像章、纪念章、发绣等红色文化衍生产品开发。这些文化产业项目带来经济效益的同时，也使得盐城红色文化的渗透力不断增强，对盐城经济发展产生促进作用，为盐城城市发展做出贡献，让盐城红色文化成为对外交流的一张靓丽名片。

3. 有利于构建和谐社会

目前，我国城乡公民之间的文化权益不公平现象十分突出：城里人文化生活丰富多彩，享受着各种高水准的文化消费。而农民群众的文化生活相当贫乏，一部分低收入农民家庭、困难家庭几乎与文化生活无缘，相当一部分进城务工的农民仍然处在"除了干活就是睡觉"的状态，享受不到基本的文化生活。这种城乡公民之间的文化权益不公平现象导致了农民心理的严重失衡，往往成为影响社会稳定，引发政治事件的源头，成为构建和谐社会的障碍。盐城红色文化文献开发，调和了人民日益增长的美好生活需要和不平衡不充分的发展之间的矛盾。实现和保障农民群众基本文化权益，促进和谐社会的建设。坚持把盐城红色文化传承与弘扬作为保障人民基本文化权益的重要途径，加大投入力度，加强农村文化设施建设；着眼于满足人民群众文化需求，保障人民文化权益，逐步建立覆盖新农村的公共文化服务体系。中华民族的伟大复兴，离不开农民的富裕和发展；小康目标的实现，离不开农民素质的提高。盐城红色文化传承与弘扬有利于为新农村公共文化服务体系提供新的平台。

三、盐城红色文化文献开发存在的问题

1. 机制亟待完善

盐城红色文化文献开发缺乏整体规划、信息集成和共享意识。就盐城

红色文化文献收藏而言，除盐城各级图书馆以外，还有新四军纪念馆、档案馆、博物馆、电视台、史志办公室等单位及个人收藏家参与其中。这些单位或个人相互之间没有隶属关系，各自为政，互不交流，使这项工作基本处于无章可循、无法可依、群龙无首的状态。而且，各系统或个人所收藏的不同目的，保存方式的差异性，在一定程度上给盐城红色文化文献的用户造成了极大的不便。公共图书馆无论在地理位置还是馆舍软硬件方面都具有很大的优势，却因盐城红色文化文献征集工作没有统一的规划，使得各级图书馆在这方面力不从心，困难重重，客观上造成了收藏残缺不全，难以形成合力。

2. 专项经费不足

公共图书馆经费一般只够维持日常运转，尤其是县区一级、村镇一级根本无固定经费。用来从事盐城红色文化文献开发的资金明显缺乏，在特色资源的收集和数据库建设等方面，资金投入严重不足，资金短缺是制约盐城红色文化文献开发的一个重要因素。

3. 专业人才短缺

盐城红色文化文献内容广泛，涉及不同的时代，有着不同的形式、不同的载体形态、不同的来源渠道，这就要求从事盐城红色文献开发工作的人员除应具有图书专业知识外，还要具备一定的历史知识，特别是要熟悉本地区的革命斗争史；要清楚盐城红色文化文献的历史价值、现实价值、收藏价值等，具有辨别真伪的能力。对于文献作者的社会历史地位、文献的来源和价值、版本形态及流传过程、新版地方文献的出版状况及自编检索工具等业务问题均须具备专门知识和一定的把握能力。目前图书馆工作人员大多缺少专业理论知识和实际操作技能，以致工作难以全面有序、深入持续地开展。人才的匮乏直接影响了盐城红色文化文献开发。

4. 宣传力度不大

相关部门对盐城红色文化文献开发工作的重要程度认识不到位、宣传少，致使全社会尚有很多单位或个人对此项工作的重要价值缺乏基本认识，缺乏主动参与意识，从而导致了盐城红色文化文献开发的难度增加。

四、探索盐城红色文化文献开发新路径

1. 加大盐城红色文化文献建设力度

（1）设立专门机构

为了加大盐城红色文化文献的收集力度，盐城各级图书馆要建立健全盐城红色文化文献收集制度，设立专门机构，指定专人负责，有步骤、有重点地进行收集。负责此项工作的人员应具备较强的业务能力，了解本地的历史、人物等，熟悉书目并随时随地注意捕捉盐城红色文化文献信息。

（2）培养专业人才

盐城红色文化文献资源建设，必须有一支相对稳定的有信息意识、善于发现和捕捉盐城红色文化文献信息，并能进行理论研究和实践操作的专业人才队伍，这些人才能对盐城红色文化文献工作的历史与现状、未来发展以及所涉及的相关领域进行全方位的研究，并能拓展用户群体，以保障盐城红色文化文献资源的及时抢救，并能通过有效的整理加工提供给用户，产生增值效应。要重视盐城红色文化文献的人才队伍建设，人才是制胜之本，要建设一支优秀的人才队伍。必须从思想上重视人才队伍建设，尊重知识，尊重人才。要与高校密切合作，请专家进行咨询、指导，从而构建盐城红色文化的人才队伍。加强盐城红色文化文献建设人员的培训，提高盐城红色文化建设人员的素质。盐城红色文化文献的征集加工、收藏和利用等工作应有专人负责，实行集中管理，设置盐城红色文化文献专柜，使征集和利用有机地结合起来，尽快建立盐城红色文化文献书目数据库，使盐城红色文化文献得到充分有效的利用。要加强盐城红色文化文献在职工作人员的继续教育以提高其思想素质和理论水平，通过定期举办盐城红色文化文献学术研讨会和业务培训班，同时鼓励工作人员参加不同专业协会或学术活动等形式，使他们与社会学、历史学、人类学、统计学、地理学等方面的专业人员保持接触，从而扩大他们的知识面和使他们保持饱满的学习状态，培养工作人员敏锐的观察力和勤于思考的工作作风，使他们时刻对盐城红色文化文献的收集工作保持高度的责任感和事业心。

（3）设立专项经费

盐城市各级政府应设立盐城红色文化文献开发专项经费，专项经费主要用于以下几个方面：盐城红色文化文献信息资源的采集，包括各种载体

的盐城红色文化相关期刊、图书、影音等文献信息资源的采购；盐城红色文化文献信息资源的加工服务，包括盐城红色文化文献信息资源的数字化、网络化整理加工，以及文献信息资源的综合开发和对外提供有关查询服务等；盐城红色文化文献信息资源网络的建设和运行维护，包括网络服务系统的软硬件建设、网络运行维护等；其他与盐城红色文化文献信息资源共建共享建设相关的工作。

（4）建立呈缴制度

要真正完善地方文献的"呈缴本"制度，公共图书馆应主动争取当地政府部门的支持。配合当地政府出台相关政策，建立正式和非正式出版单位向公共图书馆呈缴出版样本的机制。为保证公共图书馆盐城红色文化文献的有效征集，盐城市政府应尽早出台盐城红色文化文献"呈缴本"制度，明确规定盐城红色文化文献的搜集和呈缴各方面的权利与义务，并加大制度的落实，使这项工作成为一项政府行为和社会行为。"呈缴本"制度一旦真正落实、形成惯例，盐城红色文化文献的采集工作将会得到一个质的飞跃。

（5）建立交流制度

建立健全交流制度，积极稳妥地开展交流工作，是加强盐城红色文化文献开发建设的一项重要内容。如何做好盐城红色文化文献开发交流工作，增强交流工作的针对性和时效性，是目前盐城红色文化文献开发的重中之重。盐城红色文化文献的收藏重在开发利用。如盐都区图书馆除坚持将地方文献室常年对外开放外，还定期举办盐城红色文化文献展，对盐城红色文化文献进行再开发。该馆经过多年的探索不断积累经验，使盐城红色文化文献展内容越来越丰富，影响也越来越大。

（6）建设特色数据库

数字化进程是各级文献资源建设、有效开发与利用的重要课题。信息资源开发与利用水平已成为一个国家综合国力的重要标志，同样也是一个图书情报部门综合水平的体现。信息技术突飞猛进的发展把图书情报服务工作带入自动化、网络标准化的新阶段，促使图书情报工作告别传统模式走向新的境界。因此推进盐城红色文化文献资源数字化进程是各级图书馆红色文化文献资源规范化管理、开发与利用的基础，也是图书情报部门走向信息化的必备工程。现代图书馆存在的坚实基础是其丰富的馆藏文献信息资源。有效地开发利用馆藏文献信息资源是现代图书馆赖以生存的根本途径，而实现的手段就是利用以计算机为核心的现代技术，全面开发馆藏文献资源，而基础工作则是将馆藏文献资源数字化。针对盐城红色文化文献种类繁多、形式多样的特点，在盐城红色文化文献信息数字化时，应根据盐城红色文化文献的价值和使用价值建设不同的数据库（如书目索引数据库、提要数据库、全文数据库等），成为各级图书馆的特色数据库。盐城红色文化文献数字化建设应在盐城市图书馆领导下，各级图书馆、各单位分工协作，共建共享。

2. 开展弘扬盐城红色文化系列活动

积极开展弘扬盐城红色文化系列活动，邀请盐城红色文化研究专家、中华人民共和国成立前老党员上党课，讲述革命故事、烈士事迹等；开展盐城红色文化藏品、图片展览活动，依托红色阵地，借助社会、民间力量，向广大党员干部还原盐城革命的峥嵘岁月，确保党员干部受教育、触内心、明责任；开展盐城红色文化纪念活动，可结合每年清明节、"七一"、9月30日"中国烈士纪念日"等时间点，开展相关纪念活动，铭记历史，缅怀先烈，推动盐城红色文化进校园、进社区、进企业；组织开展盐城红色文化交流活动，通过座谈会、演讲比赛、红色故事会等形式，引导党员干部群众讲认识、说做法、谈体会。

3. 大力发展盐城红色文创产品

"文化是土壤，产业是果实"，再加上创意的种子，可以有效地把抽象的文化概念转化为各种文创产品。抓住文化和旅游融合发展的契机，把文化价值转变成经济价值，促进地方经济发展，提升地区产业的整体实力。一是发展盐城红色旅游，以新四军纪念馆为核心，整合泰山庙新四军军部旧址、盐城中学正北楼等红色旅游资源，串联盐城所有有关新四军的纪念场所，合理调整优化红色旅游线路，打造不同层次、不同时间的红色旅游精品线路。深度挖掘红色文化，开辟新四军在盐战斗、生活体验项目，开发新四军在盐地方菜，建设新四军军营式旅馆，努力让游客来盐城参观纪念场馆，住新四军"军营"，吃当年新四军常吃的盐城土菜，体验相关战斗和生产生活场景，接受铁军精神和革命传统教育。二是开发与新四军活动有关、带有地方特色的各种产品。如纪念章、人物像、画册、木刻画、回忆录、新四军歌曲集、戏剧作品集等；组织专人专题文学创作，并与有关影视单位合作，可通过影视剧、动漫等形式，打造文学精品和影视、动漫精品。把有地方特色的淮剧、杂技、民间工艺品等与红色文化相结合，打造舞台艺术精品和文化艺术精品。如盐都区属盐城市淮剧团打造的淮剧精品《送你过江》，传承红色文化，弘扬红色传统，用真情唱响主旋律。《送你过江》入选2019年度全国舞台艺术重点创作剧目名录（全国25部）和2019年度国家舞台艺术精品创作扶持工程重点扶持剧目（全国10部）。三是建设一座新四军主题公园。可以通过招商引资的形式，结合影视基地建设，微缩新四军在盐战斗、生活的重大事件、重要场所，综合运用声光电，实景展示新四军在盐战斗、生活的历史场景。这个主题公园既可以作为城市的一个特色公园，又可以作为新四军题材影视作品拍摄基地。四是举办盐城红色文化节、新四军文艺作品会演等活动，开发红色文化，让红色文化成为盐城一张靓丽名片。近年来，盐都区委在全区组织开展"不忘初心、牢记使命，追寻红色记忆"活动、"你的身影从未走远——传承红色基因"行动，依托以22个烈士命名的镇村、基层党建示范带、蟒蛇河风光带等资源，通过区镇村三级联动建设，全力打造一批具有盐都特色的红色党建示范点、红色线路、红色文化产业。

　　盐城红色文化文献开发是一项系统工程，涉及面广，是长期工作，要稳步推进。各有关部门要各司其职，齐心协力做好这项工作。盐城红色文化文献开发丰富了盐城的文化底蕴，成为盐城城市发展的源泉和新的经济增长点，有利于提升城市品位，提升城市竞争力。这项工程为"强富美高"新盐城建设，促进盐城高水平全面建成小康社会，高质量发展走在苏北苏中前列添砖加瓦。

第四节　开发盐城海盐文化

　　盐城海岸线漫长，是我国海盐的重要生产基地，盐城发展史就是一部中国海盐发展史，盐城海盐文化是中国海盐文化的一个缩影。盐城海盐文化是中华文明的文化基因之一，盐城海盐文化是盐城城市之魂，为城市发展提供不竭动力。现代信息技术迅猛发展和城市化进程快速推进，给盐城海盐文化遗产保护工作提出了新的任务和要求，可以说是挑战与机遇并存。盐城海盐文化要乘风乘势发扬光大，是时代赋予我们的课题。盐城图书馆服务网络应积极参与到盐城海盐文化遗产保护和开发中，充分发挥图书馆职能作用。

一、盐城海盐文化遗产保护的现状不容乐观

1. 盐城海盐文化遗存保护的现状堪忧

盐城海盐文化物质遗存，如盐政管理官署、海盐生产场地、工具、运销码头、器具、碑刻，盐民日常生活用品等，现仍有遗迹可觅的文物在盐城文物部门登记的仅有860多处（件）。盐城海盐文化物质遗存本来就少，由于保护意识淡薄，有一些海盐文化遗存无遮无挡任凭风吹雨打；有一些不法分子在悄悄盗掘；有一些施工单位无视法律，不按照规定到文物管理部门履行报批手续申请开展地下文物发掘勘探，众多地下古墓葬、古遗址在城市建设中悄然消失。即使在建设中有重大发现，被文物部门勒令停工，有的甚至被媒体一再曝光，有一些建设单位仍偷偷施工，致使地下文物原有风貌和历史信息遭到破坏，有的甚至彻底损毁。对工程范围内的地面不可移动文物，不是擅自强行拆除，就是在表示异地重建下拆除。许多工程打着政府为民办实事工程旗号，无视文物保护，野蛮施工，导致文物损毁。随着城市化进程的加快，社会主义新农村建设的推进，反映盐城海盐文化遗存的古遗址、古墓葬、古碑刻等在不停地损毁之中。

2. 盐城海盐文化遗产保护经费严重不足

在如火如荼的社会主义新农村建设之中，海盐文化遗产保护经费增长远远落后新农村建设的需要，主要表现在三个方面：首先新农村建设对海盐文化遗产保护工作带来前所未有的冲击，海盐文化遗产保护形势比任何时候都要严峻，抢救任务更加繁重，保护成本大大增加。其次是海盐文化遗产保护底子薄，历史欠账多。特别是经济欠发达县（区），连最基本的人员和工作经费都难以保障，海盐文化遗产保护经费更无从谈起。再次是海盐文化遗产在新农村建设中作用越来越大，对社会的贡献越来越明显。不少海盐文化遗产保护单位在自身保值增值的同时，还可以产生极大的经济效益。与其效益相比较，投入还远远不够。从总体上说，盐城，尤其是县（区）对盐城海盐文化遗产保护的投入与实际需求之间尚存在较大的差距。

3. 盐城海盐文化遗产保护机制不完善

我国的文物单位、自然保护区、风景名胜区都要接受多个主管部门的业务管理和地方各级政府的行政领导，这种职能重叠、纵向分离的文化遗产的管理体系，很容易导致条块分割、多头管理的局面。文物部门与建设、规划部门难以协调。文物部门对盐城海盐文化遗产保护工作负有不可推卸的责任，但是由于受管理体制、运行机制、经费、人员、交通工具等条件的限制，目前也处于心有余而力不足的尴尬状况。拿盐城各县（区）来说，有的县（区）由社会文化科的同志负责文博工作，有的县（区）由文化馆的同志代管县（区）的文博工作，无编制、无人员、无经费，因此从目前的情况来看，盐城的海盐文化遗产保护工作现状不容乐观。建立健全盐城海盐文化遗产保护机制迫在眉睫，保护标准、目标管理、调查收集、整理建档、展示宣传、开发利用，以及资金、编制、人才等一系列问题亟待解决。

二、盐城海盐文化遗产对城市发展的战略意义

1. 盐城海盐文化遗产可以准确定位城市，提升城市形象

随着时代的前进，科学技术的进步和文化交流的频繁，城市的形象可能趋同，而海盐文化是盐城的城市文脉，城市文脉能够准确定位城市，塑造盐城城市形象。盐城，是一座海盐浸润过的城市，拥有深厚的海盐文化底蕴，盐城就是一座名副其实的"盐"城。全国以盐命名的地级市只有一个盐城。如果说城市之魂在于文化，那么海盐文化就是盐城的灵魂。古老的范公堤和串场河以及散落在盐城大地上的至今仍在使用的 700 多个场、仓、垛、团、灶、总、墩等海盐地名，就像忠实的记录者，见证了盐城的历史，形成了盐城独特的城市文化和人文精神。盐城发展史就是一部中国海盐发展史，盐城海盐文化就是中国海盐文化的一个缩影，由此可见盐城海盐文化具有强大的生命力。多元化的海盐文化符号融入城市建设，把城市建设的个性特色定位于"盐"上，这样才能准确定位城市，提升城市品位，提高城市竞争力。

2. 盐城海盐文化遗产可以增强城市影响力

盐城海盐文化作为城市文化的精髓，为盐城城市发展提供了强大的精神动力与智力支持。在当今盐城城市飞速发展期，以经济为基础，以海盐文化为依托，让自然与人文和谐，让历史与现代相融，朝着国际化城市迈

进，彰显海盐文化特色，成为盐城城市发展的方向。世界上任何一个高水平发展的现代城市，都具有非常强大的辐射能力，对周边地区甚至整个社会产生巨大的影响力，成为区域、国家的先进代表。从城市的辐射力来看，盐城海盐文化的发展能够产生强大的社会效益，将逐步推动盐城发展成为一个文明、开放、充满活力与文化内涵的城市，使其成为引导地方区域发展的强大动力。从城市的整合力来看，通过发挥盐城海盐文化的巨大影响力，增强市民文化自信，激发市民热情，增强市民城市归属感与自豪感，将社会资源最大限度地整合起来，增加城市的凝聚力与创造力，为城市发展提供无形的力量，让城市在潜移默化中增强影响力。

3. 盐城海盐文化遗产开发成为城市发展的新动力

在知识经济的大背景下，盐城海盐文化不仅丰富了城市的文化底蕴，而且成为城市发展源泉和新的经济增长点。美国文化产业占到整个GDP的27%，日本达到20%，我国仅占2%。差距意味着落后，同时也蕴藏着巨大的增长空间。我国社会主义市场经济的发展，现代化水平的逐步提高，文化产业的功能与作用日益显现出其强大的社会效益。通过盐城海盐文化遗产开发，可以为盐城整体经济发展开辟新的投资项目和市场空间，这也是落实科学发展观的体现。中国海盐博物馆的开馆，为盐城文化产业提供了一个新的展示平台。以此为契机，盐城大力推进海盐文化遗产相关产业的发展，如大丰草堰古盐运集散地等海盐文化历史遗迹、海盐生产制作工艺、海盐文学作品、淮剧、海盐民俗、海盐文化观光等，加强海盐文化衍生产品开发。这些文化产业项目带来经济效益的同时，也使得盐城海盐文化的渗透力不断增强，对盐城经济发展产生促进作用，为盐城城市发展做出贡献，让海盐文化成为盐城对外交流的一张亮丽名片。

三、盐城海盐文化遗产保护工作离不开图书馆

1. 保护盐城海盐文化遗产是图书馆的基本职能

联合国教科文组织认为图书馆有四项职能，保存人类文化遗产位居第一。《中华人民共和国非物质文化遗产法》第35条规定：图书馆、文化馆、博物馆、科技馆等公共文化机构和非物质文化遗产学术研究机构、保护机构以及利用财政性资金举办的文艺表演团体、演出场所经营单位等，应当根据各自业务范围，开展非物质文化遗产的整理、研究、学术交流和

非物质文化遗产代表项目的宣传、展示。《中华人民共和国文物保护法》第36条及其他相关法律法规也规定了图书馆有保护文化遗产的责任。图书馆是公共文化服务体系中的重要组成部分，因此，保护盐城海盐文化遗产是盐城各级图书馆不可推卸的职责。

2. 图书馆拥有保护盐城海盐文化遗产的独特优势

（1）拥有大量的文献资源

图书馆拥有丰富的与盐城海盐文化遗产相关的文献资源。尤其是盐城各级图书馆地方文献中就有大量的盐城海盐文化遗产资料，这些资料反映了本地的海盐生产的变革、运销形式的发展、管理政策的变化。还有那些通过文字、口传等方式流传至今的历史事件、历史资料、哲学思想、民间文学艺术、戏曲杂技、民俗风情等都可在图书馆文献资源中捕捉一二。这些宝贵的馆藏资源在盐城海盐文化遗产的发掘、鉴定、保护及进一步研究中是不可缺少的。

（2）拥有必要的场地设备资源

图书馆是公益性的基层文化教育场所，它设有辅导部、外借部、阅览室、报告厅、展览厅、文化信息共享工程资源等线上线下资源。可为盐城海盐文化遗产的保护和开发提供必要的场地，提供信息存储与加工等技术支持。

（3）拥有专业的人才资源

图书馆拥有各种人才，在盐城海盐文化遗产抢救工作和后续的资料整理、数字化、保护、开发等方面，具有独特的优势。盐城海盐非遗的传播方式主要是口传心授，具有叙事场景重现和传播个体的零散性、多样性、模糊性等特点，图书馆可利用人才优势，对它们进行图、文、声、像相结合的立体式记录，以笔录、摄影、录音、录像等方式真实记录下现场考察成果，并将其转化为光盘、磁带进而数字化，进行永久保存，使得盐城海盐非遗以生动鲜活的方式保存。

四、积极探索盐城海盐文化遗产保护新路子

1. 利用一切力量，构建盐城海盐文化遗产保护网络

（1）强化政府行为，构建市县镇村四级图书馆服务网络

一项工作成功与否与政府态度密切相关。盐城海盐文化遗产保护工作

要积极争取政府支持，力求把海盐文化遗产保护纳入经济和社会发展计划，纳入城乡建设规划，纳入财政预算，纳入体制改革，纳入各级领导责任制，创新管理体制机制，把海盐文化遗产保护的责任进一步具体化。为加强盐城海盐文化遗产保护，在盐城市域应构建一个以市级馆为中心，县级馆为支柱，镇村级馆为服务点的四级图书馆服务网络。市级馆是服务网络的龙头，县级馆是服务网络的纽带，联系着市馆和镇村级馆。多层次、多渠道、多领域的四级图书馆服务网络，为盐城海盐文化遗产保护打下了坚实的基础。

（2）保障群众基本文化权益，激发民间力量参与海盐文化遗产保护

要切实把保障人民群众基本文化权益，摆在海盐文化遗产保护工作首要位置，体现海盐文化遗产保护工作公益性、基本性、均等性、便利性。加大投入力度，为人民群众提供更多公共文化服务。关注民生、改善民生、保障民生，无论是在考古发掘和保护修缮中，还是在历史文化街区和村镇保护建设中，都要保护群众根本利益，着力改善群众居住和生活条件。激发群众参与海盐文化遗产保护的积极性、主动性、创造性，发挥民间收藏组织、民间文化遗产保护志愿者组织作用，利用民间力量保护海盐文化遗产。加强群防群治，营造海盐文化遗产保护人人有责，海盐文化遗产保护成果人人共享的社会环境，实现海盐文化遗产保护领域民有、民治、民享。

2. 加大宣传力度，营造良好的氛围

盐城图书馆服务网络作为信息的集散地，可以利用报告厅、会展厅等服务设施场所为盐城海盐文化遗产提供展示服务，也可以利用节日活动、展览、论坛、讲座、专题研讨等形式，加强宣传，加深公众对盐城海盐文化遗产的了解和认识，增强全社会的盐城海盐文化遗产保护意识，形成保护盐城海盐文化遗产的良好氛围。为了营造浓烈的宣传氛围，动员社会各界关心、支持并参与盐城海盐文化遗产的保护工作，盐城图书馆服务网络自2006年5月起，先后在报刊、电视台、电台、网络等媒体开辟专栏，加强对文化遗产保护相关法律法规的宣传，宣传《保护非物质文化遗产公约》（2003年10月17日，联合国教科文组织颁布）、《中华人民共和国民族民间传统文化保护法草案》（2003年11月，全国人大教科文卫委员会起草）、《关于加强文化遗产保护工作的通知》（2005年12月，国务院颁

发)、《中华人民共和国文物保护法》（自1982年11月19日起施行）、《关于加强我国非物质文化遗产保护工作的意见》（2005年3月，国务院办公厅颁发）、《中华人民共和国非物质文化遗产法》（自2011年6月1日起施行）。利用橱窗、横幅、宣传手册、专题展览、讲座等形式，向社会公众宣传什么是盐城海盐文化遗产，为什么要保护盐城海盐文化遗产，保护盐城海盐文化遗产我们能够做些什么。宣传盐城海盐文化遗产普查的范围、方法和步骤等。通过广泛宣传使社会公众能够认识到盐城海盐文化遗产是民族民间传统文化的珍贵记忆，是滋养心灵世界、值得倍加珍惜的精神养料，抢救和保护处于困境中的盐城海盐文化遗产，是时代赋予我们紧迫的历史使命，从而调动了全社会参与盐城海盐文化遗产保护的主动性、积极性。

3. 要培养保护、开发盐城海盐文化遗产的专门人才

盐城图书馆服务网络必须有一批相对稳定，有一定文物知识和信息意识，善于发现和捕捉盐城海盐文化遗产信息，并能进行理论研究和实践操作的专门人才。能从民间和海量的盐城政治、经济、文化、历史等地方文献中对有关盐城海盐文化遗产的资料信息进行发掘整理，并从多角度查找有关盐城海盐文化遗产的材料以佐证。目前盐城图书馆服务网络拥有一批文化功底深厚、能吃苦耐劳的盐城海盐文化遗产保护开发队伍。他们参与了全市盐城海盐文化遗产普查工作，坚持做到"四不漏"：不漏种类、不漏线索、不漏艺人、不漏村组。运用文字、录音、录像、照片等多种手段，进行全方位、立体式记录，如实反映原貌。具体做到以市直和县（市、区）为普查单位，对全市的盐城海盐文化遗产进行系统的大普查。弄清全市海盐文化遗产种类、数量、分布、现状等情况。展示调研活动的重要过程，体现抢救盐城海盐文化遗产的紧迫性和现实意义；展示盐城海盐文化遗产的真实原貌以及抢救、保护和研究情形；展示盐城海盐文化遗产调研活动的成果，即对调研活动情况和盐城海盐文化遗产保护成果进行全方位陈列展示、宣传。

4. 成立盐城海盐非物质文化遗产研究会

盐城作为海盐文化的发源地，不仅代表江苏省海盐文化研究的整体水平，同时也应代表国家海盐文化研究的最高水平。随着中国海盐博物馆的开馆，盐城市海盐文化研究会的成立，盐城在海盐文化研究方面做了大量工作，为打造海盐文化名片打下了坚实的基础。盐城图书馆服务网络应发挥自身优势，牵头成立盐城海盐非物质文化遗产研究会。聘请盐城海盐非遗研究专家、学者当顾问，聘请文化、广电、盐业、教育、旅游、科技、卫生、宗教、工商、公安、邮政、通讯、物流、金融、商会等各界领导、学者为研究会理事，吸引有一定学识技艺或研究能力的民间海盐文化爱好者到研究会来，会员一边开展盐城海盐非遗研究工作，一边协助盐城图书馆服务网络采集、整理盐城海盐非遗文献，实施研究与整理资料相结合。会员应深入到农村、社区，到民间艺人家里去，到那些不易发现而可能蕴藏着盐城海盐非遗资源的地方去，做好相关的采集工作。对于各地专门的研究机构，应主动与之联系，借此获取更多盐城海盐非遗的资料。除了挖掘民间文学、音乐、舞蹈、传统戏剧、曲艺、杂技与竞技、谚语、手工艺制作等作品及其创作过程、文化背景外，对那些维系着族群的思想史、生存史、迁徙状况、风土人情等文本，如民间典礼、祭祀仪式、宗教信仰、谱牒及其衍生实物也应该兼收并蓄，不要轻易放过。

5. 建立盐城海盐文化遗产资源数据库

盐城海盐文化遗产资源数据库建设工作必须在盐城市各级政府的总体规划和宏观指导下进行。文献收藏的有关单位，如图书馆、文化馆、科技馆、方志办、博物馆、档案馆等均可根据自身的特点和已有的基础，发掘自身的潜力和优势，分别去承担有关方面的盐城海盐文化遗产文献资源的收集、整理、加工与建库等工作。在分工进行的基础上，互通有无，互相弥补，协作互助，统一组织管理，统一软件联网系统，互联互通，资源共享，切忌互相封锁、自成体系的重复劳动。盐城海盐非遗处于一种活态的文化环境中，它的表现形式与文化场所（文化空间）密切相关，这种特殊性决定了其难以长期保存的特性。盐城图书馆服务网络拥有专门人才、较先进的现代化设备，在资料抢救工作和后续的资料整理、数字化、保存、保护等方面具有自身优势。应联合其他文化事业机构共同开发盐城海盐文化遗产资源数据库，通过网络、数字化等技术，构建具有实践意义和服务价值的资源共享服务平台。

6. 争取多渠道投入，加大盐城海盐文化遗产保护开发力度

盐城海盐文化遗产保护离开资金支持，必将是举步维艰，盐城各级地方政府要争取将盐城海盐文化遗产保护资金列入财政预算，并随着各级财政收入的增长而增长，根据盐城海盐文化遗产保护工作需要，加大经费投入力度，保障盐城海盐文化遗产保护重点项目的经费投入。制定出台鼓励和支持盐城海盐文化遗产保护的优惠经济政策，进一步探索建立盐城海盐文化遗产保护基金及管理制度，鼓励社会力量参与保护工作。盐城图书馆服务网络通过多渠道筹措资金，开展一系列盐城海盐文化遗产普查与保护成果展示活动，让人们了解盐城历史，了解盐城海盐文化遗产保护利用价值。组织参加深圳国际文化产业博览会、南京国际文化产业博览会、盐城市文化产业推介会、"5·18"盐城海盐文化节、中国·盐城汽车文化节、盐城水街开街仪式、风韵之都·盐城文化艺术节等大中型文化活动，宣传、推介盐城海盐文化遗产保护项目，扩大了盐城海盐文化遗产保护项目的知名度和影响力。盐都区图书馆"盐渎讲坛"推出了盐城海盐文化遗产专题讲座，组织全区民间艺人绝活现场制作、展示，民间美术作品展以及盐城海盐文化遗产大型图片展，与江苏省文化馆联合举办江苏省海盐文化遗产摄影艺术作品展、农民歌会等活动，发行盐都区首批非物质文化遗产保护项目个性化邮票，出版了《盐都民俗》《盐都人文景观》《盐都区非物质文化遗产资料汇编》等，从而使该区盐城海盐文化遗产普查和保护工作不断向纵深推进。

7. 建立盐城海盐文化遗产保护长效机制

盐城图书馆服务网络要呼吁各级政府制定盐城海盐文化遗产保护规划，积极推动盐城海盐文化遗产保护、研究、开发的力度，探索弘扬盐城海盐文化遗产的有效措施，制定长远的保护目标和阶段性保护任务。盐城图书馆服务网络参与全市海盐文化遗产普查，带动盐城海盐文化遗产保护工作的整体开展，已逐步建立起比较完备的盐城海盐文化遗产保护制度和保护体系。汇编不可移动盐城海盐文化遗产资料10册，录入603处不可移动盐城海盐文化遗产，新增了一大批省市县级文物保护单位；编辑出版盐城海盐非遗普查资料汇编10册，汇编项目802个，排查盐城海盐非遗线索14427条，基本查清了全市海盐非物质文化遗产资源的种类、数量、分布状况、生存环境和传承现状。市、县两级文化遗产第一批名录全部建立，建湖县、亭湖区还公布了县（区）级第二批名录。目前，全市共有淮剧等3个国家级文化遗产项目，海盐晒制技艺等18个省级项目，八桅立式大风车等31个市级项目，张士诚传说等128个县级项目。将盐城海盐文化遗产无形资源变为有形资源，盐城中国海盐博物馆、盐城淮剧博物馆、盐城海盐文化历史风貌区、大丰草堰古盐运集散地原生态保护等，是盐城海盐文化遗产保护的创新。积极组织专家对盐城海盐文化遗产进行研究，对各种盐城海盐文化遗产进行科学认定，制订保护方案，通过多种方式对盐城海盐文化遗产进行保护、开发。建立健全实物资料征集和保管制度，防止珍贵实物与资料遭到毁弃和流失，形成了比较完备的盐城海盐文化遗产保护体系。

五、利用盐城海盐文化遗产服务网络，服务新农村服务新农民

1. 与媒体协作，营造浓烈新农村文化建设氛围

盐城海盐文化遗产服务网络要充分利用媒体宣传造势，发挥媒体舆论导向和激励作用；因势利导，加大宣传力度，积极争取社会各界人士投身新农村建设，营造全社会关注农村，关爱农民，关心盐城海盐文化遗产保护的浓烈氛围。盐城图书馆服务网络利用各级文化信息共享工程资源、电视台、报刊、网络等推出"新农村建设""盐城海盐文化遗产保护"等专题栏目，倡导人才、技术、资金等资源流向农村，支持农业，服务农民。倡导保护盐城海盐文化遗产人人有责，逐步改变盐城海盐文化遗产保护的社会环境。

2. 与民间团体协作，开展特色活动

盐城海盐文化遗产服务网络要主动与民间团体协作，开展内容丰富、形式多样的活动。盐都区图书馆与区收藏协会、区美术家协会等协作，举办展览、讲座、培训、演讲、朗诵、舞蹈等活动。与区收藏协会联办民间藏品进农村展览，几年来，已进入30多个村，10万多农民在村头享受民间收藏精品大餐。展览每到一处，文物专家鉴定家藏宝物，发放《盐都收藏》等，《中国文物报》《人民政协报》《江苏文化周讯》等10多家媒体报道该活动。

3. 与企业协作，提升服务新农村规模

提升盐城海盐文化遗产服务网络服务新农村规模，必须有经济支撑。盐都区图书馆与盐城蓝田书社合作组建了盐城蓝田书社海盐文化沙龙，开展讲座、展览、古玩交流等活动，是"企业搭台、文化唱戏"有益尝试。以赞助冠名合作主办的方式吸引企业资金介入，可以拓展服务新农村的

范围。

盐城海盐文化遗产保护工作是一项系统工程，涉及面广，盐城市各级政府要将之放到盐城城市生存与发展的战略高度，有关职能部门要各司其职，齐心协力共同做好盐城海盐文化遗产保护工作。盐城图书馆服务网络更应积极主动参与，发挥自身优势，使图书馆的文化遗产保护职能得以强化。盐城海盐文化遗产保护体系完善的过程，也是盐城图书馆服务网络发展壮大的过程。

第五节 开发盐城海洋文化

海洋强国战略对推动经济持续健康发展，维护国家主权、安全、发展利益，实现全面建成小康社会目标，进而实现中华民族伟大复兴都具有重大而深远的意义。要进一步关心海洋、认识海洋、经略海洋，推动我国海洋强国建设不断取得新成就。盐城海洋文化保护与开发，能丰富盐城人文资源，打造盐城文化品牌，提升城市竞争力，增强城市魅力，促进城市发展。

一、盐城海洋文化保护与开发的战略意义

1. 有利于丰富中华文化宝库

加强对盐城海洋文化的研究，有利于丰富中华民族文化宝库。海洋文化是人类文明的源头之一，是整个文化体系的重要组成部分。盐城海洋文化是中华文明的文化基因之一，盐城海洋文化的产生和发展，盐城海洋文化的特点和内涵，盐城海洋的历史文化和现代文化，盐城海洋文化的传承和创新，盐城海洋文化保护开发利用，盐城海洋文化研究方法和信息传播等，都是盐城海洋文化研究的主要内容。对这些方面进行研究能扩大盐城海洋文化影响，传承和弘扬盐城海洋文化，丰富国家文化宝库，使盐城海洋文化在新时代绽放出奇光异彩。

2. 有利于增强国民的海洋意识

海洋意识就是控制、开发、利用海洋等一系列系统的和科学的知识、思想和观念。盐城海洋文化的保护与开发，充分展示了盐城海洋文化，本

身就是对盐城海洋文化的一个宣传和普及教育的过程。让公民更多地了解盐城海洋的地理历史，接受盐城海洋文化的熏陶和海洋知识的教育，从而改变重陆轻海的传统国土观，树立全新的海洋观念，不断增强海洋意识，形成全社会关注海洋、开发海洋、保护海洋的良好氛围。

3. 有利于海洋强市的建设

在沿海大开发战略中，盐城市的定位是建成江苏沿海实力较强的、现代化的特大中心城市。一个有个性的城市才是有魅力的城市，而一个有魅力的城市本身就是永不衰竭的经济增长点。浩瀚的黄海、广袤的滩涂、丰富的海洋文化遗产是盐城的宝贵财富，可以明确城市定位，提升城市形象。加强盐城海洋文化城市品牌策划、宣传和推介，让世界更多地了解盐城，让盐城更多地走向世界。在经济全球化大格局中积聚资源和能量，寻求动力和空间，提升盐城城市实力和竞争力，有利于盐城海洋强市建设。

4. 有利于生态盐城的建设

以污染环境和过度消耗自然资源为代价的增长没有前途，实现人与自然和谐相处的可持续发展，是经济社会发展的必由之路。盐城海洋文化的保护和开发有利于推动生态盐城发展，加快绿色盐城建设，塑造水绿盐城形象。应下大气力保护盐城海洋生态环境，关停并转高能耗、重污染的企业，着力发展环境友好型、资源节约型的新型高科技产业。让盐城人喝上洁净水，呼吸新鲜空气，吃上安全食品，为生态盐城建设添砖加瓦。

二、盐城沿海开发的五个历史时期

1. 史前文明时期

5000年以前，也就是中华史前文明时期。据考古调查，从盐城古遗址孢粉、动植物遗存等资料看，史前时代苏北地区曾经是气候温暖、水网密布的亚热带景观，盐城先民正是在这样的生态环境下劳动、生息，创造出灿烂的史前盐城海洋文化。尽管此时的历史发展轮廓还比较模糊，但大体的和合理的脉络应该是：包括盐城在内的沿海东夷海岱文明从黄河下游向中上游延伸和推进，融入并形成"黄河文明"，沿海的百越（粤）包括吴越文明从长江下游向中上游延伸和推进，融入并形成"长江文明"。

2. 距今5000年至春秋战国时期

距今5000年前至春秋战国时期，此时由于海岸线的几度变迁，新石器时代晚期当地的文化与北方的大汶口文化、龙山文化，南方的崧泽文化、良渚文化交流沟通。这时先民的开发以渔猎、农耕为主。盐城市境内的梨园、东园、陆庄、陈集、开庄遗址是先民留下的生活遗迹。东台开庄遗址通过碳 14 测定，距今约 4700 年，出土文物带有江南地区崧泽文化晚期到良渚文化中期的特征。

3. 春秋战国至清末民初

距今 3000 年左右，当江苏沿海海岸线基本稳定在今天 204 国道一线时，"煮海为盐"能富国强民已为争霸夺权的统治者所认识。《史记·货殖列传》中有"东楚（江苏北部商代属徐州，周代属青州，春秋末到战国初为吴越地盘，后为楚所并）有海盐之饶"。《汉书》记载着春秋时期吴王阖闾招募游民遣送囚犯到江苏沿海一带生产海盐，汉时吴王濞于此，"煮海铸钱，富可敌国"，带头发动"七国之乱"。此后直到封建社会末期，不管朝代如何更替，这里一直是最重要的海盐生产基地。随着滩涂东迁，海盐生产日广，虽有一定的农耕、渔猎，但都是服从或补充于海盐生产，包括当地社会其他各项产业、行政管辖和设施发展都是建立在海盐产业发展的基础上。

4. 民国初年至 20 世纪 80 年代

清末民初，由于海岸线进一步东移，卤水日淡，生产逐年下降。清末状元张謇等在盐城沿海滩涂上开展废灶兴垦运动，开发土地种植棉花。当地海盐产业主导地位逐渐让位于农业，但是海盐产业仍是当地重要产业。抗日战争、解放战争时期为革命根据地的建设和支持夺取全国政权做出了重要贡献，盐城至今仍是世界上重要的海盐产地。

5. 20 世纪 90 年代至今

1998 年，大丰港开工建设；2006 年，大丰港万吨级码头建成启用，盐城市宣布正式实施沿海开发；2009 年 6 月，国务院公布实施《江苏沿海地区发展规划》，盐城沿海开发上升为国家战略。按此规划，盐城将建成一个特大型沿海城市和重要的经济增长极，新型工业基地、重要的农副产品和能源供应储备基地、国家级湿地生态旅游基地。仅用 3 年时间，6 条一级公路从盐城市区和 5 座县城直通港口，国家一类海港、空港口岸相继开通。5 座海滨港城规划建设迅速展开。总投资数十亿元、上百亿元的大项目，国内一流的风力发电装备、海洋、汽车、旅游企业，陆续涌向黄海岸边。盐城人沿海开发的实践,是在非常艰难的条件下,主动调整经济结构和产业结构,抢到了发展先机,为中国沿海开发提供了新思路。

三、盐城海洋文化的形成与走向

1. 盐城海洋文化的形成和发展

盐城海洋文化历史悠久、内容丰富,盐城发展史就是一部海洋开发史。中华文明带有明显的盐城海洋文化烙印,盐城海洋文化是中华文明的文化基因之一。据考古调查及相关文献的记载,尤其是地下文物的陆续出土,可以推断:盐城市曾经历了几次海浸海退的沧桑变化,其最后成陆的时间约在距今五六千年的新石器时代。盐城先民正是在这样的恶劣环境下劳动、生息,创造了原创、冒险、开拓的史前盐城海洋文化。尽管此时的历史发展链条还比较模糊,还不够具体,但大体的和合理的脉络应该是"黄河文明"是沿海包括盐城在内的东夷海岱文明从黄河下游向中上游的延伸和推进。盐城海洋文化始于中华史前文明,随着盐城海洋五次大开发而发展。

2. 盐城海洋文化的存在形式和内涵

盐城海洋文化是世世代代在沿海生活的盐城人,在认识、开发、利用海洋的过程中,产生的物质和非物质文化遗产,如人们的认识、观念、思想、意识、心态等,以及由此而生成的生活方式,包括经济结构、法规制度、习俗和语言文学艺术等形态。盐城海洋文化中崇尚品格的力量、自由的天性,具有强烈的个体自觉意识、竞争意识和开创意识。盐城海洋文化的本质,就是人类与海洋的互动关系及其产物。盐城海洋文化包括盐城海洋盐业文化、海洋社会文化、海洋科技文化、海洋旅游文化、地方名人文化、海洋渔业文化、海洋民俗文化、海洋移民文化等。

3. 盐城海洋文化促进城市发展

随着时代的前进,城市化的推进,文化交流的频繁,城市形象逐步走向趋同。城市个性是城市的灵魂,是促进城市可持续发展的强大动力和重要支撑。没有文化的城市是没有品位的城市。准确合理的城市形象定位,对城市发展具有重要现实意义。独具特色的城市文化可以塑造独特的城市风格。因此要处理好城市文化与城市个性之间的关系,让文化建设引领城市形象。在城市化进程不断推进的今天,传承和发扬盐城海洋文化对城发展具有十分重要的前导性和引领性作用。一座缺乏文化个性的城市，不可能成为真正意义上的现代文明城市；一座缺乏文化个性的城市，不可能成为令人仰慕向往的魅力之都。在经济全球化的时代，国与国之间的竞争，正逐渐演变成国家主要城市之间的竞争，而城市之间的竞争不仅体现在经济上，同时体现在文化的凝聚力和驱动力上，也就是城市个性上。盐城海洋文化对塑造盐城城市个性，稳定社会秩序、凝聚民心、激发自信心、创造力，促进城市的全面发展和全面进步意义重大，是盐城城市现代化发展重要的持久的推动力量。盐城海洋文化具有原创性、开放性、多元性、开拓性等特点，盐城海洋孕育了盐城蓝色海洋文化、盐城白色海盐文化、盐城红色铁军文化、盐城绿色湿地文化四色文化。在"艰苦奋斗、创新创业、团结拼搏、进位争先"盐城城市精神引领下，盐城必将从海洋走向世界，因海洋而圆盐城人的梦。

四、盐城海洋文化保护与开发的措施

1. 汲取国内外海洋文化建设的成功经验

世界沿海国家和地区在海洋文化建设进程中经过数千年的探索和奋斗积累了许多成功案例，值得借鉴。海洋文化蕴含的开放性、交流性、包容性等实际上就是多元文化撞击、融合、互补而成。深入研究海洋文化，吸收中西方海洋文化的精髓，借鉴古今中外在发展海洋经济中所走的路子和采取的模式，总结其成功经验，吸取其失败教训，为盐城发展海洋经济所用。使盐城市在迈向海洋强市的路上少走弯路，快速发展，迎头赶上。

2. 制定符合本地特色的发展规划

盐城海洋文化保护开发是一项系统工程，是一项长期的开拓性工作，编制盐城海洋文化建设规划，是盐城海洋文化保护开发的先导。盐城市政府要高度重视海洋规划的编制工作，充分听取专家、民间等多方意见，海洋文化规划编制工作应以《全国海洋经济发展"十二五"规划》《江苏沿海地区发展规划》为指导，以《联合国海洋法公约》《中华人民共和国文物保护法》《中华人民共和国非物质文化遗产法》《中华人民共和国城乡规划法》《中华人民共和国领海及毗连区法》《中华人民共和国港口法》《中华人民共和国测绘法》《中华人民共和国物权法》《中华人民共和国自然保护区条例》等法律法规为主要依据，参照江苏及盐城地方法规、文

件。海洋文化规划坚持的"保护为主、抢救第一、合理利用、传承发展"方针，有利于盐城海洋文化保护开发。注意细化分解年度工作计划和目标，做到总体规划，系统设计，整体推进，重点突破，提高盐城海洋文化建设的科学化、规范化水平。在工作中，要注重过程管理，加强督促检查，狠抓工作落实，同时要创新方式方法，提高盐城海洋文化建设的针对性和有效性，确保稳步推进。盐城市政府要强化组织领导，明确工作分工，完善工作机制，落实工作责任，组织规划的实施，确保盐城海洋文化建设健康有序推进。

3. 加强盐城海洋文化研究，加大人才队伍建设力度

盐城海洋文化是一门新兴学科，需要各级政府大力支持，提供充足的资金，聘请国内外专家、学者、教授，运用现代科技手段开发利用并丰富盐城海洋文化资源。加强对海洋文化的挖掘和保护，重视物质和非物质盐城海洋文化遗产保护，认真研究盐城海洋文化保护开发面临的新形势、新任务、新问题等。大力培养盐城海洋文化保护开发的管理人才、理论研究人才、市场营销人才等复合型人才，为盐城海洋文化建设提供智力支持和人才保证。根据盐城海洋文化建设工作实际定岗定编，大力引进懂文化经营管理，具有战略思维和资源整合能力的复合型人才，熟悉国际惯例和规则，可以从事国际文化和交流的外向型人才，促使盐城海洋文化保护开发向纵深推进。

4. 加大投入力度，建立多元投入机制

盐城市各级政府要将盐城海洋文化保护开发经费纳入财政预算，并随着财政收入的增长而增长，根据当地海洋文化保护开发工作需要，加大经费投入力度，保障海洋文化保护开发重点项目的经费投入。制定出台鼓励和支持盐城海洋文化遗产保护的优惠经济政策，进一步探索建立盐城海洋文化遗产保护基金及管理制度，以减税免税、授予荣誉等方式，运用投资控股、金融信贷、资本市场融资等手段，鼓励社会力量参与盐城海洋文化遗产保护开发。我国政府陆续制定有关用于调控的诸如税收、信贷政策，激励与引导个人、团体向公益事业进行捐助。开征遗产税和赠与税以促进慈善捐赠等法律也正在积极酝酿，这些法规和措施提高了社会力量参与盐城海洋文化保护开发的积极性。

5. 促进盐城海洋文化产业发展

盐城海岸线绵延 582 公里，盐城海域面积 1.8 万平方公里，盐城滩涂长达 444 公里，滩涂面积达到 683 万亩，由于淤涨速度较快，滩涂人口较少，所以对环境破坏较少。盐城沿海滩涂珍禽国家级自然保护区、盐城麋鹿国家级自然保护区内珍稀濒危野生动物很多，该区面对黄海，沿海滩涂为淤泥质平原海岸的典型代表。区内河流众多，沼泽湿地发育，生物资源丰富，核心区的生态系统基本处于原始状态。鸟类有 315 种，其中属国家一级保护的 9 种，二级保护的 33 种。盐城为全世界最大的丹顶鹤越冬地，也是国际濒危物种黑嘴鸥的重要繁殖地。区内还分布着众多的国家二级保护动物河鹿，数量之多为全国之最。浩瀚的黄海，广袤的滩涂，沿海蕴含发展机遇，孕育美好未来。近年来，盐城加快了集水运、公路、铁路、航空为一体的综合交通网络的建设，为集聚各类要素拓宽了对外通道，促进了沿海发展。得天独厚的资源对盐城文化产业，如滨海旅游业、涉海休闲渔业、涉海休闲体育业、涉海历史文化和民俗文化业、涉海对策研究与新闻业、涉海艺术业等的发展意义重大。在进行盐城海洋文化开发利用时，要兼顾经济性和社会性、公益性和功利性，要坚持开发与保护、利用与建设的统一，实现盐城海洋文化产业的可持续发展。

盐城海洋文化保护开发是一项系统工程，是一项长期的开拓性工作，要稳步推进，相关职能部门要各司其职，齐心协力做好这项工作。盐城海洋文化保护和开发丰富了盐城文化底蕴，成为盐城城市发展源泉和新的经济增长点，有利于盐城海洋强市建设。盐城必将从海洋走向世界，因海洋而圆盐城人的梦。

▶ 第六节　开发盐城湿地文化

2014 年 12 月习近平总书记在江苏调研时指出，努力建设经济强、百姓富、环境美、社会文明程度高的新江苏。为此，我们要学习贯彻和宣传习总书记讲话精神，使总书记的讲话精神成为盐城工作的根本遵循和行动指南，成为盐城人民的精神引领和力量之源，确保讲话精神在盐城落地生根，开花结果。在一带一路、长三角一体化、江苏沿海开发三大国家战略的背景下，要对盐城湿地文化实施生态保护，探索省级盐城湿地文化生态保护实验区建设新路径。将盐城湿地文化与其依存的环境进行整体和动态保护，维护盐城湿地文化生态系统的平衡和完整。对延续盐城文脉，打造盐城城市文化品牌，提升城市竞争力，增强城市魅力，促进城市发展意义重大。牢牢把握习总书记"为全国发展探路"的谆谆嘱托，切实增强先行先试的担当意识，肩负起总书记赋予的时代课题和重大使命，用创新的实践和成果，为湿地文化生态保护实验区建设探索新路子。

一、设立省级盐城湿地文化生态保护实验区的可行性分析

1. 盐城湿地文化资源丰富、价值高

（1）盐城湿地面积巨大，资源丰富

盐城海岸湿地范围南自弶港，北至灌河口陈家港，其东界低潮线以外，水深6米内的水域，总面积为683万亩，占江苏省滩涂总面积的70%以上，占全国滩涂面积的七分之一，是太平洋西岸、亚洲大陆边缘最大的沿海泥沙淤质滩涂湿地。盐城沿海湿地南涨北蚀，大致以射阳河口为界，北部为侵蚀型滩涂湿地，海岸线长166.8千米，占盐城境内海岸线长度的29%；南部为淤涨型滩涂湿地，海岸线长414.8千米，占境内海岸线长度的71%。其构成为：滩涂光沙，贝壳类生物众多，成为水鸟类生物取食地的有57.9万亩；草地芦苇地、林地，成为动物栖息地的有142万亩；坑塘与河流水域，成为水生植物、鱼、虾、小鸟栖息地的有72.5万亩；盐碱地、盐田地及盐田有49.1万亩，其余为水深6米内水域。

射阳河口以南至南通市启东吕泗港之间的海岸外围，分布着辐射状沙脊群，又称辐射沙洲群。其范围南北长达200千米，东西宽约140千米，虽超出盐城市境范围，但主体部分在盐城市境，它的规模之大，形态之特殊，海区水动力及地质地貌之多变，在国内外罕见。约占整个沙洲三分之一的东沙沙脊，位于大丰王港东，0米以上面积约为760平方千米，最大高程5.8米，是岸外沙洲的最高部位。东沙的海水营养丰富，盐度适中，潮流通畅，贝类、藻类繁多，形成丰富的海洋生物链，有丰富的动物群体。东沙的特色是涨潮为海，落潮为滩。涨潮时进入东沙，满眼一片汪洋，抛锚停泊后，退潮滩现，令人大开眼界。这里是游客探险、观光、赶海的绝佳去处。至于大片的森林、草原，可开展森林探幽、草滩狩猎等休

闲度假活动，并成为湿地景观、绿地廊带中的一个景观带。

（2）盐城湿地景色优美，引人入胜

盐城湿地的美可概括为奇、秀、幽、野四个字。一是奇，奇在滩涂淤涨，每年向大海延伸1万多亩；奇在同时拥有三种国家级珍稀动物丹顶鹤、麋鹿、中华鲟；奇在拥有我国海域独一无二、世界上罕见的大型辐射状沙脊群；奇在伪虎鲸长驱直入内河（灌河），逆流而上30余千米。二是秀，盐城湿地植被繁茂，种类繁多，600多种植物密布沟、港、河、汊、池塘、沼泽、湖泊之中，绿源碧水共蓝天一色，自然风光秀美。即使是一马平川的田野，也秀色怡人。村宅点缀，绿色盖野，炊烟袅袅，小舟点点，杨柳依依，雀声叽叽，景致淡雅怡适，一派秀美和谐的田园风光，又随四时农作物不同而变化多彩，描绘出一幅浓烈抒情的田园画卷。三是幽，盐城湿地一年四季都被云雾笼罩，神秘莫测，千变万化，时而弥漫扩散，时而凝聚浓郁，时而舒卷翻腾，时而铺展飘移，让人置身于迷醉的梦幻境界。那蜿蜒数十里或数百里的林带、芦苇荡，茂密葱茏，遮天蔽日，幽深挺秀，青苔染枝，藤蔓缠绕，流水哗哗，鸟歌啾啾，形成清静幽深的秀美氛围。四是野，盐城湿地生态原始，尤其是海中沙洲，涨潮是海，落潮是滩，蓝天白云，朝晖月影，鱼游虾蹦，蟹爬蛏聚，獾窜兔跑，獐跃鹿奔，禽鸟飞欢。

（3）盐城湿地生态宜人，吸引力强

盐城湿地植被覆盖率近90%。除东临浩渺无垠的黄海，西部还有一片典型的河口岸湿地，地势平坦，水网密布，形成了湖河相连，舟船云集的苏北水乡特色景观。这里地势低平，河流纵横，湖泊众多，大纵湖等湖泊的水域面积达数百平方千米。盐城湿地生态宜人，吸引力强。专家研究表明，盐城湿地年平均气温为16—18摄氏度，人体舒适度强，平均每年最佳旅游时间为280天，夏季日平均舒适时间为18小时，感觉舒适的时间比市区长25%。这里环境优美，气候温和，是候鸟栖息佳所，水生动植物资源丰富。湿地空气含菌量和含尘量比市区低得多。湿地是地球之肾，也是人类赖以生存的基础之一。湿地不仅能产生良好的物质生产效益，而且还具有涵养水源、保持水土、防风固沙、调节气候、净化空气、减少噪声、卫生保健等多种效益，如果折算成货币，盐城湿地植被经济效益为300亿元/年。植被有降低噪声的功能，据推测，4米宽的植被可降低噪声

6—15分贝。盐城湿地植被茂密，覆盖率高。在滨海林带游览，听不到噪声，使人感到清新、幽静。绿色植物能吸收强光中对眼睛有害的紫外线，具有保护视网膜功能。绿色植被还能产生大量的负离子，这是一种对人健康有益的物质，进入人体之后，能促进新陈代谢，使呼吸和脉搏均匀，血压降低，精神饱满，精力充沛，免疫力增强。

2. 盐城湿地文化遗产折射出盐城悠久的历史

盐城独特的淤泥质海岸成陆历史形成了一部独具一格的湿地开发史。在盐城湿地开发过程中孕育了海洋文化、海盐文化、铁军文化、名人文化和民俗文化等绚丽多彩的文化。

以盐城民俗文化来说，盐城由于历史的悠久性，空间的多样性，人口的迁移杂处，湿地、海洋、平原的相辅相成，改革开放后的交流沟通，自然形成了多姿多彩的盐城民俗。如摸秋、祭张王、祭灶神、腊八粥、庙门朝北、腊月扫尘、开船习俗、沿海渔俗、盐俗；还有三月踏青、除夕爬板门、鞭炮声中迎新娘、清明门前插柳枝、立夏节称重吃烧饼等，其中有不少一直延续至今。盐城民俗主题祛灾去祸，期盼平安，追求幸福。如果把盐城民俗比作一本书，那么这本大书的关键章节便是岁时节庆、生日寿诞、婚丧嫁娶、生产劳作、衣食住行、游艺娱乐、民间禁忌、社交礼仪等等。每一章都有悠久的历史、每一节又流传着动人的故事。

地方戏剧淮剧——表现湿地文化的典型剧种。淮剧原是江淮地区的一种傩戏，当地贫民（包括大批盐民）的困苦生活为其唱词的主要表现内容，唱腔多为悲剧色彩的哀怨的民间小曲，为"门叹词"和"香火戏"所吸引和应用。明代开始，由于湿地运销制度的变革，许多徽商来到盐城地区，作为京剧艺术的主要前身的徽剧也开始在盐城沿海一带流传。清代以来，徽剧艺人与唱"门叹词""三可子""香火戏"的艺人同台演出称之为"徽"夹"淮"，以后又逐步发展成江淮地方小戏，并在唱腔音乐、演出剧目和化装服饰等方面逐步丰富起来，为淮剧的形成和后期发展为完善的地方剧种做出了一定的贡献。名扬天下的盐城杂技——盐城十八团的产生也与湿地文化密切相关。盐城民间的龙舞、荡湖船、花担子、河蚌舞、彩球舞、九狮图、花鼓、莲湘等也各具特色，多姿多彩。

盐城民间工艺品种类繁多，异彩纷呈。唐代以来即有发绣、木雕等稀世珍品；明清时东台曹氏木雕、唐氏羽扇、西团发绣、安丰木芙蓉织品，建湖周氏冶铁铸造、李氏花炮，滨海、阜宁的面彩塑都誉满江淮，有的还作为贡品为皇家御用。新的时代推动了民间工艺新一轮的创新和发展，如今，盐都的老虎鞋，东台的发绣、葫芦画，射阳的农民画、刺绣，建湖的花炮，阜宁的玻璃工艺品、面塑，滨海、盐都的柳编，盐都、大丰、射阳的长毛绒玩具，滨海的红木雕刻，大丰的麦秆画等，不仅成为地方的特色文化品牌，而且不少已形成一定规模的产业，不少民间精品还走出国门远销外国。

3. 政府保护措施得力，民众主动参与保护

盐城市政府高度重视保护湿地文化遗产，盐城市现有全国重点文物保护单位和历史文化名镇各1处、省级文物保护单位16处、省级历史文化保护区1处、市县级文物保护单位129处。现有景点40多个，其中国家级自然保护区2个，国家AAAA级旅游景点4个及一批国家农业旅游示范点、国家水利风景区、国家AAA级旅游景点等。盐城市加大宣传、保护、利用力度，不断丰富湿地文化内涵，打造盐城绿色湿地文化、蓝色海洋文化、白色海盐文化、红色铁军文化等四色文化名片。由于盐城市各级政府对盐城湿地非遗保护措施得力，民众主动参与保护，盐城市以民族民间文化保护工程为抓手，带动盐城湿地非遗保护工作的整体开展，已逐步建立起比较完备的盐城湿地非遗保护制度和保护体系。共编辑出版普查资料汇编10册，汇编项目802个，排查非遗线索14427条，基本查清了全市湿地非物质文化遗产资源的种类、数量、分布状况、生存环境和传承现状。市、县两级非遗第一批名录全部建立，建湖县、亭湖区还公布了县（区）级第二批名录。目前，全市共有国家级湿地非遗项目3个、省级31个、县级128个。

二、试探盐城湿地文化生态保护实验区建设新路子

1. 科学规划，整体保护

（1）科学制定盐城湿地文化保护实验区规划纲要

盐城湿地文化生态保护实验区建设是一项新事物、新课题，是新时期文化建设的一项开拓性工作，编制出科学规范、切实可行的盐城湿地文化生态保护规划纲要是深入推进盐城湿地文化生态保护实验区建设，确保取得实效的关键。盐城市政府要高度重视规划纲要的编制工作，通过政府公

开招标，确定具有古建资质和文化遗址保护规划成功经验的单位，开展规划纲要的编制工作。规划纲要编制工作应以《省级文化生态保护实验区规划纲要编制依据》及《省级文化生态保护实验区规划纲要文本内容纲要》为指导，以《中华人民共和国非物质文化遗产法》《中华人民共和国文物保护法》《中华人民共和国城乡规划法》《中华人民共和国环境法》《江苏省非物质文化遗产保护条例》《江苏省历史文化名城名镇保护条例》为主要法律依据，以《国务院关于加强文化遗产保护的通知》《国务院办公厅关于加强我国非物质文化遗产保护工作的意见》《文化部关于加强国家级文化生态保护区建设的指导意见》《历史文化名城保护规划规范》《国家文化部"十三五"文化发展规划》《国家级文化生态保护区所在地区经济社会发展规划》《省政府关于加强文化遗产保护工作的意见》《江苏省文化厅关于省级文化生态保护实验区建设的指导意见》《江苏省国民经济和社会发展第十三个五年规划纲要》《江苏省"十三五"文化发展规划》为主要文件依据，参照盐城地方法规、文件。规划纲要应以保护盐城湿地非物质文化遗产为核心，坚持"保护为主、抢救第一、合理利用、传承发展"的方针，以促进盐城湿地非物质文化遗产传承和营造良好气氛、维护湿地文化生态平衡的整体性为重点。规划纲要的框架结构和条目内容应符合规划设计要求，翔实具体，体现民族特色、地方特色，应将文字、图片与示意性内容有机结合，用词准确、规范。规划纲要的期限一般为 15 年，规划期内可根据要求分为近期、中期、远期。近期规划一般不超过 5 年，应优先解决当前盐城湿地文化生态保护存在的主要问题，安排亟待实施的保护项目。规划纲要应纳入盐城市国民经济和社会发展规划、城乡建设规划、文化发展规划，应与相关的生态保护、环境治理、土地利用、旅游开发、新农村建设、城乡一体化、公共文化服务、文化遗产保护、文化产业发展等各类专门性规划相衔接。

(2) 确定核心区域进行整体保护

《中华人民共和国非物质文化遗产法》第二十六条规定：确定对非物质文化遗产实行区域性整体保护，应当尊重当地居民的意愿，并保护属于非物质文化遗产组成部分的实物和场所，避免遭受破坏。实行区域性整体保护涉及非物质文化遗产集中地村镇或者街区空间规划的，应当由当地城乡规划主管部门依据相关法规制定专项保护规划。根据盐城湿地非遗项目的分布情况和文化生态环境，划出保护区的核心区域和传播区域。盐城湿地文化生态保护实验区应包括东台、大丰、射阳、亭湖沿海堤公路两边的滩涂湿地，北起射阳河口，南至东台弶港，东西方向从陆向海包括堤内林场（或林带）、海堤林带、垦区、河口水域、滩涂及浅海（-6米）等相关区域。其中丹顶鹤保护区及周边地区、麋鹿保护区及周边地区、东台弶港及周边地区为核心区域，其余为传播区域；串场河东、大纵湖、九龙口、马家荡、灌河等为核心区域，周边地区为传播区域。立足于独特的生态优势和丰富的盐城湿地文化遗产资源，倡导整体保护的理念。通过深入调查区域内的文化与自然遗产资源，按照整体保护和科学发展的原则，确立生态文化和文化生态并重的思路，注重保护人类赖以生存的田地、湖海、滩涂及其生态环境，保护村落的居住环境，保护社区的文化记忆，保持族群的发展基础和动力，保护地域文化的全部内容，保护人类及其环境的所有有价值的信息，实现自然与文化、静态与动态、物质与非物质、历史与当代的整体保护。

（3）核心区域实施动态保护

盐城湿地文化生态保护实验区将是展示湿地文化魅力的窗口。它展示在历史发展进程中留下的珍贵文化财富以及它们的现状，成为不同文化之间相互理解、相互尊重的重要渠道。盐城湿地文化是长期历史发展过程中形成的，并仍然在继续发展和不断变化。它向人们展示的是当地独特的人文活动、鲜活的生产和动态生活，以及与之相关的自然环境、山水风光、生产劳动、建筑风格、风俗习惯等诸多因素构成的当地整体特色，进而吸引人们走入其中，观赏、体验、参与当地文化生活。以盐城湿地文化生态保护实验区建设为契机，发展当地文化产业和旅游事业，并提升盐城的社会影响力和知名度，以此带动其他经济社会活动。

2. 加强保护区内盐城湿地非物质文化遗产保护

（1）加强盐城湿地非物质文化遗产名录项目保护

要根据各级盐城湿地非物质文化遗产名录项目，特别是国家级和省级名录项目的不同类别特点，因地制宜、因类制宜地采取针对性保护措施加以保护、保存。对传统表演艺术类项目，要注重传统剧（节）目及资料的挖掘和整理，及时抢救、记录、保存老艺人及其代表剧（节）目；对传统技艺类项目，要注重代表性传承人的技艺传承及原材料保护，征集传承人的代表性作品，鼓励探索生产性方式保护；对民俗类项目，要注重在相关乡镇、社区的宣传、教育和民俗活动的开展，促使群体传承。对濒危的项目，要优先抢救保护，要建立盐城湿地非物质文化遗产档案和数据库。

(2) 加强盐城湿地非物质文化遗产代表性传承人保护

要对盐城湿地文化生态保护实验区内各级盐城湿地非物质文化遗产名录项目的代表性传承人进行认定和命名，为其开展传习活动提供必要的场所，资助其授徒传艺、教学、交流等活动，对高龄和无固定经济来源的代表性传承人，可发放一定的生活补贴；对传承工作有突出贡献的代表性传承人给予表彰、奖励；对学艺者采取助学、奖学等方式，鼓励其学习、掌握盐城湿地非物质文化遗产，成为后继人才。

(3) 加强盐城湿地非物质文化遗产基础设施建设

要在统筹规划的基础上，至少建设一个盐城湿地非物质文化遗产综合性展示馆，多个盐城湿地非物质文化遗产专题馆，每个国家级和省级盐城湿地非物质文化遗产名录项目都要设立传习所。鼓励个人、企事业单位等社会力量建设多种形式的盐城湿地非物质文化遗产专题展示馆和传习所。要注重盐城湿地非物质文化遗产珍贵实物资料和传承人代表性作品的征集，并进行科学的陈列展示，充分发挥盐城湿地非物质文化遗产基础设施在保护、保存、传承、展示和宣传盐城湿地非物质文化遗产等方面的作用。

(4) 加强盐城湿地非物质文化遗产教育传承

要整合盐城湿地文化生态保护实验区内文化、教育、科技等多种资源，将盐城湿地非物质文化遗产知识纳入当地教育体系，积极推进盐城湿地非物质文化遗产进教材、进课堂、进校园，通过组织代表性传承人开展授课辅导活动，编发盐城湿地非物质文化遗产辅导读本，在中小学开设盐城湿地非物质文化遗产项目选修课程，在职业学校和高等院校设立盐城湿地非物质文化遗产相关专业等方式，使盐城湿地非物质文化遗产成为对青少年进行传统文化教育和爱国主义教育的重要内容，培养新的传承群体，探索多样化传承方式。

(5) 建立盐城湿地非物质文化遗产专题数据库

盐城湿地非遗资源数据库建设工作必须在各级政府的总体规划和宏观调控下进行。文献收藏的有关单位，如图书馆、文化馆、科技馆、方志办、博物馆、档案馆等，均可根据自身的特点和已有的基础，发掘自身的潜力和优势，分别去承担有关方面的盐城湿地非遗文献资源的收集整理，加工与建库等工作，在分工进行的基础上，统一组织管理，统一软件联网系统，互联互通，资源共享。盐城湿地非遗处于一种活态的文化环境中，它的表现形式与文化场所（文化空间）密切相关，这就决定了其难以长期保存的特性。盐城图书馆服务网络拥有专门人才、较先进的现代化设备，在资料抢救工作和后续的资料整理、数字化、保存、保护等方面具有自身优势。应联合相关单位共同开发盐城湿地非遗资源数据库，利用全国文化信息共享工程平台，服务新农村，服务新农民。

3. 完善盐城湿地文化生态保护实验区建设工作机制

（1）强化政府行为，构建保护网络

① 构建市、县、镇、村四级保护网络

一项工作成功与否与政府态度密切相关，盐城湿地文化生态保护工作要积极争取政府支持，把湿地文化生态保护纳入经济和社会发展计划，纳入城乡建设规划，纳入财政预算，纳入体制改革，纳入各级领导责任制，创新管理体制机制，把湿地文化生态保护的责任进一步具体化。积极构建盐城市湿地文化生态保护工作委员会——县（区）湿地文化生态保护工作委员会——镇（街道）湿地文化生态保护领导小组——村（居）湿地文化生态保护小队四级湿地文化遗产保护网络，切实把盐城湿地文化遗产保护工作落到实处。

② 保护群众基本文化权益，突出社会公众的文化主体地位

保障群众基本文化权益，激发民间力量参与盐城湿地文化生态保护，要切实把保障人民群众基本文化权益，摆在盐城湿地文化生态保护工作首要位置，体现盐城湿地文化生态保护工作公益性、基本性、均等性、便利性。加大投入力度，向人民群众提供更多公共文化服务。关注民生、改善民生、保障民生，无论是在考古发掘和保护修缮中，还是在历史文化街区和村镇保护建设中，都要保护群众根本利益，着力改善群众居住和生活条件。激发群众参与湿地文化遗产保护的积极性、主动性、创造性，发挥民间收藏组织、民间文化遗产保护志愿者组织作用，利用民间力量保护湿地文化遗产。加强群防群治，营造盐城湿地文化生态保护人人有责，盐城湿地文化生态保护成果人人共享的社会环境，实现盐城湿地文化生态保护领域民有、民治、民享。突出社会公众的文化主体地位。广大人民群众自觉

参与保护盐城湿地非物质文化遗产，是衡量盐城湿地文化生态保护实验区建设成效的关键因素。要充分理解和尊重社会公众的意愿，鼓励和支持他们积极参与盐城湿地非物质文化遗产保护行动和民俗节庆活动，调动他们共同参与盐城湿地文化生态保护实验区建设的主动性。

③ 齐抓共管，共同做好保护工作

盐城湿地文化生态保护涉及面广，各有关部门要各司其职，齐心协力做好湿地文化生态保护工作。文化部门要切实承担起对湿地文化生态保护的主导职责，落实湿地文化生态保护的各项政策制度。住建、环保、规划、交通、水利、国土资源等部门，在制定城乡建设规划和审批建设工程时，必须征求文物部门的意见，涉及湿地文化生态保护时应依法征得文物部门的同意；公安、工商、海关等部门要加强湿地文化生态安全的综合治理，加大打击涉及湿地文化遗产文物犯罪活动的力度；旅游、宗教等部门要依法、合理、有效地利用湿地文化遗产资源，确保不对湿地文化遗产造成损害；教育部门要将湿地文化生态保护知识纳入教学计划，编进乡土教材；科研部门要利用新技术对湿地文化遗产进行科学保护合理利用；新闻媒体要加大宣传湿地文化生态保护的力度，发挥舆论监督作用。真正形成"保护湿地文化遗产，人人有责"的浓厚氛围，变文物部门的"孤军作战"为"全民参战"，彻底改变湿地文化生态保护的社会环境和湿地文化遗产自身的生存环境。

④ 建立专家咨询制度

要成立盐城湿地文化生态保护实验区建设的专家咨询机构，吸引国内外湿地文化研究专家、学者积极参与，充分发挥专家的工作指导、咨询、参谋作用，结合工作实际开展理论研究，为湿地文化生态保护实验区建设提供智力支持。

（2）建立盐城湿地文化生态补偿机制

建立盐城湿地文化生态补偿机制，对盐城湿地文化生态保护实验区因保护而付出或牺牲的经济利益，进行有效补偿，这是盐城湿地文化生态保护实验区可持续发展的重要保障。盐城湿地文化生态补偿机制包括：第一，建立和完善财政转移支付制度，由各级政府设立国家和省级盐城湿地文化生态保护补偿专项基金，并动员社会捐助，建立民间保护基金；第二，彻底转变盐城湿地文化生态保护实验区所在地区的经济发展方式，改变盐城湿地文化生态保护实验区所在地政府单纯以 GDP 为主的经济考核方式，增加对盐城湿地文化生态保护实验区及其非物质文化遗产项目保护的考核指标等。倘若能够真正建立起有法可依的盐城湿地文化生态补偿机制，这对盐城湿地文化生态保护实验区的保护与建设，将是一个永恒的物质保障。它必将促进盐城湿地文化生态保护实验区保护与建设步入良性健康的发展轨道。要将盐城湿地文化生态保护实验区建设作为本地区公共文化服务体系建设的重要内容，加大资金投入，所需经费列入本级财政预算。要积极引导和鼓励个人、企业和社会组织对盐城湿地文化生态保护实验区建设予以资助，多渠道吸纳社会资金投入。

(3) 加强执法力度，建立责任追究制度

要进一步加大湿地文化遗产保护执法力度，建立健全湿地文化遗产保护责任制和责任追究制度。对因执法不力造成湿地文化遗产受到破坏的，将依法追究有关执法机关和有关责任人的责任；对因决策失误、玩忽职守造成文化遗产破坏、被盗或流失的，要依法追究责任人的法律责任。加大典型案件的查处力度，不仅要查处违法行为的具体实施人，更要查清违法案件背后的原因，让失职渎职者承担责任。对案件查办的情况要及时宣传，在全社会形成人人敬畏湿地文化遗产、人人保护湿地文化遗产的氛围。只有这样，法律的威严才能树立，政府的形象才能体现，湿地文化遗产才有和谐健康的生存空间。

(4) 加大理论研究和人才培养力度

盐城湿地文化学术研究水平的提高，需要各级政府大力支持，提供充足的资金与研究力量，聘请国内外专家、学者、教授等。深挖本地的湿地文化内涵，延伸研究领域，丰富研究内容，撰写高质量的学术论文，在国内外学术界造成一定的影响；发掘并研究流传至今的重要历史事件、重要历史资料、哲学思想、文艺作品、民俗风情等湿地非物质文化遗产；充实本地研究力量。加强盐城考古队伍的建设，通过对盐城境内湿地文化物质遗存进一步普查，发现新的湿地文化遗存，并对相关湿地文化遗址进行考古与发掘，为盐城湿地文化研究提供客观、真实、有力的湿地文物及其他资料，取得国内外同行的认可与支持；创办高水平的学术期刊，提高整体业务水平；定期召开湿地文化学术研讨会、高层学术论坛，吸引国内外专家、学者、民间爱好者参与进来，促进学术交流，汲取同行新成果、新技术，突破学术研究瓶颈，争取在社会各界的共同努力下，使盐城湿地文化研究水平进一步提高。积极吸引创客，他们有望给盐城湿地文化生态保护带来三种东西：潜力无穷的产品、致力创新的精神、开放共享的态度。紧紧围绕盐城湿地文化生态保护的需求，落实培训人才队伍、提高人才队伍素质的战略，以提高培训质量为主线，创新机制为重点，努力形成多层次、多渠道、大规模的教育培训工作新局面，为盐城湿地文化生态保护提供智力支持和人才保证。根据盐城湿地文化生态保护工作实际定岗定编，大力引进专业技术人才，做好市、县、镇、村四级湿地文化生态保护网络专兼职人员培训，建立一支较为稳定的具有多学科专业技术的人才队伍，使盐城湿地文化生态保护研究向纵深推进，让湿地文化成为盐城一张靓丽的名片。

（5）营造良好的社会氛围

盐城湿地文化生态保护实验区建设要坚持舆论先行，重在引导、全面发动、大造声势，开展全方位、高密度、立体式、大容量的宣传教育，将宣传的触角延伸到保护实验区的每个角落，形成人人关注盐城湿地文化生态保护实验区建设、个个为之出力的良好局面。要在媒体开设专栏，做到报刊上有文字，广播里有声音，电视上有图像，网络上有宣传，营造浓烈的氛围。利用学校、社区、企业等的宣传板报、画廊、橱窗进行宣传，在交通要道、大街小巷悬挂标语横幅，带领志愿者利用国际博物馆日、文化遗产日等在广场、居民小区设点宣传，做到宣传氛围随处可见，增强人们自觉参与盐城湿地文化生态保护的意识。

盐城湿地文化生态保护实验区建设是一项系统工程，涉及面广，是一项长期工作，要稳步推进，有关职能部门要各司其职，齐心协力做好盐城湿地文化生态保护工作。让人与自然和谐发展，促进盐城文化大发展、大繁荣。

第七节 开发盐城地方文献

社会主义新农村建设离不开县级图书馆地方文献资源；县级图书馆地方文献室要抓住新农村建设这个机遇，变被动为主动，积极服务于新农村建设；社会主义新农村建设必然推动县级图书馆地方文献资源建设。

一、社会主义新农村建设离不开县级图书馆地方文献资源

在社会主义新农村建设中县级图书馆地方文献资源有独特的作用。

1. 地方决策机构需要地方文献

由于地方文献是一个地区政治、经济、科技文化和社会历史和现实的真实反映，历来是各级政府机构进行决策时的重要依据。因此，县级图书馆采集、研究和利用好地方文献，主动、及时地提供给本地决策机构，对其有针对性地制定社会发展规划和有关政策，具有重要意义。地方文献为地方经济发展规划的制定提供历史借鉴。地方文献中的地方史志以全见长，以实独尊，既着笔于一方经济社会活动规律的揭示，又注重一方人事、环境、民俗风情的勾勒，突出事物起伏变化规律以及失败教训的记载，因此，在地方经济发展的总体决策和改革中，决策机构就可以借鉴历史的经验教训，避免决策主观性、盲目性。

2. 为地方基础设施建设提供原始资料和设计依据

地方文献所记录的文字多为编纂者耳闻目睹或实地调查采访的原始材料，所以，一般来说地方文献的可靠性比较高，特别是其中的矿藏、物产、地质变迁、自然灾害、气候、水利、人口等有关经济发展的资料大多为原始记录。参考这些原始资料，在进行大规模的新农村基础设施建设时，可以少走弯路，避免不必要的损失，节省不必要的开支。

3. 为提高农村干部和农民素质发挥作用

国情、乡情、民情，是素质教育的重要内容。本地的政治、经济、文化、历史、地理和具有地方特色的民间工艺、美术、民俗风情等，对读者全面了解地方优秀文化，提高文化素质，是很好的教材。我国农村人口基数大，县级图书馆地方文献资源可以为提高农村干部和农民素质发挥作用。

4. 为地方政府发掘经济资源拓宽致富途径提供服务

各地所处的地理位置不同，自然资源和民情风俗有差异，各地经济发展的结构、程度和发展方向也不一样。随着岁月的流逝，因人们思想观念和需求的变化，本地的传统产品及其生产技术、经济方式失传，或者因市场不景气而停滞不前或消失，可以按地方文献中有关记载，对产品恢复生

产，还可以在此基础上深入研究，开拓创新。根据盐都区图书馆地方文献室提供的文献资源，有关部门恢复并开发了诸如伍佑醉螺、张庄藕粉圆、大冈脆饼、大纵湖醉蟹、葛武嫩姜片等一批富有地方传统特色的畅销产品，开拓了市场，增加了农民收入，振兴了地方经济，有力地促进了社会主义新农村建设。

二、县级图书馆地方文献室要抓住建设社会主义新农村这个中心，变被动为主动，积极服务经济建设

我国是一个农业大国，农业是国民经济的基础，县级图书馆地方文献室应当积极介入经济建设，直接提供智力支持和精神动力，促进农村经济的快速增长。

1. 县级图书馆地方文献室要积极为农业增产增收服务

我国解决13亿多人口吃饭问题，这是一件了不起的事。但我国耕地紧缺，人均仅有1亩多。随着经济的发展，人多、地少、粮缺的矛盾将日益加剧。农业生产的发展一靠政策，二靠投入，三靠科技。县级图书馆地方文献室可以利用自己的文献资源优势和自身功能，为服务三农发挥积极作用。如盐都区图书馆将当地的自然环境、物产资源、风土人情、工农业发展、三产情况等资料定期提供给区委区政府决策参阅；将国内外地方政府向农业增加投入提高产出的做法汇编成各种小册子，给当地农村干部、农民提供借鉴，以提高生产者经营管理水平；为农业增产增收提供先进的技术信息和农业科技成果推广信息，紧密配合地方政府的丰收计划、星火计划、商品粮基地建设等，并为其提供有效服务。县级图书馆在为农业增产增收提供服务方面应结合科技兴农，重点是推广应用农业科技成果和先进的实用技术信息。如中低产田的改造、区域化种植、病虫害的综合防治、节水农业、旱作农业、塑料大棚栽培技术、优良品种的选育等方面的资料信息。县级图书馆可以与农业科技部门合作开展灵活多变的、多层次的各类型活动。如盐都区图书馆就为农民印发了《农家信息》等资料，定期请专家做专题讲座，放映科技录像，流动图书车下乡，举办书展；积极组织全区农民参加全国读书征文活动，成绩斐然，2004年、2006年、2007年、2008年盐都区图书馆荣获文化部等七部门颁发的组织奖，连续多年获省文化厅表彰。这些活动使盐都区不少农民走上了勤劳致富、科学

致富的道路，使农民深刻体会到知识就是力量的真谛。

2. 县级图书馆地方文献室要积极为中小企业二次创业服务

我国的中小企业已成为国民经济的重要组成部分。社会主义新农村建设对中小企业的发展产生重大影响，可以说挑战与机遇并存。目前，中小企业正在实施二次创业伟大工程，县级图书馆地方文献室在服务好中小企业上有着特殊和重要的意义。中小企业在人才的开发和智力引进方面、企业的管理方面、企业集团的组建兼并与资产重组方面，以及如何利用当地资源进行深加工、提高产品附加值等方面，急需县级图书馆提供有关的信息与资料，提供各地改革成功的典型和国外有关方面可以借鉴的经验。盐都区图书馆积极为区内外中小企业服务，协助区内中小企业新立各级各类科技项目80项，其中国家科技型中小企业创新基金项目1个，国家星火、火炬项目4个，省科技支撑项目2个。

3. 县级图书馆地方文献室要积极为特种行业的发展服务

我国农村地大物博。经济发展不平衡，各地由于资源不同，产业发展也因地制宜。例如，我国的东北、西南和内蒙古东部等地区是宜林地区，县级图书馆应以林为主服务，为林业培育、林场防护及林业开发、林产品加工等收集和提供国内外先进技术、经济教训等信息和资料。而在一些沿海和临江、河、湖泊的农村，县级图书馆地方文献室则应主动提供捕捞、水产品精养高产、高附加值水产品的开发等方面的各种技术理论信息资料，促进当地经济发展。在一些以副业加工为主的农村，县级图书馆地方文献室应当根据当地的资源优势和经济发展中的难点、热点及时提供各种适合当地经济发展的资料和信息。盐都区图书馆针对大纵湖湖泊众多，清水大闸蟹闻名的特色，帮助策划了全国性的大纵湖清水大闸蟹节，使小小的螃蟹走出盐城，走向全国，走出国门，并以此带动了当地的旅游业，为当地经济的迅猛发展，农民的增产增收发挥极其重要的作用。

三、加强县级地方文献资源建设

1. 建立县（区）地方文献资源建设保障体系

用政府行为建立地方文献的呈缴制度。这是保障文献资源系统性与完整性的重要举措。建立目标采访制和定向交流体系。与地方有关部门和单位如方志办、档案馆、行业内专业图书馆建立互通有无的关系，并定期与各种文献编撰机构交流，掌握线索追踪征集。进行参与式的跟踪收集。及时掌握信息，参与县（区）各学术团体、科研机构组织的学术讨论会，以及政府组织的各种展览会、洽谈会、研讨会，搜集会议及有关文献资源。拨专款征集，如到古旧市场抢救老地方文献。

2. 培养搜集和研究地方文献资源的专门人才

县（区）地方文献资源建设，必须有一支相对稳定的有信息意识、善于发现和捕捉县（区）地方文献信息，并能进行理论研究和实践操作的专门人才队伍，这些人才能对县（区）地方文献工作历史与现状、未来发展以及所涉及的相关领域进行全方位的研究，并能拓展用户群体，以保障地方文献资源得到及时抢救，并能通过有效的整理加工提供给用户，产生增值效应。

3. 建立县（区）级地方文献资源数据库

数字化进程是县级文献资源建设、有效开发与利用的重要课题。信息资源开发与利用水平已成为一个国家综合国力的重要标志，同样也是一个图书情报部门综合水平的体现。信息技术突飞猛进的发展把图书情报服务工作带入自动化、网络标准化的新阶段，使图书情报工作告别传统模式走向新的境界，所以推进地方文献资源数字化进程是县（区）地方文献资源规范化管理、开发与利用的基础，也是图书情报部门走向信息化的必备工程。

4. 成立县（区）地方文献研究会

县级图书馆应组织开展地方文献研究活动。县级图书馆要牵头成立地方文献研究会，聘请地方文献研究专家、学者当顾问，聘请文化教育界领导、学者为研究会理事，吸收有一定学识和研究能力的人员到研究会来。会员一方面开展地方文献研究工作，另一方面协助图书馆采集、整理地方文献，实施研究与整理资料相结合。会员可深入各级文物保护单位、名胜古迹、名人故居等开展调查研究，撰写研究报告或论文，探索本地旅游开发，经济发展之路。有价值的论文可报县委县政府，供其决策参考。

5. 举办地方文献展

地方文献的收藏重在开发利用。有些县图书馆收藏的地方文献很少有读者问津，甚至读者对它们一无所知。盐都区图书馆除了坚持地方文献陈列室常年对外开放外，还定期举办专题地方文献展，对地方文献进行再开发。经过多年举办地方文献展不断积累经验，该馆的地方文献展内容越来越丰富，影响也越来越大。

四、社会主义新农村建设必然推动县级图书馆地方文献的建设

县级图书馆地方文献室要抓住机遇，积极主动为社会主义新农村建设服务，才能获得自身的大发展。我国农村图书馆一般以县（区）为基础，作为当地的中心图书馆。县级图书馆地方文献室在为当地经济发展积极服务，农村经济的发展必然会增加对县级图书馆的投入，这样可以加强县级图书馆地方文献室的硬件和软件建设。县级图书馆地方文献室的设施先进了，增加了地方文献资源，更新了设备等，加快了地方文献资源的流通和信息的传递，就能使地方文献资源为农村经济建设更好地发挥作用。

在搞好县级图书馆地方文献室的同时，还应培植开发乡镇村图书馆、行业图书馆和农民图书室地方文献资源，使地方文献资源形成网络，更好地促进经济发展。

盐都区图书馆扶持的华泽书社是尚庄镇农民乐华泽、胥加耕等人于1993年自费创办的，从最初的500余册图书发展到今天的10000余册，报刊20余种，累计投入已达十多万元。20多年来，华泽书社不仅坚持向群众提供无偿服务，还十分注重服务质量的提高。他们成立"农村工作组"，为农民提供农业科技服务信息；自编自印《农村百事通》《芳土》等，刊载农村科技小知识和农民自己写的文章；同时，每年举办多期农民文化技术培训及系列文体活动，丰富了当地农民的文化生活。文化部原部长孙家正给予充分肯定。

县级图书馆地方文献室为农村经济服务的过程，也是一个自身素质提高的过程。由于农村经济的发展，首先要求县级图书馆要培养出一支为农村经济服务的干部队伍和人才队伍。这支队伍不仅要有为农村经济服务的献身精神，还要有对各种专业知识刻苦钻研的精神和较强的组织能力，才能真正为农村经济的发展发挥作用。这样就形成县级图书馆地方文献室与社会主义新农村建设互相促进、互相发展的良性循环。

县级图书馆地方文献建设与社会主义新农村建设有着密切的联系，我们应该研究二者之间的关系，使县级图书馆地方文献资源更好地服务社会主义新农村建设，同时使自身也得到更大的发展。

第八节　董加耕事迹展推广

为了充分发挥名人效应，弘扬"身居茅屋，眼看全球；脚踩污泥，心忧天下"的董加耕精神，教育青年一代树立正确的荣辱观，积极投身社会主义新农村建设之中，盐都区图书馆积极争取政府投入200多万元，整合社会资源，经过1年多筹建，于2007年6月8日建成董加耕事迹展览馆并开展。该展览馆有6个厅室，2100多平方米，已接待观众40多万人次，成为盐都区对外交流的一张靓丽的名片。

一、挖掘地方名人资源，筹建加耕事迹展览

1. 筹建加耕展览，意义非比寻常

盐城市盐都区历史悠久，名人荟萃，文化底蕴深厚。2006年初，当社会主义新农村的建设高潮在全国各地掀起时，盐都区图书馆为了充分发挥名人效应，拓展县级图书馆服务领域，强化服务职能，决定筹建董加耕事迹展览。董加耕是盐城市盐都区葛武镇董伙村人，1961年，他放弃去北京大学哲学系深造的机会，毅然走上立志务农，建设社会主义新农村道路。他回乡务农的经历在青年人中产生了强烈的反响，后来成为全国青年学习的标兵。他的事迹曾影响苏联、朝鲜、阿尔巴尼亚、罗马尼亚等国青年。作为毛泽东喜爱的年轻人，影响一代人的董加耕在1999年中华人民共和国建国50周年前夕，被《共和国英模人物》收录其中，成为盐城人的骄傲。董加耕事迹展览的设立，将会更好地弘扬董加耕精神，教育青年一代树立正确的荣辱观，以崭新的风貌投入社会主义新农村建设，加快文化盐都建设步伐。

2. 董加耕做报告，并且现场捐赠

为了帮助青年一代树立正确的荣辱观，积极投身社会主义新农村建设之中，盐都区图书馆于2006年4月6日下午特邀全国英模、当年影响了一代人成长的知识青年标兵董加耕做"树正确荣辱观，做时代好青年"专题报告。盐都区图书馆容纳200多人的学术报告厅座无虚席，许多当地的居民闻讯前来，走道和门口挤满了听众。在播放了香港凤凰卫视《鲁豫有

约董加耕》的专题片后，董加耕做了1个多小时的"树正确荣辱观，做时代好青年"的专题报告。他结合自己的人生经历、阅历，谈了当前青少年关注的热门话题，他的演讲平实、亲切自然、富含哲理，他的真诚和幽默赢得了观众多次的掌声。董加耕还向盐都区图书馆捐赠了20世纪60年代建设社会主义新农村时期的800多件史料与实物。

3. 征集史料实物，充实加耕展览

为了丰富和充实董加耕事迹展览，再现董加耕不同时期的光辉业绩，盐都区图书馆经历了艰苦的董加耕相关史料实物征集历程，首先与董加耕本人接洽，董加耕二话没说，表示无条件、无偿、毫无保留捐赠，并于2006年3月24日、4月6日，2007年4月30日分三次捐赠20世纪60年代以来的包括手稿、著作、照片、报刊史料、生活用品、生产工具、学习用品等900多件珍贵史料实物，并多次向董加耕事迹展览筹建处提供征集线索。开展后，董加耕还定期向盐都区图书馆捐赠史料实物，不断充实董加耕事迹展览藏品。2006年4月，董加耕事迹展览筹建处利用报刊、电视台、电台、网络等媒体向海内外发出征集函，征集董加耕在不同历史时期使用过的生活用品、生产工具、学习用品、老照片、粮票、布票、肉票、豆腐票、花生票等，各级领导为董加耕题词或董加耕亲笔题词，宣传董加耕的报纸、杂志、书籍、宣传画、连环画、歌曲等，以及其他一切与董加耕有关的史料实物。筹建处的同志还向海内外发出1000多封征集函。派专人到团中央、团省委、团市委、国家档案馆、省档案馆、市档案馆等求得相关领导支持，与国内外知青馆联系，与盐城市新四军纪念馆、市图书馆、市博物馆联系，与民间收藏爱好者联系，与乡镇文化站联系。经过一年多的努力，共征集到2000多件有关董加耕的史料实物，其中有不少是珍品或孤品，有极高的历史价值、研究价值、艺术价值、史料价值、民俗价值等。

二、发挥本土名人效应，扩大加耕展览影响

1. 确定展览主题，积极筹办展览

（1）抓住社会热点，确定展览定位

展览定位非常重要，展览的举办要结合当时的社会热点，配合形势，抓住机遇精选展览主题，使展览能抓住领导眼球，观众眼球，使领导和群

众都能满意,从而产生良好的社会效应,实现社会教育的职能。盐都区图书馆抓住社会主义新农村建设和社会主义荣辱观教育两个社会热点,取得了各级领导的支持,整合社会资源,调动一切可以利用的力量,积极筹建董加耕事迹展览。

(2) 制定布展方案,精心布置展览

确定主题后,县级图书馆必须做好布展方案,成立专门班子,做到环环紧扣,确保有条不紊。要想观众对展览感兴趣,除了提供值得一看的展品外,还要在设计上下功夫,要有突破,突出展览的主要特征、目的和展览方法。盐都区图书馆成立了阵容强大的班子,做到运转有序,从容不迫。首先拿出了董加耕事迹展览脚本,根据脚本从容进行布展。其次做好招投标工作,确保有良好的设计和装潢人才,设计方案细化到展柜、展品、色调、图表、说明、照明、背景音乐等。再次做好消防安全工作。因董加耕事迹展览有 6 个厅室 2100 多平方米,根据展览面积和预计的观众人数按比例设置了紧急出口并做出了醒目标志。配备了消防器材,每个厅室明确了消防责任人,并对全馆人员进行了消防知识培训和消防应急演练。

2. 强化宣传意识,举办开展仪式

举办展览要有宣传意识,县级图书馆要主动出击,捕捉信息,寻找各类渠道及时传播。盐都区图书馆经过一年多的筹建,董加耕事迹展览成功布展。2007 年 6 月 8 日上午 9 时,董加耕事迹展开展仪式在盐都区图书馆举行。董加耕事迹展览建筑面积 2100 多平方米,分"热血青春厅""激情岁月厅""金色人生厅""璀璨群星厅""名人书法厅""加耕影视厅"等 6 个厅室,再现了董加耕不同历史时期的光辉业绩,有 20 世纪 60 年代董加耕社会主义新农村建设时用过的生产工具、生活用品等,老照片、信函、国内外媒体 40 多年来有关董加耕的通讯、报告文学、诗歌、回忆录、连环画、照片、音像资料等;董加耕创作的诗歌、论文等;以董加耕为题材创作的歌曲、戏剧等音像资料;各级领导为董加耕事迹展览题词,书画艺术家为董加耕事迹展览题赠的书画作品等,1000 多件史料实物中不少是第一次面世。

3. 加耕事迹展览,成为靓丽名片

展览要充分发挥社会教育职能,要成为爱国主义教育基地,不断提高知名度。董加耕事迹展览自开展以来，已接待国家、省、市、区各级领导300多次，接待的观众有工人、农民、部队官兵、大中小学生、记者、作家、民间收藏爱好者、老知青等，还有来自俄罗斯、美国、朝鲜等海外的学者，累计观众已达40多万人次，受到参观者一致好评。国家、省、市、区不少领导和知名人士参观后还欣然留下墨宝。该展览弘扬了"身居茅屋，眼看全球；脚踩污泥，心忧天下"的董加耕精神，对教育青年一代树立正确的社会主义荣辱观，积极投身社会主义新农村建设、文化盐都建设起到积极促进作用。该展览充分发挥了名人效应，搭建了对外沟通的桥梁，已成为盐都对外交流的一张靓丽的名片，是盐城市爱国主义教育基地。

三、突破延伸服务瓶颈，彰显加耕展览效应

1. 争取政府支持，举办各种展览

展览离开政府支持，必将是举步维艰。县级图书馆要争取将展览资金列入财政预算，随着县级财政收入增长而增长，并根据举办大型展览的需要，加大经费投入力度。制定和出台鼓励支持展览的优惠经济政策，进一步探索建立展览基金，鼓励社会力量参与展览工作。盐都区图书馆积极争取各级领导支持，区财政投入了200多万元筹建董加耕事迹展览，建成了建筑面积2100多平方米，6个厅室的大型展览，举办如此大规模的展览，在县级馆中开了先河。盐都区图书馆还争取到10万元临时展览经费，区财政每年按时拨付。由于有了经费保障，该馆每年都举办大量内容丰富、形式多样的展览，其中自2006年5月起举办的民间藏品进农村展览影响较大，展览已进入30多个村，10多万农民在村头欣赏了民间收藏精品大餐，展览每到一处，文物专家为农民现场鉴定家藏宝物，并发放《盐都收藏》《农家信息》等，《人民政协报》《中国文物报》《中国收藏拍卖导报》《扬子晚报》等20多家媒体做了报道。

2. 举办大型展览，培养会展人才

举办展览，不仅是供观众欣赏，也是观众之间，观众与筹办者之间的心灵沟通与情感交融。展览能否办得有生机、有活力、有亲和力，与工作人员的素养有很大的关系。一个展览的举办，往往会体现办展者的综合素养、学术水平、艺术水准、交流网络，包括选题、前期准备、营销推广、

展品落实、媒体宣传、设计包装、观众组织、开展仪式都需用心筹划，各级领导、社会各界对这个展览的重视和关心程度也会影响到举行展览的顺利程度。作为一个称职的办展者，应该具有深厚的文化底蕴，拥有政治、经济、哲学、科技、文化、艺术、管理、营销等多方面的知识积累和沉淀；同时还应具有敏锐的观察能力、分析能力、判断能力和决策能力。办展者不一定是某艺术领域的顶尖高手，但应该拥有一定的领导能力和协调能力；既要对传统的历史文化有较深的理解，也要对现代的理念有一定的悟性。盐都区图书馆举办董加耕事迹展览，增强了全馆人员凝聚力，培养了会展专业人才，激发了工作人员的创造力，锻炼了协调能力，培养了一支挥之能战、战之能胜的会展专业队伍。董加耕事迹展览，在展览的定位、前期准备、资金筹措、展品征集、设计装潢、展品布置、媒体宣传、开展仪式等各方面，都受到了各级领导、社会各界和观众的交口称赞。

3. 拓宽服务领域，强化服务职能

（1）大开放大服务，创品牌创特色

县级图书馆担负着保存文化遗产、传递知识、开展社会教育、提供休闲娱乐、开发智力等职责，推出系列展览将会增强县级图书馆的文化底蕴，满足读者日益增长的文化需求。盐都区图书馆多年来一直遵循"大开放、大服务"的方针，"以人为本，读者第一"的创新服务理念，结合重大政治活动和节日等，推出了系列展览，年年成系列，次次有新样，如节日民俗展、非遗展、文化遗产展、丰瑞盐渎展、盐都名人展、民间藏品展等，采取阵地展、巡回展、进农村（学校、工地、军营）展、网络展等内容丰富形式多样的方式，这些展览已成为盐都区图书馆的品牌和特色。

（2）打造共建平台，资源共建共享

资源共建共享是大势所趋。县级图书馆要利用县级文化共享工程支中心的优势，牵头建立会展服务协作机构，建立数据库，图书馆、文化馆、博物馆、科技馆、方志办、档案馆等可根据自身的特点和已有的基础，发掘自身的潜力和优势，分别去承担有关方面的会展资料的收集整理，加工与建库等工作，在分工进行的基础上，互通有无，互相弥补，协作互助，统一组织管理，统一软件联网系统，互联互通，资料共享。盐都区图书馆利用区文化共享工程支中心优势，成立了会展中心，与相关单位合作建立了会展资源数据库。这些优质资源为该馆"盐渎讲坛"提供了大量的讲座素材。近年来来馆查询相关资料的人数明显增多，数据库给不少单位和读者带来了便利。南京大学学生周慧敏通过董加耕事迹展览专题资料查询，完成了研究董加耕的硕士论文。

(3) 搭建交流平台，与名人零距离

名人效应是名人的出现所达成的引人注意、强化事物、扩大影响的效应。名人效应已在生活中的方方面面产生深远影响，名人效应相当于品牌效应。为了充分发挥名人效应，盐都区图书馆定期邀请董加耕、曹文轩、成自龙、唐理奎、朱亚文等盐都籍知名人士举办报告会、讲座、演讲、座谈会等，名人与读者零距离接触，凝聚了人气，激发了读者求知热情。名人与读者交流平台的搭建，拓宽了县级图书馆服务领域，强化了服务职能，提高了图书馆的知名度。

县级图书馆的展览服务是全方位的，它可以为展览服务对象进行配套服务，形成一条龙的全方位服务。要充分利用其优势，使展览服务不断创新。县级图书馆要遵循"以人为本，读者第一"的服务理念，在展览服务的深度和广度上不断创新，不断拓展展览新领域，这样展览才有强大的生命力，才能发挥出展览应有的保存文化遗产、开展社会教育、开发智力、传递知识、提供休闲娱乐等功能。

第九节　县域名人建设路径

盐都区原为盐城县，钟灵毓秀，名人辈出。在漫长的历史长河中，盐都这片热土孕育了无数英雄豪杰，仁人志士，文坛名家。他们有的为民族存亡英勇奋战，血洒疆场；有的为国家的千秋事业呕心沥血，苦苦探索；有的忧国忧民，甘于奉献，树起榜样的旗帜；有的潜心钻研，历尽艰辛，成为文坛大家。他们智慧、坚韧、忠孝、诚信的人文精神永远留在人们的心间，融进后人血液。他们的传奇故事，感天地，泣鬼神。他们名垂千秋，永载史册。人因地显，地因人名。名人文化是城市文脉，城市之魂，是社会文明的重要标志，是县域综合实力的重要组成部分，推进县域名人文化建设的意义重大。

一、盐都区名人资源丰富

盐都区这方水土孕育了一大批享誉中外的名人,形成了地域特色鲜明,影响广泛的红色文化、海盐文化、湿地文化、名人文化、民俗文化等。盐都名人在政治、经济、军事、科技、文化、艺术、卫生、教育等领域都有显著的成绩,《二十四史》《中国近现代名人生平暨生卒年录》《盐城市志》《盐城工学院学报》《盐城师范学院学报》《盐城县志》《盐城史话》《盐城特色文化》《丰瑞盐渎》《盐城人民忆陈毅》《叶挺城战役》《盐阜银行史》《盐城掌故》《可爱的盐城》《盐都年鉴》等文献记载了大量的盐都名人。汉代孙坚是首次见之于史料记载的盐渎县丞,后被追谥为东吴武烈皇帝。此外盐都名人还有"建安七子"之一陈琳、东郡太守臧洪、东郡丞陈容;神医华佗曾在盐渎行医;隋末韦彻据盐称帝;宋范仲淹在盐筑范公堤;韩世忠、梁红玉夫妇驻盐抗金;南宋丞相抗元名臣陆秀夫亦为盐城人;元末张士诚、卞元亨等在盐起义;明代施耐庵在盐创作《水浒传》;罗贯中在盐创作《三国演义》;明崇祯皇帝的生母孝纯皇后、明翰林院大学士朱升亦为盐城人;戚继光在盐抗倭;明末抗清英雄司石磐、孙光烈、厉豫,为民请命的孙矩亦为盐城人;顺治、康熙两朝帝师孙一致是上冈人;清代孔尚任在盐治水;清末张謇在盐废灶兴垦;清代薛鼎臣官至兵科给事中,亦为盐城人;画家万岚、周涤钦,著名书法家、爱国诗人宋曹,翰林院编修徐铎都是盐城人;清代词坛大家蒋鹿谭长期寄居伍佑场,他和夫人黄婉君合作的《水云楼词》至今享誉词坛;清代学者沈俨两次续修《盐城县志》;"苏北阿凡提"沈拱山生于盐城;郑板桥早年、晚年都在盐生活;皖派金石名家邓石如长住盐城并娶继室;清末名媛赛金花(曹梦兰)生于盐城曹家角;民国江北讨袁军总司令刘天恨,印水心自费首次编印《盐城县乡土地理》和《盐城县乡土历史》;刘少奇、陈毅、黄克诚、粟裕、张爱萍等一大批老一辈无产阶级革命家曾长期在盐城战斗和生活过,胡乔木、乔冠华被毛主席称为"盐城二乔";"苏北鲁迅"宋泽夫,爱国民主人士胡启东,标准草书传承人胡公石,国民党军政要员郝柏村,知识青年标兵董加耕,新闻摄影家唐理奎,著名作家李国文、曹文轩、杨守松、李有干,著名演员朱亚文等都为盐城人。盐城流传着众多的传说,有二十四孝之一王祥卧冰的传说、隋炀帝巡游传说、唐初李世民与韦彻在盐交战传说、唐代薛仁贵征东传说、唐末黄巢起义军在盐修整传说、武则天与便仓枯枝牡丹传说、宋代杨家将在盐城驻兵传说、岳飞抗金传说，还有小秦王吆山赶海的传说等。吴承恩创作的《西游记》孙悟空灌河口大战二郎神素材就来自盐城，曹雪芹创作的《红楼梦》二孔原型，就是盐城徐铎的门生孔继涵、孔继涑兄弟，李汝珍以便仓枯枝牡丹等为素材写入《镜花缘》一书。群星璀璨的名人文化，具有巨大的文化感召力、地域凝聚力和核心吸引力，为盐都实施名人文化建设提供了广阔的空间和坚实的基础。在持续宣传、推介之下，盐都名人文化资源的社会认知度不断增强，学术研究成果不断涌现，品牌效应进一步提升，名人文化资源优势正在逐步转化为文化盐都建设和经济增长优势。全面开发区域名人文化资源，加强盐都名人文化建设，对于促进区域经济社会跨越式发展、可持续发展具有重大意义。

二、积极探索县域名人文化建设新路径

1. 制定县域名人文化建设规划

县域名人文化建设是一项长期工作，功在当代，利在千秋，必须着眼长远，立足现实，认真规划，切实抓好。一项工作成功与否与政府态度密切相关，要积极争取政府支持，把县域名人文化建设纳入经济和社会发展计划，纳入城乡建设规划，纳入财政预算，纳入体制改革，纳入各级领导责任制，创新管理体制机制，把县域名人文化建设的责任进一步具体化。县域名人文化建设规划在制定和实施过程中要广开言路，既要尊重专家看法，也要倾听当地人士意见，集思广益，力求完美。要分近中远期建设目标，梯次建设，分步实施。

2. 重视县域名人文化设施的建设

名人故居、名人纪念馆、名人遗址等是名人文化的载体，皮之不存，毛将焉附。没有载体，就难以凝聚名人文化。县级文化文物行政主管部门要统筹县域名人文化建设，树立品牌意识，落实各项措施，保护名人故居、名人墓、名人遗址等。根据不同情况努力抓好名人馆舍建设，具备条件的应单独建馆保护，暂不具备条件的也应在县级博物馆设立名人陈列厅来综合陈列史料实物。盐都区重点打造盐渎明城名人文化产业群、盐都世纪名人公园，盐都区博物馆重点打造盐都名人展厅、名人书法展厅；张庄

街道重点打造原仓头小学刘少奇旧居，重点保护汉代盐商古墓群；潘黄街道、学富镇、郭猛镇、北蒋街道、冈中街道、盐龙街道重点打造红色名人文化；滨湖街道重点打造以陈琳墓为主打的七子岛、王祥卧冰处、东晋城传说、宋曹祖居、郑板桥教书馆、名人影视基地等；鞍湖街道重点打造胡启东、胡乔木、胡公石三胡故里，整合胡乔木故居、胡公石墓、三胡陈列室等资源；龙冈重点保护商周古墓群，打造小秦王吆山赶海景点、薛仁贵征东传说、蟒蛇河传说、华都森林公园、盐龙湖生态文化园、民俗文化村；北龙街道重点打造以朱升墓为主打的朱升公园；楼王镇重点打造王氏、顾氏等明清老宅；秦南镇重点打造宋泽夫故居、陵园、纪念馆等；中兴街道重点打造成侍郎墓等；大冈镇重点打造盐官陈氏陵园；葛武街道重点打造郝柏村故居、郝氏宗祠；尚庄镇重点打造知识青年标兵董加耕知青文化、虎奶奶周纪珍的老虎鞋传统手工艺等。

3. 广泛征集保护县域名人史料实物

名人史料实物是名人灵魂所在，特别是回忆录、日记、自传、书信、诗文、书画等第一手资料弥足珍贵。相关部门应不拘一格，尽可能多地收集名人的史料实物，充实、丰富名人馆的收藏。史料征集中应尊重历史，力求全面，尽可能地保持原貌。只要是家乡名人的史料实物，都应该去收集并妥善保存。县域文献资源收藏部门，如博物馆、图书馆、文化馆、科技馆、方志办、档案馆等均可根据自身的特点和已有的基础，发掘自身的潜力和优势，分别去承担有关方面的盐都名人资源收集整理，加工与建库等工作，在分工进行的基础上，互通有无，互相弥补，协作互助，统一组织管理，统一软件联网系统，互联互通，资源共享。应联合其他机构共同开发县域名人资源数据库，通过县级文化资源共享工程，利用网络、数字化等技术，构建具有实践意义和服务价值的资源共享服务平台。

4. 提高社会力量参与县域名人文化建设的热情

县域名人文化建设单靠当地财政投入是远远不够的，亟须吸引社会力量参与县域名人文化建设。我国政府陆续制定有关用于调控的诸如税收、信贷政策，激励与引导个人、团体向名人文化建设等公益事业进行捐助。1999年全国人大常委会通过的《中华人民共和国公益事业捐赠法》将社会捐赠纳入法制轨道。2004年颁布实施的《基金会管理条例》广泛动员社会力量参与公益事业，明确了税收优惠政策，加大了税收支持和监管力度。2005年11月颁布的《中国慈善事业发展指导纲要（2006—2010）》明确指出，要推动完善慈善税收减免政策，发挥税收政策的引导作用，保护公共慈善捐赠的积极性。到2006年，国务院办公厅转发的财政部、中宣部《关于进一步支持文化事业发展的若干经济政策》中，详细规定了有关税收优惠政策的内容和范围。根据这个政策，社会力量通过国家批准成立的非营利性的公益组织或国家机关对宣传文化事业的公益性捐赠，经税务机关审核后，纳税人缴纳企业所得税时，在年度应纳税所得额10%以内的部分可以在计算应纳税所得额时予以扣除；纳税人缴纳个人所得税时，捐赠额未超过纳税人申报的应纳税所得额30%的部分，从其应纳税所得额中扣除。此外，开征遗产税和赠与税促进慈善捐赠等法律也正在积极酝酿，这些法规和措施提高了社会力量参与名人文化建设的热情。县级政府要认真落实支持文化发展的财政政策、税收政策、社保政策、土地城建政策、投融资政策、捐赠政策、物价政策等配套政策。优先安排重点名人文化项目建设，在立项、土地、规划、资金、建设等方面给予重点支持，加大投入力度；优先安排新建公益性名人文化设施用地指标，凡符合政策的非营利性名人文化项目用地以政府划拨方式提供。同时在返还土地收益、减免建设规费、税收政策、项目建设等方面给予支持。积极开展招商引资，降低准入门槛，落实优惠政策，引导、支持、鼓励各类社会资本进入政策允许的名人文化设施建设和产业领域，形成政府投入与社会投入相结合的多元投融资机制，多渠道解决名人文化建设的资金问题。设立名人文化发展专项基金和产业发展专项基金，鼓励支持对名人文化事业的各种捐赠，按照规定办理落实其所得税抵扣政策。

5. 加大县域名人文化研究开发力度，培养专门人才

（1）加大县域名人文化研究开发力度

县域名人文化学术研究水平的提高，需要县级政府大力扶持，提供充足的资金与研究力量，聘请国内外专家、学者、教授等。深挖本地的名人文化内涵，延伸研究领域，丰富研究内容，撰写高质量的学术论文，在国内外学术界造成一定的影响；创办高水平的学术期刊，提高整体业务水平；定期召开县域名人文化学术研讨会、高层学术论坛，提高国内外专家、学者、民间爱好者参与热情，促进学术交流，汲取同行新成果、新技术，突破学术研究瓶颈，争取在社会各界的共同努力下，使县域名人文化研究水平进一步提高。大力实施名人文化挖掘、保护、推介、转化战略，切实加强保护，全面宣传推介，推进转化利用，促进名人文化资源优势转化为文化繁荣和经济发展优势。发挥县级名人文化建设的示范、辐射、带动作用，全面推进县域名人文化建设，大力实施项目龙头带动战略，精心策划一批名人文化建设项目，实行整体推进，重点突破；大力实施产业龙头带动战略，加快发展名人文化产业，尽快形成规模，把名人文化产业培育成为县域新的经济增长点和支柱产业。充分利用名人文化资源，加大名人文化产业开发力度、品牌创建力度和配套服务业发展力度。推动名人文化与经济、科技、旅游、教育的融合互动，催生新型文化业态，延伸文化产业链、产品链、服务链、经营链，提升文化产业的核心吸引力和品牌竞争力，促进文化盐都建设，推动盐都区经济跨越式发展。

(2) 建立人才培养制度

要紧紧围绕盐都名人文化建设的需求，落实培训人才队伍、提高人才队伍素质的战略，以提高培训质量为主线，创新机制为重点，努力形成多层次、多渠道、大规模的教育培训工作新局面。大力培养县域名人文化建设的管理人才、理论研究人才、市场营销人才等复合型人才，为盐都名人文化建设提供智力支持和人才保证。根据盐都名人文化建设工作实际定岗定编，大力引进懂文化经营管理，具有战略思维和资源整合能力的复合型人才，熟悉国际惯例和规则，可以从事国际文化和交流的外向型人才。做好区、镇、村三级专兼职人员培训，建立一支较为稳定的多学科多专业复合型人才队伍，使盐都名人文化建设向纵深推进，让名人文化成为盐都一张靓丽的名片。

6. 营造良好的社会氛围

盐都名人文化建设要坚持舆论先行，重在引导、全面发动、大造声势。开展全方位、高密度、立体式、大容量的宣传教育。将宣传的触角延伸到县域的每个角落，形成人人关注盐都名人文化建设、个个为之出力的良好局面。要在媒体开设专栏，做到报刊上有文字，广播中有声音，电视里有图像，网络上有宣传，营造浓烈的氛围。利用政府、学校、社区、企事业单位等的宣传板报、画廊、橱窗进行宣传，在交通要道、大街小巷悬挂标语横幅，带领志愿者利用国际博物馆日、文化遗产日等在广场、居民小区设点宣传，做到宣传氛围随处可见，形成人人关注的浓烈氛围，增强人们自觉参与的意识。

盐都名人文化建设是一项系统工程，涉及面广，是一项长期工作，要稳步推进。相关职能部门要各司其职，齐心协力做好盐都名人文化建设工作，让盐都名人文化发扬光大，促进文化盐都建设，推动盐都经济跨越式发展。

第十节　发展地域文化产业

盐城历史悠久，地域文化底蕴深厚，历经数千年的传承发展，逐步形成了以蓝色海洋文化、红色铁军文化、白色海盐文化、绿色湿地文化"四色"为主具有鲜明特色的盐城地域文化，它是历代盐城人智慧的结晶。通过盐城地域文化的保护、开发和利用，既可以为盐城城市、经济、文化发展开辟和拓展新的空间，又可以充分发挥其凝聚力、渗透力和引领力，借此促进盐城文化产业的迅猛发展，为盐城的经济社会全面协调可持续发展做出重要贡献。

一、盐城文化产业发展现状分析

1. 文化体制亟待改革

盐城现有的文化体制机制已不能适应市场经济体制的要求，对盐城地域文化产业的发展已起不到推动作用，甚至拖文化产业发展的后腿。政府办文化的色彩仍然很浓，政企不分，政资不分。本该由市场调节的会展演出业，由政府大包大揽，后果可想而知。笔者认为除了图书馆、博物馆等公益性事业单位外，经营性文化单位应尽快尽早走进市场，管办分开，政府不要既当裁判员又做运动员。完善盐城文化市场准入和退出机制，鼓励和支持各类文化企业从事国家法律法规允许经营的文化及相关产业，引导社会资本以各种形式投资文化产业。支持民营文化企业参与文化产业项目和文化产业园区（基地）建设。加快建立健全现代企业制度、建立市场化运营机制，完善法人治理结构，科学确定内部架构设置、职工薪酬管理、目标绩效考核及人员优化配备方案，进一步规范企业经营行为，以此激发文化产业改革发展的活力，不断增强市场竞争力，在市场的风浪搏击中茁壮成长。

2. 人才队伍极其匮乏

文化产业发展离不开人才，人才短缺严重制约了盐城文化产业的发展。目前尤其缺乏文化创意领军人才和具有战略眼光、熟悉市场运作的文化经营管理人才。究其原因主要是盐城文化产业起步较晚，大多数文化企业都照搬过去的方法，重资金、人脉、场所、基础建设等，没有认识到人才的重要性。受传统的计划经济影响，盐城文化机制体制不完善，"等靠要"思想严重。从业人员工作的积极性、主动性、创造性严重缺乏。文化产业人才留不住，能力强的人才纷纷到北京、上海、广州等大城市发展。没有梧桐树，无法引得凤凰来。教育做得不到位，产学研脱节，学校培养的人才不适应市场。

3. 科技含量明显偏低

盐城文化产业科技含量普遍不高，缺乏创造性，没有自主知识产权的拳头产品，大多数是模仿生产、代工等。盐城不少文化企业都是由原来的事业单位改制而来，如江苏省淮剧团有限公司、盐城市新华书店、盐城市网络有限公司等，企业的发展不是靠市场，而是沿袭了计划经济时代的思维模式，依靠政府、领导、人脉等。没有充分认识到文化产业的发展应该靠人才、靠高新技术、靠市场。科技创新，人才是关键。国际一流的科学大师、科技领军人物，可以带出高水平的创新型科技人才团队，创造出世界领先的科技成果，引领具有活力的新兴产业。盐城的文化企业如果不从盐城制造向盐城创造发展，后果不堪设想。

4. 运行资金严重短缺

盐城从事文化产业的企业大多数都是小企业，运行资金严重短缺。现有的文化产业引导资金投入、立项、用地、税收、信贷、融资、社会保险等方面政策还不够完善。投融资体制机制亟待创新，各类银行、产业基金、风险投资等，对垄断项目和大型知名企业青睐有加，而对盐城中小文化企业不感兴趣，认为投资风险大，投资回报低，甚至可能血本无归。盐城的中小文化企业，在企业规模、企业信用、企业法人制度、企业内部管理方面，都难达到金融机构的要求，从而导致大多数盐城文化企业融资无门，企业无法发展壮大，难以发展壮大的文化企业更难融资，这样就陷入恶性循环。盐城的文化企业如果不解决融资问题，想要有大的作为是极其困难的。

二、探索盐城地域文化产业发展新路径

1. 创新三个机制

（1）创新盐城地域文化管理运行体制机制

习近平指出，深化经济体制改革，核心是处理好政府和市场关系，使市场在资源配置中起决定性作用和更好发挥政府作用。这就要讲辩证法、两点论，"看不见的手"和"看得见的手"都要用好。关键是加快转变政府职能，该放给市场和社会的权一定要放足、放到位，该政府管的事一定要管好、管到位。盐城现有的文化管理运行体制机制严重束缚文化产业发展，政府办文化、管文化的色彩较浓。体制机制问题关乎全局和基础，要坚决破除体制机制障碍。要实行管办分开，该管的管，该放的放。政府应该为文化企业提供一个公开公平公正、充分竞争的平台，要在项目立项、用地、税收、信贷、融资、社会保险、职称评定、文化产业引导资金等方面提供优惠政策，健全激励机制。

（2）创新盐城地域文化产业投融资机制

要积极实施市场化运作，提高盐城市文化产业投融资水平。采用文化项目和文化产品的投贷组合融资模式，收入质押创新模式，网络化、社会化高度协同的投融资模式。通过政府、银行、专业的文化产业投资基金和市场研究机构、保险公司共同合作的方式，从市场调研到风险评估、从政府项目和版权备案到运营保险、从创作机制到市场营销，在各方面进行一系列结构化的设计，从而发挥各方作用，分散风险并各取收益。设立盐城市文化产业投融资基金，对盐城市文化产业的发展与运营给予专项资金支持。引导社会资本以各种形式投资文化产业。

（3）探索盐城地域文化产业的技术创新机制

盐城市要在"互联网+"的背景下，积极发展基于网络的文化产品，推动文化生产方式、消费方式和服务方式创新。加快引进一批新兴文化业态，在土地使用、资金投入等方面给予支持。鼓励和扶持文化创客，推动大众创业，万众创新，加强对小微文化企业的培育和扶持，促进文化领域创业创新。大力推动文化创意设计与装备制造业、旅游业、农业和体育产业等深度融合，提升文化产业发展综合效益。推进制度创新、管理创新和

技术创新，实现由产业扩张向产业升级转变，促进文化资源优势转变为文化产业经济优势。加大力度引进亟需的科技人才、先进的技术设备，提高科技含量。设立盐城市科技创新专项风险投资基金，加大对文化企业进行技术创新和产业升级的资金投入力度。打造文化产业创新平台，加大研发力度，从盐城制造向盐城创造迈进，走出自己的发展创新之路。

2. 打造三个平台

（1）打造盐城地域文化产业人才平台

打造盐城地域文化产业人才平台，实施校企对接，探索"厂中校""校中厂"模式、"产学研"一体化模式，大力培养盐城地域文化产业管理人才、理论研究人才、市场营销人才等，为盐城地域文化产业科学发展提供智力支持和人才保证。加大紧缺领军文化人才引进力度，优化人才引进的政策环境和文化环境，完善激励机制，对做出突出贡献的领军人才给予重奖，在住房、职称、家属安置等方面实施绿卡政策，放大激励效应。构建多元人才投入机制，加大政府引导投入，强化企业主体投入，鼓励社会参与投入。近几年来，盐城已先后引进国家"千人计划"专家100人、海归人才1000多名、"双创领军"人才800多名，入选省"双创计划"、省"双创团队"、省"博士集聚计划"的数量，连续3年名列苏北第一。

（2）打造盐城地域文化产业研究平台

盐城地域文化产业学术研究水平的提高，需要各级政府大力支持，提供充足的资金与研究力量，聘请国内外专家、学者、教授等。深挖盐城地域文化及文化产业内涵，延伸研究领域，丰富研究内容，撰写高质量的学术论文，在国内外学术界形成一定的影响；成立盐城地域文化产业研究会，充实本地研究力量。加强盐城考古队伍的建设，通过对盐城地域文化物质和非物质遗存进一步普查，发现新的盐城地域文化遗存。创办高水平的学术期刊，提高整体业务水平，创办盐城地域文化产业网站。定期召开盐城地域文化产业学术研讨会，促进盐城地域文化产业研究水平进一步提高。

（3）打造盐城地域文化产业宣传平台

要拓宽宣传推介渠道，有针对性地开展网上推介、媒体推介、会展推介以及专题推介、定向推介等多种形式的推介宣传活动，积极打造盐城地域文化产业宣传平台。盐城地域文化产业发展要坚持舆论先行，实现向各类人群、媒体、公共空间、文化宣传阵地的全面覆盖。积极拓展微博、微信、微视、微电影、手机客户端等网上传播平台，充分运用各类文艺作品和群众性文艺活动。建设一批主题公园、街道、小区、广场，营造浓厚社会氛围。盐城市着重打响旅游品牌，先后在央视《新闻30分》《朝闻天下》《走遍中国》，以及北京、上海、南京高铁站，首都机场，沪宁、盐徐、沿江高速等进行城市形象宣传，与新浪江苏、凤凰江苏、人民网、腾讯、同程等5家主流网络媒体合作营销，开通盐城城市问候语短信等。"盐城，一个让人打开心扉的地方"叫响大江南北。

3. 加大三个力度

（1）加大打造盐城地域文化品牌产品力度

盐城红色铁军文化、白色海盐文化、绿色湿地文化、蓝色海洋文化等四色盐城地域文化内涵丰富。白色象征着海盐历史永续，红色象征着革命岁月峥嵘，绿色象征着湿地自然恩宠，蓝色象征着盐城文化继往开来。盐城市文化旅游事业，以此作为品牌，推进旅游业发展不断取得新的成效。2018年，盐城市共接待海内外游客3333.9万人次，比上年增长13.7%，实现旅游总收入374.2亿元，比上年增长16.9%，旅游外汇收入8821.9万美元，比上年增长7.4%。景区建设进一步加快。东台黄海森林公园创成省级旅游度假区，盐城市共有6家省级旅游度假区，总数位列全省第二。2018年，创成国家4A级旅游景区4家，盐城市共有国家4A级以上景区17家，位列全省第五。乡村旅游集聚发展。大丰丰收大地创成省五星级乡村旅游区，盐城市共有4家省五星级乡村旅游区，位列全省第二。旅游业态更加丰富。荷兰花海在省首批13家省级旅游风情小镇考核中名列优秀等次（全省仅3家）。旅游品牌渐已打响。盐城市荣膺"2018锦绣中国榜·新时代中国最佳文化旅游名城""2018最美中国榜·首批全国优质康养休闲旅游胜地"等称号。以此为契机，把盐城地域文化资源进行合理有效配置，使资源优势转化为产业优势。利用盐城地域文化品牌效应，促进发展盐城文化服务业和文化贸易业，巩固提升文化制造业，加快文化产业结构调整和转型升级。

（2）加大盐城地域文化注册商标战略力度

盐城市要从实际出发，大力实施盐城地域文化注册商标发展战略。强化对商标注册和名牌商标培育的指导服务，促使更多的名牌商标脱颖而出。坚持把商标注册作为实施商标战略的一项基础性工作来抓。对已具备一定生产规模和市场潜力的产品，指导生产经营者及时办理商标注册；坚持把文化企业创名牌商标作为实施商标战略的关键环节来抓。积极向企业宣传名牌商标的评审标准、申报条件、认定过程等知识；大力推进企业应用高新技术改造传统产业，加快高新技术的产业化和国际先进标准的采用，提高产品的技术含量和市场竞争能力；引导文化企业加强对商标的形象宣传和广告宣传，不断扩大名牌商标产品在国内外市场的知名度。积极开展知名商标认定和驰名、著名商标推荐申报工作。依靠技术进步，加强质量管理，提高文化企业创名牌商标的能力，积极发展壮大名牌商标，充分发挥名牌商标对经济发展的支撑和带动作用。

（3）加大盐城地域文化知识产权执法力度

加大盐城地域文化知识产权执法力度，认真履行商标监督管理的职能，积极开展打假行动。工商、文化、公安、海关、检察院、法院、司法等部门要加强协作，严厉打击假冒文化企业注册商标专用权的违法犯罪行为，及时有效地保护文化企业商标权益。加大典型案件的查处力度，震慑违法犯罪分子，盐城地域文化品牌才会有发展余地。要为文化企业实施商标战略提供优质服务，在政府的统一领导下，文广、发改、经信、财政、质监、民政、规划、城管、农委、科技、金融等有关部门协调配合，充分发挥各部门的职能作用，齐抓共管，共育共培，为文化企业培育发展名牌商标当好参谋、搞好服务。盐城市加大知识产权工作力度，在全省率先设立市政府专利奖，强化对科技型中小企业知识产权知识的培训和服务，建立了知识产权维权中心，积极保护中小企业创新权益，2018年全年申请发明专利10547件，同比增长15.4%。

盐城地域文化产业发展是一项系统工程，涉及面广，是一项长期工作，牵涉方方面面，不可能立竿见影，要分步实施。积极探索盐城地域文化产业发展新路径：创新三个机制，打造三个平台，加大三个力度。盐城地域文化的软实力可以转化为文化产业发展的硬实力，充分发挥其凝聚力、渗透力和引领力，提升城市竞争力，促进城市发展。

第十一节　开发地域文创产品

县级图书馆地域特色文创产品研发，为培育践行社会主义核心价值观和传承弘扬中华优秀传统文化提供了一个有效载体。打通了文化事业和文化产业的通道，促进文化事业与文化产业融合发展，实现中华优秀传统文化创造性转化和创新性发展。

一、县级图书馆文创产品开发的意义

1. 有利于打造城市名片

随着时代的发展，城市化进程加快，城市形象日益趋同。一座缺乏文化底蕴的城市，不可能成为令人仰慕与向往的魅力之都。独特的文化品位，形成独有的形象定位。建设现代化城市，提升城市魅力，需要形成城市自身特色。将地域文化与现代城市建设相结合，亮出城市个性，打造地域城市形象和品牌显得尤为重要。县级图书馆利用地域文化开发独具特色的文创产品，能够塑造独特的城市风格，展示地域风韵，弘扬特色文化，彰显城市个性，践行核心价值。独具特色的文创产品开发，带来经济效益的同时，也使得地域文化的渗透力不断增强，对县域经济发展产生促进作用，为城市发展做出贡献，地域文化成为县域对外交流的一张靓丽名片和特色文化品牌。要大力提高地域特色文创产品的品位和质量，引领县域文创产品向高峰进军。

2. 有利于阅读推广工作向纵深推进

县级图书馆文创产品开发是一个新课题，是新时代的呼唤。县级图书馆打造的人才、研发、销售等平台，有利于提高公共文化服务供给的多样性，有利于全民阅读推广工作向纵深推进。以盐都区为例，盐都区图书馆是国家一级图书馆，江苏省社科普及示范基地，该馆依托区、镇、村、户四级服务网络平台，利用盐城地域文化资源开发的文创产品，丰富了读者的业余文化生活，服务直接到户，解决了服务基层的多年难题，为县域公共文化服务体系建设提供新的平台。

二、县级图书馆文创产品开发存在的问题

1. 文化体制亟待改革

县域现有的文化体制已不能适应市场经济运行机制，对文创产品的开发已很难起到促进作用。笔者认为应管办分开，不要既当裁判员又做运动员。采用多样性、最适合自己的办法，让政府和市场"两种力量"同时发力，形成高效务实的运转机制。制定和完善县域人才培养引进政策、扶持文化产业发展准入政策、投融资政策、品牌培育政策、文化资源保护和开发利用政策等。通过建立完善扶持县域文化产业发展的系列政策，为县级图书馆文创产品研发创造宽松良好的环境。

2. 科技含量明显偏低

县级图书馆文创产品开发的科技含量偏低、创新能力不强，缺乏市场竞争力，经济效益不高。县级图书馆文创产品开发要实现快速可持续发展，应紧紧依靠高新技术作为支撑。如《印象大红袍》山水实景演出是由张艺谋导演，以双世遗产地——武夷山为地域背景，以武夷山茶文化为表现主题的大型实景演出，吸收了大量茶农参演，茶农白天种茶、晚上演出。几乎每场演出都人满为患，一票难求。茶文化开发效益明显。

3. 运行资金严重短缺

县级图书馆经费一般只够维持日常运转，用来从事文创产品开发的资金明显缺乏。县级图书馆文创产品开发还处于事业发展的初级阶段，规模小、经营分散。这些刚刚搭建起来的"小舢板"，虽然在项目审批、资质认定、融资等方面与国有文化企业享受了同等的"国民待遇"，但县域投融资体制机制僵化，资金投入捉襟见肘，在发达国家和相对成熟的产业中最为有效的产业基金和风险投资等方式尚未发挥作用。那些掌握着大量社会财富的银行大多着眼于传统的工业行业或垄断项目，对规模小、经营分散的文创产品开发根本不拿正眼瞧。县级图书馆对文创产品开发的资金需求可以说十分迫切。

三、县级图书馆文创产品开发的优势

1. 文献资源优势

县级图书馆文创产品开发要充分利用馆藏地方文献资源。如盐都区图

书馆利用馆藏的地方文献资源，开发富有盐城地域特色的纪念封、剪纸、柳编、面塑等文创产品。打通文化事业和文化产业的通道，促进文化事业与文化产业融合发展。2017年9月16日，经江苏省邮政管理局批准，由盐都区图书馆开发的文创产品——《纪念徐秀娟牺牲三十周年》纪念邮资信封，首发仪式在盐都区和悦读书会举行。该纪念信封左侧印有徐秀娟烈士雕像及丹顶鹤图案，信封中间位置印有纪念戳，背面印有二维码。在徐秀娟烈士牺牲30周年之际，盐都区图书馆以文创产品的形式纪念她、回顾她感人的故事，总觉得有一根线在贯串着，有一盏灯在照耀着，有一面旗在飘扬着，这根线就是社会主义核心价值观，这盏灯就是中华优秀传统文化，这面旗就是中国共产党全心全意为人民服务的宗旨。

2. 阵地设备优势

县级图书馆拥有馆舍、设备等优势，开发的数据库、图书、连续性资源、文章、图像、音频、视频、网页等可以被国家数字图书馆推广工程元数据仓储项目收录。县级图书馆可以利用国家数字图书馆推广工程的资源进行文创产品的开发。如盐都区图书馆建立了区、镇、村、文化中心户四级服务网络，总馆建筑面积6000平方米，拥有报纸阅览室、期刊阅览室、盲人阅览室、电子阅览室、少儿阅览室、亲子阅览室、地方文献室、展览区、学术报告厅、研讨区等多种服务设施，拥有大量纸质和数字资源。在文创产品开发方面拥有得天独厚的优势，有利于文创产品研发工作向纵深推进。

3. 专业人才优势

充分利用县级图书馆的专业人才，使县域文化遗产得以生动鲜活地保存，同时可以开发出大量地域特色的文创产品。如盐都区图书馆整合社会资源，打造盐都区和悦读书会平台，常年开展盐城地域文化的历史起源、发展、演变、内涵、保护研究及文创产品开发工作。利用盐城红色铁军文化、蓝色海洋文化、白色海盐文化、绿色湿地文化等，开发了一系列具有浓郁盐城地域特色的文创衍生产品。县级图书馆还可以利用古籍修复等方面的专业人才的业务技能进行市场拓展。

四、探索新时代县级图书馆文创产品开发新路子

1. 打造文创产品研发平台

县级图书馆要积极打造文创产品人才、研发等平台，开办培训班培训

县、镇、村、户四级图书馆服务网络人员，培养文创产品专业人才。县级图书馆要充分整合各种资源，开拓性地利用县域地域文化资源开发文创产品，推动中华优秀传统文化创造性转化，创新性发展。如为了打造盐都籍名人曹文轩名片，由盐都区图书馆创意，其家乡盐都区中兴街道投资兴建了曹文轩草房子乐园。从2014年开始在其家乡周伙村高标准规划、高标准建设"草房子乐园"，全力打造集乡土文化、少儿教育、乡村旅游、体验基地为一体的文化创意乐园，目前已是火爆的旅游景点，成为盐都区对外交流的名片，实现社会效益和经济效益双丰收。孩子们接连不断地走进曹文轩代表作《草房子》里的油麻地小学，寻觅原著中描述的水乡童趣。盐都区图书馆与盐城市图书馆联合发行了《文韵盐城·民风民俗卷》一书；与盐城市收藏家协会联合研发了系列纪念封；与区文化馆联合研发了非遗系列邮品；与盐都区北龙港剪纸协会联合研发了系列剪纸产品；与盐都区龙冈文化站联合研发了柳编、面塑等系列产品；与江苏省非物质文化遗产传承人周纪珍联合研发了老虎鞋等。

2. 拓展文创产品营销渠道

县级图书馆要多方位开拓发展销售渠道，首先，县域拥有很多资源，可供县级图书馆进行文创产品开发，研发出来的文创产品要进行商标注册，逐步打造成品牌。如盐都区图书馆利用社会资源创办的盐都区和悦读书会，围绕"动、静、研、宣、新、恒"六字诀开展活动，活动经验在全省及大运河沿线城市推广。利用盐城地域文化资源开发的新四军成立80周年等一批纪念封、老虎鞋、面塑、剪纸等已走向市场，产生较好的效益。利用盐都名人陆秀夫、孙坚、朱升、徐铎、杨瑞云、陈琳、宋曹、胡乔木、沈拱山、宋泽夫、曹文轩、董加耕、李国文、朱亚文等开发系列文创衍生产品。名人效应相当于品牌效应，可以带动读者，可以吸引大量粉丝。名人与读者零距离接触，可以凝聚人气，激发读者求知热情。盐都区图书馆的名人文化系列文创产品研发，有利于盐城名人文化资源的保护、开发和利用，对增强盐城文化软实力、综合竞争力，有一定的作用和意义。其次，要加大宣传力度。好酒也怕巷子深，有了好的文创产品，更要加大宣传力度。要充分利用传统媒体如报纸、期刊、电视台、电台等，新兴媒体如网站、App、微信公众号、QQ群、微信群、微博、博客等的融合效应。做到报刊有文字，电视有图像，电台有声音，网络有资讯，日日宣，月月有，坚持不懈，会产生化学反应，收到意料之外的收获。

3. 促进文化旅游融合

从国家层面来看，新组建了中华人民共和国文化和旅游部，诗和远方走到了一起。说明国家高度重视文化旅游融合。文化是文旅产业的灵魂，文化旅游的核心是创意，富有文化创意的项目才能吸引消费人群。盐都区图书馆给盐都区旅游局提供参考咨询，区旅游局大力推进文化和旅游融合，利用地域文化资源打造特色品牌，把全区的旅游项目当成一个大景区的文化旅游产业来组织和运作。重点打造曹文轩草房子乐园、盐都区民俗博物馆、盐渎明城风景区、龙冈桃花园、大纵湖旅游风情小镇、杨侍农业生态园、台创园、三官农庄、仰徐乡村乐园、胡乔木生平陈列馆、胡公石艺术馆、郝柏村故居、朱升墓、沈拱山墓、宋泽夫墓、非遗民俗街区、淮韵古戏台等景点。层层推进，促进文化旅游产业均衡发展、特色发展，不断提升文化旅游的颜值和内涵，推动地域文化资源转化为特色文化品牌。

县级图书馆文创产品研发、营销是一个新课题，是新时代的呼唤。是一项只有起点，没有终点的创新工作。县级图书馆要充分挖掘地域文化资源，积极研发文创产品，培育践行社会主义核心价值观，传承和弘扬中华优秀传统文化。

第六章

探索新时代阅读推广工作的新路径

第一节　书香盐都建设实施方案

为了深入开展全民阅读活动、加快推进书香盐都建设，2013年底，根据江苏省全民阅读活动领导小组有关文件要求，结合盐都实际，特制定本方案。

一、指导思想

为深入贯彻党的十八大、十八届三中全会和习近平总书记一系列重要讲话精神，立足"文化盐都"建设和推进人的现代化建设根本要求，以开展全民阅读活动为主要途径，以实施"六大阅读工程"为主要任务，以开展书香建设系列活动为主要抓手，激发阅读热情，培育阅读习惯，满足阅读需求，提高阅读水平，在全区形成"多读书、读好书"的浓厚氛围和创新创造、活力迸发的生动局面，为建设创业、开放、生态、幸福新盐都提供强大思想保证、精神动力、智力支持和文化条件。

二、工作目标

到2015年，全区居民综合阅读率达到85%，到2020年，全区居民综合阅读率达到90%，各项主要阅读指标位居全市前列。主要体现在以下四个方面：一是形成人人为创业创新、修身上进而愿意读书、主动读书的社会引导机制；二是优化推荐好书、销售好书，使人们能够真正读到好书的阅读环境；三是建立覆盖城乡、实用便利、运转高效、保障有力的公共阅读服务体系；四是健全党政推动、部门配合、专家指导、社会参与的全民阅读领导体制和工作机制。适应"文化盐都"建设的需要和人们对美好生活的向往，让阅读真正成为盐都人的一种生活方式和精神特质，让书香成为"文化盐都"的重要内涵和显著标志，让盐都大地处处书香充盈，人人因读书而精彩，家家因书香而幸福，城乡因书香而美丽。

三、主要任务

1. 实施阅读文化培育工程

优化阅读改变命运、实现人生价值的社会环境,倡导因崇尚读书、热爱读书而受人尊重的独特盐都文化价值。充分发挥报刊、广播、电视、网络以及户外广告等各类媒介在培育阅读文化中的重要作用,形成书香盐都建设的浓郁氛围。加大版权保护力度,深入开展"扫黄打非",净化线上线下出版物市场环境。

2. 实施阅读精品引领工程

科技工作者、文艺工作者等要加强合作,多出好书,优化出版结构,提高原创水平,为全民阅读提供思想性、艺术性、科学性俱佳的精品力作,吸引人们走进书本,不断提高阅读的深度和品位。成立阅读专家指导小组,按照价值引领、群众喜爱、专家评价、市场检验相统一的标准,定期推荐一批优秀出版物。区广电、报社、政府网等主要媒体要开设读书专栏、专题,广泛宣传阅读,精心指导阅读。

3. 实施阅读阵地提升工程

图书馆要巩固国家一级馆的创建成果,加大现代化、数字化建设力度,打造集阅读、展示、教育、培训和交流为一体的服务平台,积极为基层阅读站点提供通借通还、流转更新等方面的技术支持,充分发挥全民阅读主阵地作用。实施农家书屋、社区书屋、职工书屋、文化中心户等提升工程,加快推进城乡阅报栏(屏)建设,合理布局设置报刊亭,倡导扶持家庭书架、书房建设,在公园、宾馆、游客中心等窗口区域开辟书香气息浓郁的阅读空间。整合利用好文化信息资源共享工程、有线电视"村村通"工程、互联网"校校通"工程、农村党员干部现代远程教育工程等。加强数字阅读服务内容建设,集聚优质阅读资源,加强深阅读、精阅读和点单阅读服务,传递文明阅读正能量,促进数字阅读健康发展。继续开展好农家书屋评比活动,到2015年底,全区建成星级农家书屋29家,其中五星级书屋3家,四星级书屋6家,三星级书屋20家,书屋图书更新总量达35%,建成数字农家书屋222家,农家书店3家,阅报栏(屏)180个,文化中心户达420户。

4. 实施阅读分众服务工程

通过培育合格父母、辅导亲子阅读、开展阅读指导、开辟校外阅读与实践基地等，建立健全学校、家庭、社会有机结合的幼儿和中小学生阅读服务体系。建立健全领导干部述学评学考学奖学等制度和融选修、培训、中心组学习为一体的阅读服务体系。建立健全培育知识型职工、建设学习型机关企业、推动自主创新和转型升级的阅读服务体系。建立健全阅读惠民帮扶体系，着力解决没有条件阅读、没有能力阅读、没有习惯阅读、没有动力阅读的特殊群体中存在的困难和问题。

5. 实施阅读活动示范工程

以"建设书香盐都，服务'两高'追求"为主题，广泛动员社会力量，精心组织影响力大、带动力强的读书节和书展、书市等活动。按照导向性、广泛性、创新性、有效性和项目化、常态化等要求，选树一批具有盐都特色和广泛影响的全民阅读示范项目、活动品牌，重点打造好农民读书节、农业科技大讲堂、农民摄影大奖赛等精品项目。紧密结合精神文明创建，大力开展书香村镇、书香社区、书香机关、书香校园、书香企业、书香家庭等建设活动，着力提升人们的文化素养、精神气质和发展本领，为人的现代化建设注入新的活力。

6. 实施阅读推广参与工程

积极调动领导干部、专家学者、文化工作者、社区教育工作者、大中专学生、"五老"志愿者和社会各界人士参与阅读志愿服务的积极性，构建参与广泛、形式多样、活动经常、机制健全的全民阅读志愿服务体系。建设一支热心全民阅读公益事业的专兼职推广员队伍，加强专业知识技能培训，为公共阅读服务机构配备数量适宜的阅读推广人。

四、组织活动

1. 举办农民读书节

每年举办农民读书节，通过举办读书节开幕式、各类主题阅读活动、"三农"出版物惠农大展销、农业科技大讲堂、农民书展、评选优秀农家书屋管理员等形式，培养农民阅读习惯，激发农民阅读热情，促进全民阅读活动在农村的深入发展。

责任单位：区文广新局、盐都新华书店。

2. 举办"书香盐都"摄影大赛

围绕"建设书香盐都,服务'两高'追求"主题,每年举办一次"书香盐都"摄影大赛,动员广大摄影爱好者深入城乡基层读者之中,用图像生动反映各地各部门深入开展全民阅读的情况和广大干部群众的读书风采。

责任单位:区文广新局、区摄影家协会。

3. 举办读书征文演讲比赛活动

每年举办一至两次读书征文演讲比赛活动。动员广大读书人撰写读书心得,积极参与读书征文演讲比赛,弘扬读书的正能量。

责任单位:全民阅读活动领导小组各成员单位。

4. 开展送书下乡活动

每年安排一定资金,购买一批图书,进一步充实农家书屋、文化中心户的藏书量,为当地居民好读书、读好书创造条件。

责任单位:区文广新局、盐都新华书店。

5. 开展"书香之乡""书香之家"评选活动

通过动员、评选、奖励等形式,培育一批"读书带头人",发挥典型示范引导作用。

责任单位:区文广新局。

6. 开展"文化中心户"家家到活动

选择30家文化中心户典型,组织文艺工作者、科技工作者、各有关部门人员到这些文化中心户参观学习,学习他们认真读书、引导读书的学习热情和工作精神,以进一步推进全民阅读活动的深入开展。

责任单位:区文广新局。

五、保障措施

1. 组织保障

各级党委政府要高度重视全民阅读工作,并纳入当地国民经济和社会发展总体规划和城乡建设整体规划,纳入政府重要议事日程。要成立全民阅读活动领导小组,由政府分管负责人任组长,相关部门负责人为成员,统筹协调、指导、督查全民阅读工作。全民阅读活动领导小组办公室设在新闻出版行政部门,要明确专兼职工作人员,负责日常组织协调工作。有关部门要明确职责，密切配合，找准工作着力点，推动各项工作落到实处。

2. 制度保障

建立考核机制，实行全民阅读活动工作目标管理责任制，将居民综合阅读率作为重要考核内容，对工作突出的单位和个人予以表彰。

3. 人员保障

各地各部门要有专人负责全民阅读工作。建立辅导培训机制，对分管负责人和专职人员要定期、不定期地组织培训，以不断提高其服务水平。

4. 措施保障

要大力探索，积极创新，采取菜单式服务（缺什么，补什么；需要什么，配送什么），阅读阵地拓展（如开展"书香企业""书香宾馆"建设），定期、不定期巡查监督等措施，做好做实农家书屋提升工程，不断提高整体水平，努力打造名副其实的"书香盐都"。

5. 经费保障

建立健全全民阅读活动经费投放保障机制，将其纳入同级财政预算。每年确保公共财政用于全民阅读和书香盐都建设支出的增幅高于经济增长速度、高于财政支出增长幅度。设立区全民阅读专项资金，每年投入80万元以上。鼓励和引导社会资本、民间资本参与全民阅读，不断拓宽经费来源渠道。

第二节 盐都总分馆制建设方案

为构建现代公共文化服务体系，促进全民阅读，推动社会主义文化繁荣兴盛的新要求，努力建设群众满意的文化阵地，加快阅读阵地的提档升级，2015年初，我们实行总分馆制建设，制定本方案。

一、指导思想

根据文化部等五部门《关于推进县级文化馆图书馆总分馆制建设的指导意见》文件精神和省、市业务部门指导意见，实行区级公共图书馆总分馆制建设，旨在统筹区域公共图书资源，提高现有公共文化设施和图书资源利用率,更好满足农村群众读书看报及享受数字资源的需求。

二、组织机构

为加强对区级图书馆总分馆制建设工作的组织领导与协调,成立了图书馆总分馆制建设工作领导小组。

三、目标任务

按照"政府主导、统筹规划、分级管理、资源共享"的原则,整合资源、优化配置,以保障全区居民基本文化权益、满足文化需求为出发点,按照普遍均等、方便快捷的要求,加快构建以盐都区图书馆为总馆,各镇、街道(社区)图书馆,农家书屋为分馆,吸纳大型企业、学校等其他单位图书馆加盟的图书馆总分馆服务体系,形成全区图书馆(室)全覆盖,实用高效的公共图书服务体系,优化全区文献资源布局;共建、共享各类型数字资源,激活我区现有文化资源存量,实现图书馆资源的优化组合与共享。

四、时间步骤

2016年,完成所有镇(街道)图书馆分馆建设任务;2017年,完成50个村(社区)图书馆分馆建设任务;2018年,完成100个村(社区)图书馆分馆建设任务;2019年,完成100个村(社区)图书馆分馆建设任务。

五、经费保障

上级专项经费、区配套资金。

六、建成后的运行与管理

盐都区图书馆是盐都区的中心馆,处于总馆地位,以盐都区镇、村馆为主体,同时吸收各类图书馆参加,形成一个以中心馆为主导,各级各类图书馆紧密合作的网。各自独立、具有一定功能的图书馆(室),在不改变原有行政隶属、人事和财政关系的情况下,自愿参加到公共服务体系,接受中心馆的管理与指导,成为其分馆之一。分馆的管理软件安装、图书著录、网费、电脑、图书添置、空调、书柜、阅览桌椅均由区财政投入。各分馆都安装了与总馆一致的汇文图书馆自动化管理系统,读者只需持读者证就可以在所在的分馆和盐都区图书馆之间实现通借通还。总馆的义务主要表现在:一是业务指导,即对分馆的基础业务进行规范化、科学化指导;二是技术支持,即对分馆无偿提供管理技术支撑;三是业务培训,即为分馆管理人员进行业务知识的传授与实际操作技能的训练,直至能独立操作为止;四是文献共享,即总馆提供一定数量的文献供各分馆使用,其文献的财产权属总馆。

第三节 用社会力量办农家书屋

随着新农村建设的推进,社会力量办农家书屋的热情高涨,极大地促进了农家书屋的发展。发展农家书屋意义重大,在办农家书屋时,政府要起到主导作用,建立扶持和激励机制,建立高效、透明的运行机制,提高社会力量办农家书屋的积极性,满足农民日益增长的精神文化需求。

一、农家书屋发展的战略意义

1. 从政治角度讲,是巩固执政之基的需要

利用农家书屋构建村级公共文化服务体系,使占总人口1/2的广大农民共享改革开放成果,走上富裕道路,不断满足其日益增长的精神文化需求,对提高党的执政能力和巩固党的执政基础意义重大。这关系到政权的稳固,关系到党和国家的长治久安。农家书屋要抓住这个机遇,服务新农村,服务新农民,为维护农村的稳定与发展做出应有的贡献。

2. 从文化角度讲,为构建村级公共文化服务体系提供平台

中华民族伟大复兴,离不开农民富裕和发展;小康目标实现,离不开农民素质的提高。农家书屋是农村精神文化重要阵地和科技兴农的重要窗口,是村级文化、教育和信息交流中心,它的优势是最接近农村、农民,最了解农民,因而肩负着为构建村级公共文化服务体系提供平台的历史使命。

3. 从社会角度讲，是构建和谐社会的战略措施

目前，我国城乡之间文化权益不公平现象十分突出：城镇文化生活丰富多彩，农民文化生活相当贫乏，一部分进城务工农民仍然处在除了干活就是睡觉状态，享受不到基本文化权益。这种城乡之间文化权益不公平现象导致农民心理失衡，成为影响社会稳定、引发政治事件的源头，成为和谐社会建设的障碍。以农家书屋为核心构建村级公共文化服务体系，是实现和保障农民群众基本文化权益，促进和谐社会构建的战略措施。这个体系要求很高，是一个覆盖新农村的、比较完备的体系。

4. 从经济角度讲，促进农村经济发展

发展农家书屋可以为农村经济发展提供智力保障。农村经济的发展是保持国民经济平衡较快发展的新动力。我国国民经济发展靠投资、消费、出口这三驾马车拉动。国内需求不足，消费不旺，关键是农村市场亟待开发，农村是我国潜力巨大的市场，是我国经济增长最可靠、最持久的动力源泉，几亿农民的需求将给中国经济增长带来无限动力。可以说，随着新农村公共文化服务体系不断完善，可以促进农村文化市场开发，激活农村巨大需求，这将促进新农村经济又快又好发展。

二、社会力量办农家书屋的模式

1. 以副养文农家书屋模式

盐都区尚庄镇姚伙村"绍琪农家书屋"，是该村68岁农民乐绍琪于2007年元月创办的，初时是石棉瓦棚子，书屋运转靠他种田和书屋一角的小卖部维持。农家书屋虽然简陋但来看书读报的人却很多，一年四季生机勃勃。借助农家书屋，他设立农业咨询点，开通农技热线，免费为群众提供测土配方、平衡施肥和农技咨询等活动。几年来，多次接待省、市、区有关领导参观指导，随着书屋看书读报的人越来越多，书屋名气越来越大，简陋的书屋已不能满足群众日益增长的文化需求。为了重建书屋，他想尽办法，多方筹措资金。盐都区文广新局、尚庄镇党委政府和盐城市区两级机关工委、农委、国土局领导特事特办为乐绍琪办理相关手续，给予大力扶持。2011年7月，一座400平方米的新书屋建成了，现有图书8000多册，报刊20多种，新书屋已成为盐都区融科技文化、农技服务、娱乐休闲为一体的农家书屋示范典型。新书屋还开了超市为农民提供送货

上门服务，代收电费、电话费和代售飞机、火车、汽车票等，为广大农民提供宽广服务平台。书屋为农民服务的同时增强了自身造血能力。有奉献就有收获，"绍琪农家书屋"2007年12月被江苏农业科技报社表彰为2007年度"优秀农技咨询点""农技服务品牌店"；2009年3月，乐绍琪先进事迹被评为区"2008年十佳文明新事"；2009年12月，乐绍琪被江苏新闻出版局表彰为"百家农家书屋先进个人"；2010年9月被评选为市"第二届道德模范"；2010年10月被市委、市政府表彰为"关心下一代先进工作者"；2012年2月获"十大三农人物"提名奖。

2. 个人独资农家书屋模式

盐都区个人独资兴办的农家书屋有大冈镇双枝苑农家书屋、龙冈镇杰锋农家书屋等。这些农家书屋依托自己家庭建立，图书购买和管理以及持续发展全靠创办者公益精神。大冈镇富港爱瑞书屋是由龚爱瑞创办的。1998年，他从区建设局退休回到家乡富港村，在自家房子专门辟出两间，买来桌子和椅子，拿出退休金购买书籍，外出走亲访友，总忘不了带回一些书刊。他的孩子、亲戚、同事了解老人心思，过生日、逢年过节带给他的礼物都是书籍。爱瑞农家书屋已初具规模，书籍达7000多册。他购买录像机、影碟机、音响、象棋，活跃群众文化生活。书屋开办以来，富港村人精神面貌变了。如今科学种田人多了，赌博人少了；学技术知识人多了，搞封建迷信人少了；和睦家庭多了，吵嘴打架少了；发家致富多了，好吃懒做少了。这些多得益于龚老的农家书屋。富港变了，富港人变了，变得富有，变得诚信，富港村连年被评为"区级文明村"和"农村经济排头村"。千变万变，家乡人没有忘记龚老和他创办的农家书屋。年逾七旬的龚爱瑞，义务为乡邻服务多年，从未向农民收过分文。他先后被盐城市、区委宣传部等联合表彰为"十佳文明读书户"、"老有所为先进个人"和"市第三届藏书家"。龚爱瑞的先进事迹被中央电视台农村栏目拍成专题片，传遍大江南北。

3. 民办公助农家书屋模式

民办公助是指社会力量筹措创办经费，当地政府给予政策和馆舍使用优惠，当农家书屋处于正常运转时当地政府承诺提供维持费用，保证农家书屋能持续健康发展。盐都区民办公助的农家书屋有尚庄华泽书社、学富育才春到农家书屋等。尚庄镇华泽书社是该镇南吉村农民乐华泽于1993

年自费创办，从 500 余册图书发展到 1 万多册，报刊 20 余种，下设古殿、丁沙沟两个分社。累计投入已达数十万元。多年来，华泽书社不仅向群众提供无偿服务，还十分注重服务质量提高。成立报刊质量评估组，参与报刊信息编读与应用；自编自印《芳土》《农家信息》等刊物，刊载农民写的文章及农家科技信息；指导古殿分社举办乡村庙会、丁沙沟民间故事编纂等活动。每年举办 4 期以上农业知识讲座，辅导高效农业、特色项目等致富技术。书社成员征文《书缘难断》等 5 篇作品在全国农民读书征文中获奖，《情感乡村习俗三部曲》获 2010 年中国作家金秋笔会一等奖。2006 年 2 月，全国政协原副主席、时任文化部部长孙家正致函书社："……我们要好好研究、总结你们好的做法和经验，加以学习、宣传和推广……"并在《中国文化报》全文刊载。2006 年华泽书社被江苏省委宣传部、省文化厅授予省服务农民服务基层文化工作先进集体。近年来，华泽书社还多次荣获市区级表彰。

4. 民办民助农家书屋模式

民办民助型指农家书屋的合作双方都来自民间，目前盐都区有顾吾书社、秦南文星农家书屋等。1980 年 6 月，顾寿义自发自费在 7 平方米宿舍里，以自有的书报刊和另两位工友蔡万泉、柏登宏，创办了公益读书社。初名"瓢城新蕾读书社"。同年 9 月，茅盾亲赐现名"顾吾书社"。书社得到了盐阜人民商场等企事业单位大力支持。他和工友们自觉自愿地用业余时间无偿服务，节衣缩食向远近前来求学求助者提供竭尽全力的帮扶至今。目前顾吾书社有义丰国土农家书屋等 7 个分社，由于办社成绩突出，顾寿义还被选为盐城市第五届政协委员。

5. 公办民助农家书屋模式

2007 年在全国推广的农家书屋工程是政府统一规划、组织实施的惠民工程。中央和地方政府的投入使这项工程有了资金保障，农家书屋的正常运转主要靠当地的农民维持。盐都区目前有潘黄仰徐农家书屋、龙冈储巷农家书屋等 58 家这种类型的农家书屋。农家书屋提高了盐都区农民的科学文化素质和创新创业能力，丰富了农民精神文化生活。潘黄仰徐农家书屋有 8000 多册图书，20 多种报刊，电脑、打印、复印、传真、摄像、摄影、投影仪等服务设备齐全，有乒乓球室、棋牌室、村史展览等多个场所，常年开展内容丰富形式多样的活动，利用文化共享工程基层点资源为农民免费开展系列培训活动，免费寻医问药，免费提供农业科技知识、农产品销售等信息，被盐城市文广新局评为三星级农家书屋。

三、积极探索农家书屋发展新路

1. 建立扶持和激励机制，提高社会力量积极性

（1）政府出台相关法律法规

由于我国的公共图书馆只设到县级，县以下的图书馆基本上都靠社会力量来维持运转，因此政府必须提供有力的政策支持，来维持农家书屋的运转，许多国家法律法规都明确表示鼓励社会力量办图书馆。《俄罗斯图书馆事业联邦法》第25条规定："为了加强各种所有制形式的图书馆物质保障，可以建立国立和非国立的图书馆发展基金。基金会资金列入图书馆事业发展计划，用于图书馆活动的协作与协调，以及按基金会章程用于发展其他图书馆活动，发展任何所有制形式的图书馆。"日本、美国也有类似鼓励社会力量资助图书馆事业的法律条款。我国一些省市也制定了有利于社会力量参助图书馆事业的法规、条例。按照目前国际国内趋势，今后将出现更多社会力量捐助图书馆的形式，其良性发展将依赖国家法规制约和保护。笔者呼吁将农家书屋发展列入相关法律条款，为鼓励和支持社会力量参助农家书屋提供法律依据。

（2）政府制定相关经济政策

我国政府陆续制定有关税收、信贷政策，激励引导个人、团体向农家书屋等公益事业进行捐助。1999年通过的《中华人民共和国公益事业捐赠法》，2004年颁布的《基金会管理条例》，2005年颁布的《中国慈善事业发展指导纲要（2006—2010）》，2006年国务院办公厅转发的财政部、中宣部《关于进一步支持文化事业发展的若干经济政策》等都详细规定了有关优惠政策的内容和范围。此外，开征遗产税和赠与税促进慈善捐赠等法律也正在积极酝酿，这些法规和措施提高了社会力量办农家书屋的积极性。

2. 加强制度建设，规范有序运行

为了确保农家书屋规范有序运行，必须建立健全各项规章制度。社会力量捐助农家书屋是借助私有资源来实现公众利益，为实现这个目标，需要一套成熟的运行机制，使社会捐助在有效透明的监督下合理运作和使用。设立农家书屋建设基金会,制定必要的规章制度,对农家书屋的捐赠活动宣传、捐款管理与使用、赠书评定等工作做到有章可循。要向捐款者公布开支情况;要建立捐书人登记档案,向捐书者寄发感谢信;对大量捐赠图书则聘请专家做出评估意见,对确有价值图书设专架展示和阅览;用捐款购买图书也可在扉页上加注,并向捐书者颁发荣誉证书和奖金,以使读者铭记,使他人效仿等。盐都区图书馆为了加强对农家书屋的管理,拟定并统一印发《区农家书屋服务承诺》《区农家书屋接受捐赠公开制度》《区农家书屋图书外借制度》《区农家书屋报刊阅览制度》《区文化共享工程基层服务点工作制度》等一整套农家书屋管理制度,要求各农家书屋建立健全台账资料,定期进行考核评比,使该区农家书屋步入规范化、制度化发展轨道。

3. 营造浓郁文化氛围,培养优秀人才队伍

农家书屋的规范有序运行,离不开图书管理人员。要办好农家书屋除了领导重视、经费保障等外,还需要培养思想好、懂业务、会管理、有较高文化水平的管理人员。对管理人员要定期进行培训,以适应时代发展需要。管理人员的服务态度、服务能力直接关系到农家书屋能否规范有序运行。营造团结紧张、宽严相济的农家书屋文化氛围,使服务人员形成归属感。尚庄华泽书社创作了书社社联、书社精神、书社宣言和书社社歌。书社社联为:读书乐,乐读书,书天下乐读,读出中华魂。写字好,好写字,字世间好写,写尽春秋事。书社精神为:团结青年,互助互勉,勤学苦修,服务于民。书社宣言是:我们是农民,一个自豪的名字。春绿的原野,飘香的油菜花,金灿灿的稻穗,歌唱着农民灵巧的双手,展现着农民古老无字的文化传承。秀美的家园,宜居的村庄,现代化的工厂,飞舞着镰刀锄头的双手,用起了电脑鼠标,融入了文明社会,唱响着新文化的运动。田野放歌着纸叠的世界,古老文化的传承和新文化的文明征程,特写着农民崭新生活,孕育着时代的精神风貌。如诗的田园风情,是我们对社会的宣言:为更加美好的明天,一起读书吧!社歌——《耕读者之歌》:"小河儿伴我成长,禾苗儿教我唱歌,芬芳土地多风景,丰收图里飘书香啊,我们是一群耕读者,乐守田园写文章啊,一边耕读着生活,一边放飞着希望……"华泽书社社联、精神、宣言、社歌很有特色,起到凝聚人心的作用,使管理人员产生极大的热情,主动投入农家书屋服务中去。

第四节 文化中心户建设的路径

江苏省盐城市盐都区位于江苏东部,经济发达,文化繁荣。近几年来,该区积极构建公共文化服务体系,初步建成了覆盖城乡的公共文化服务体系,在此基础上又大力发展文化中心户,创新构建区、镇、村、户四级公共文化服务体系,着力打通公共文化服务"最后一公里",有力地推动了城乡文化的协同发展,成为促进农村文化振兴的新特色和新亮点。为此,笔者对该区文化中心户的发展状况进行了调研。

一、盐都文化中心户发展概况

为改变城乡文化发展不平衡的状况,盐都区大力发展文化中心户,创新构建区、镇、村、户四级公共文化服务体系,在全区已先后挂牌命名了262家各种类型的文化中心户,使之成为村级综合文化服务中心的重要补充,把公共文化服务体系由区、镇、村三级纵向延伸到户,真正实现了城乡"十五分钟文化圈"。

文化中心户是由农民、个体工商户、企业家、退休老教师、老干部等有一定文化素养和爱好的人,利用自住房屋、自有图书、报刊、电脑、网络、棋牌、器乐等文体设施用品,为周边邻里提供免费文化服务的家庭。它源自社会的最底层,能最接近、最方便地为广大群众提供文化服务。

盐都区对文化中心户实施了标准化建设和规范化管理,在促使全区绝大多数文化中心户都具备标准化服务项目、做到规范化服务的同时,又大力引导和推动一些有特长的文化中心户扬长避短,形成了服务项目的多样化和个性化。有以尚庄镇农民乐绍琪的"绍琪农家书屋"、尚庄镇南吉村乐华泽的"华泽书社"、大冈镇退休干部龚爱瑞的"双枝苑书屋"为代表的阅读志愿服务类文化中心户;有以冈中街道杨韦村吹拉弹唱样样皆会,热心文化事业,常年为群众送欢乐的音乐人李国锦为代表的文艺服务类文化中心户;有以热心收藏体育名人签名明信片的潘黄街道彭文高老人和收藏数千册红色题材小人书的龙冈镇杨斌村村民柏正满为代表的收藏展览类文化中心户;有以北龙港镇王柏林的"剪纸工作室"和大纵湖镇龙舞传人刘兆新的"龙舞俱乐部"为代表的非遗传承类文化中心户等。

文化中心户服务特点可以概括为三句话：一是"就地就近"。因现在农村青壮年大部分外出打工，留守村里的以老年和儿童居多，他们出远门不方便。而文化中心户就建在各村村民集中居住的地方，近在家门口，出门拔腿就到，服务是零距离，自然是十分便利。二是"随意随心"。由于文化中心户服务是自由、松散和随意的，没有那么多规矩和束缚，可以随时来，也可以随时离开，十分自由。三是"互联互动"。文化中心户把分散独立的各家各户都集聚在一堂，共同参加文化活动，既直接对接供需，又互通信息，联络感情，增进友谊。

二、文化中心户推广发展产生的社会效应

盐都区文化主管部门因势利导，充分挖掘和释放文化中心户的服务潜能，使之成为农村文化活动的"俱乐部"、知识传播的"大课堂"、邻里交流的"好平台"和农业技术推广的"农技院"，取得了良好的社会效应。

1. 促进了农村公共文化建设，提高了均等化服务的水平

发展文化中心户的本意就是为了夯实公共文化服务体系的基础，而实践的效果也是明显的，提升了公共文化服务的体系化程度。一是夯实了公共文化服务体系的根基，把服务延伸到农村的千家万户，使服务体系获得源头活水，增强了生命力。二是提升了公共文化城乡协同发展的能力，丰富了农村文化服务的内容和形式，创新了农村文化服务的方式方法，展示了农村文化服务的特点和优势，推动了城乡文化一体化发展。三是提升了公共文化城乡均等化服务的能力，由于文化中心户活跃了广大农民的文化生活，保障了广大农民的基本文化权益，在一定程度上促进了城乡公民文化权益的同等享受。

2. 改变了农民生产生活方式，促进了农村生产力的发展

建设社会主义新农村，重点之一就是要转变传统生产方式，发展现代农业，让农民富起来。而文化中心户的主要服务项目之一就是利用文化阵地和文化资源，传播农业科技信息，举办农业科技讲座，促进当地农业生产方式的转变和农民的脱贫致富。尚庄镇姚伙村的"绍琪农家书屋"则是这方面的典型之一。农民乐绍琪利用自己当过村里水利员和农技员的优

势,在创办"绍琪农家书屋"之后,不仅订阅10多种农业科技报刊,订购了100多种农业技术的光盘,积极宣传农业技术,还针对农情,及时开办农业技术讲座,指导村民科学种田,帮助村民会诊治疗庄稼的疑难病症,还连续7年邀请省农科院的专家前来"绍琪农家书屋"举办农业技术讲座。至今,"绍琪农家书屋"已先后服务农户1000多户,共帮助80多户创业致富,如今尚庄镇大棚番茄已成为盐都区的品牌项目,"绍琪农家书屋"功不可没。乐绍琪被评为2016年度"中国好人"。

3. 以关心下一代成长为己任,促进农村青少年健康成长

如今农村中的许多青壮年都外出打工了,留守青少年中普遍出现亲情缺失、学习失管、生活失助、安全失护、心理失衡的"五失"现象。许多文化中心户义不容辞地承担起培养教育留守儿童的重任。"华泽书社"于2004年就成立了校外辅导站,采取多种形式关心农村留守儿童的成长,如通过定期开展未成年人思想道德教育讲座、联合有关部门开展"法制教育走进校园"活动和举办多种形式的读书活动,为农村留守青少年的健康成长创造了良好的社会环境,把书社办成了远近闻名的爱国主义教育基地。北龙港小学退休教师王柏林是"盐城市十佳民间工艺师",其多幅剪纸作品漂洋过海到美国、英国、德国、日本、新加坡等国家参展,并被国际友人收藏。他于2009年成立"王柏林剪纸工作室",免费为当地农村学生进行绘画、剪纸艺术培训和辅导,寓教于乐,使农村学生在不知不觉中受到美的熏陶和情操的陶冶。"绍琪农家书屋"主动增设了青少年校外辅导站,全年对青少年免费开放,吸引他们前来读报看书、学电脑、网上看电影、参加各种文体活动;还聘请了3名辅导员,给孩子们讲课,讲传统,讲党史,讲村史,讲法制;特设立了"爱心视频电话",让留守儿童免费与在外地打工的父母通电话。文化中心户通过开展丰富多彩、健康有益、并为留守青少年所喜闻乐见的文化活动,寓教于乐,不仅为他们的健康成长创造了良好的文化环境,有效地避免了因打架斗殴、迷恋网吧、小偷小摸等不良行为而误入歧途,而且帮助农村留守青少年树立起正确的人生观、价值观和世界观。

4. 有效地传送社会正能量,促进了农村社会的安定团结

由于文化中心户的服务具有很大优势,又是贴近村民进行零距离、全天候、多样化、亲情式的服务,不仅较好地满足了广大村民日益增长的多

方面文化需求，而且潜移默化地发挥了先进文化娱乐人、激励人、陶冶人、塑造人的作用，使文化中心户不仅成为邻里交流的好平台，邻里纠纷的调解室，而且成为农村传播社会主义核心价值观的基层点，传送社会正能量的动力场。

三、启示与思考

启示之一：文化中心户布局必须要考虑科学化。文化中心户建设必须达到三个要求：一是在整体布局上必须统筹规划，做到"全覆盖"；二是新形成的四级公共文化服务网络必须运行顺畅，做到"全贯通"；三是服务对象为所在村庄的全体村民，做到"无差别"。

启示之二：文化中心户建设必须要坚持标准化。首先，要制定选人的标准。文化中心户能否建起来并发挥作用，关键是要选好文化中心户的主人，其标准必须具备四项基本条件：一是文化中心户的主人必须具有一定的文化素养和爱好，并乐意为乡邻提供免费文化服务；二是文化中心户的主人具有一定的文化活动空间和文化设施设备，具备为乡邻提供免费文化服务所不可或缺的基础条件；三是文化中心户的主人具有一定的经济实力，能够常年为乡邻提供免费服务；四是文化中心户的主人乐意接受文化部门的指导、监督和管理，以便被有效地纳入公共文化服务体系。其次，必须要制定选点的标准。即以自然村为基础，以构建村级15分钟文化圈为范围，以方便村民随时前来参加活动。再次，必须要制定文化服务项目的标准。要求每个文化中心户最起码要具备图书借阅、报刊阅读、下棋打牌、听音乐、看电视、电脑上网等最基本的文化服务项目，同时还要有体现本地特色的各种文化服务项目，使文化中心户的服务既标准化、常态化和优质化，又多样化、个性化和特色化。

启示之三：文化中心户发展要实现帮扶多元化。要想文化中心户办得好，办得久，必须要给予一定的扶持。一是结对帮扶。结对帮扶的主体有多种类型，有机关单位、私营企业和个人。文化主管部门每年要把各乡镇申报并初步确定为待建的文化中心户进行分门别类，明确各家建设的重点和难点，然后分别确定结对帮扶的有关部门和单位，并进行沟通磋商和牵线搭桥。二是专项帮扶。文化主管部门要针对连续2年以上服务正常的文化中心户实施3项帮扶措施，即每年支持每家文化中心户一定金额的报刊订购费；明确文化馆和图书馆对文化中心户分别负有文艺和图书工作的业务指导、辅导和培训的责任；明确图书馆总馆每年统一配送一部分图书给各文化中心户。三是重点帮扶。对一些文化中心户的重大建设和必要投入，文化主管部门帮助协调有关方面给予重点帮扶。

启示之四：文化中心户管理要做到规范化。文化主管部门要重抓三个环节：一是落实规范服务责任制，增强文化中心户规范服务的自觉性和积极性。明确各乡镇文化站为当地文化中心户的管理单位，每年与各村文化中心户签订公共文化服务责任书，并负责文化中心户的指导、检查和考核。二是制定规范服务的标准，为文化中心户的规范管理提供依据。要求在各文化中心户门外挂有统一制定的"文化中心户"的牌子，在活动室墙上张贴规范服务的告示，把文化服务的项目、时间、制度等内容广而告之，同时要求文化服务要做到经常化、常态化、多样化和亲情化。三是通过典型示范的方式，推动文化中心户的规范管理。逐步培养和树立一大批文化中心户典型，通过多种形式的宣传和表彰，将他们创新发展、规范服务、优质服务的先进做法和经验在区域内推广，以充分发挥他们的示范引领作用。

第五节　用支中心构建服务网络

随着社会主义新农村建设的不断深入，原有的农村公共文化服务体系已不能适应新形势的需要。县级文化共享工程支中心要抓住新农村建设这个机遇，变被动为主动，与时俱进，积极探索构建县域新农村公共文化服务体系，县域新农村公共文化服务体系的完善过程，也是县级文化共享工程网络壮大发展过程。

一、县域农村公共文化服务体系现状堪忧

1. 县域文化服务机构不健全

县域文化服务机构，对构建农村公共文化服务体系负有不可推卸的责任，由于受编制、经费、人才、设施设备、交通工具等条件的限制，目前处于知其不可为而为之的尴尬状况。有的县（区）有馆缺人，有的县（区）有人无馆舍，甚至有的县（区）无馆无人。以某市某区为例，建区

以来就无图书馆、博物馆，区文化馆也因经费不足，人员被其他部门随意抽用，工作难以开展。乡镇文化站、村文化室建设严重滞后。由于文化体制不顺，文化站管理存在严重问题，文化站的人事权、财政权在乡镇，文化局仅有业务主管权，文化干部在乡镇还要兼职，开展工作缺乏主动性，大多数时间要服务乡镇所谓的中心工作，开展文化活动仅是应差而已。

2. 县域文化经费投入不足，公共文化设施陈旧老化

目前，由于文化经费投入不足，县域公共文化设施设备已严重陈旧老化。有的县镇为减轻财政负担，把文化馆（站）等公益性文化事业单位推向市场，缩减财政拨款，让其创收；本来就紧缺的公共文化设施被挪为他用，甚至成为单位、部门谋取利益的工具，原有的公共文化服务功能被完全的市场交易所替代。有些地区虽建造了一些新设施，但由于指导思想偏差，出现了重建筑轻功能的现象，领导只关心设施落成，将其视为一项政绩工程来完成，不注重服务功能，更不关心在整个区域中构筑网络来具体实施农村公共文化服务的社会化；村级文体设施任意性、人为性状况严重，缺乏标准化设计与指导。现有的农村公共文化设施设备已无法满足新农民日益增长的精神文化需求，新农民的基本文化权益无法得到保障。

3. 县域公共文化服务机构提供的产品已远远满足不了新农民日益增长的精神文化需求

首先，由于县域文化服务机构不健全，文化人才青黄不接，文化经费投入不足，公共文化设施老化，不与时俱进，目前农村公共文化服务网络提供的产品已远远不能满足新农民日益增长的精神文化需求。其次，农村文化市场由于"重整顿、轻培育"，娱乐项目和产品数量日趋萎缩，变得萧条。再次，政府及相关部门的文化"三下乡"活动由于缺乏长效机制，流于形式。有些村虽建有多功能的文化室，但图书以陈旧书刊居多，科技类、致富信息类读物非常少见。这些状况使得封建迷信在农村很有市场，文艺骨干变成了和尚去念经，锣鼓声不如麻将声高，斗地主、打麻将成了众多农民的消遣娱乐方式，不少农民道德滑坡，甚至有人认为"政治是空的，理想是远的，道德是虚的，唯有金钱是真的。"

4. 文化经济政策滞后，且难以落实到位

国家省市文化经济政策出台后，县（区）也相应出台了一系列文化经济政策，但从实施来看，有的县（区）出台的文化经济政策缺乏前瞻性，

明显跟不上新农村建设的速度，这些文化经济政策缺乏激励力度和吸引力，很难激励动员社会各界共建新农村公共文化服务体系，促使社会资金向农村公共文化领域流动。有的县（区）文化经济政策虽然制定得很好，对农村公共文化服务设施、文化经费、服务机制、服务方式、服务机构、队伍建设，以及公益性文化事业单位的数量、布局种类进行统筹规划和系统建设，但仅仅是一纸空文而已，也不知道何时能付诸实施。

二、积极探索以县级文化共享工程支中心为核心，构建县域新农村公共文化服务体系新路子

1. 强化政府行为，把文化共享工程工作纳入县（区）经济社会发展规划

一项工作的成功与否与政府的态度密切相关，县级文化共享工程支中心要积极争取政府支持，争取将文化共享工程纳入当地经济社会发展规划，列入政府工作的重要议事日程，纳入目标管理和绩效考核体系。要制定文化共享工程的近期、中长期目标。盐都区为切实做好文化共享工程工作，成立了区文化共享工程管理委员会，由区政府分管领导任管委会主任，区直相关部门主要领导为管委会成员，区管委会下设办公室，办公室设在区文化共享工程支中心。区管委会定期研究区文化共享工程设施设备、经费、服务机制、服务方法、服务机构、队伍建设、新网点的数量布局等。各镇（街道）也相应成立了文化共享工程协调机构，切实把文化共享工程工作落到实处。

2. 加大投入力度，建立经费多元投入机制

文化共享工程工作的开展需要充足稳定的资金投入。一般来说，数字资源建设经费包括：购买商用数据库产品或各类访问服务所需经费，购买移动硬盘、光盘、磁盘阵列、磁带库等资源载体所需经费，获得知识产权授权许可的费用，自建特色数据库及数据库维护所需经费，资源发布所需要的格式转换、数据封装、发布系统建设等经费，人员培训经费，文献数字化、资源加工与组织、资源验收等数字资源加工场地建设或租赁经费，及资源建设过程所需设施设备的购买、租赁和维护经费等。没有资金的支持，数字资源建设工作寸步难行。县（区）要将文化共享工程建设运转经费纳入财政预算，并随着财政收入的增长而增加。制定出台鼓励和支持文

化共享工程的优惠经济政策，进一步探索建立文化共享工程基金及管理制度，用减税免税政策、授予荣誉称号等措施，鼓励社会力量积极参与文化共享工程建设。

3. 完善县、镇、村三级服务网络，构建新农村公共文化服务体系

文化共享工程是数字图书馆服务的早期实现形式，是县级图书馆重要的工作内容。目前全国基本建成资源丰富、技术先进、服务便捷、覆盖城乡的数字文化服务体系，努力实现了"村村通"。县级图书馆要积极整合数字资源，依托共享工程大力开展面向农村、面向基层、面向广大农民群众的服务，使广大农村基层的公共文化服务状况得到较大改善。2010年，文化部在全国实施"县级数字图书馆推广计划"，将国家数字图书馆的资源通过文化共享工程平台，配送到全国县级图书馆，实现县级图书馆普遍开展数字图书馆服务。"十三五"期间，文化部在"县级数字图书馆推广计划"的基础上，实施"全国数字图书馆推广计划"，建立以国家数字图书馆为龙头、省级数字图书馆为骨干、市县级数字图书馆为支撑的国家数字图书馆体系，进一步完善省、市、县级数字图书馆功能，实现双向传输，省、市、县联网，并向乡镇（街道）、村（居）延伸。

（1）完善县、镇、村三级服务网络

在县域应逐步建设一个以县馆（县支中心）为中心，以乡镇馆（乡镇基层服务点）为支柱，以村图书室（村基层服务点）为服务点的三级图书服务网络，这是县级图书馆服务新农村的方向。县支中心是全县文献、辅导和网络中心，是服务网络的龙头。乡镇基层服务点是服务网络的纽带，它联系着县支中心和村基层点。盐都区建成以区支中心为龙头，18个镇（街道）基层服务点为骨干，258个村图书室及农家书屋、个人书社、图书流动点为基层服务点的多层次、多渠道、多领域的新农村文化建设服务网络。

（2）整合数字资源，推进文化共享资源进村入户

县级支中心要积极整合农村党员现代远程教育工程，农村中小学远程教育工程，广播电视村村通工程，加大全国文化信息资源共享工程村级服务点建设力度，推进文化信息资源和服务进村入户。加强村级公共电子阅览室建设，提供电子图书阅读、信息咨询、网页浏览、影音视听、远程教育、自助培训等"一站式"服务，努力形成资源丰富、技术先进、服务便

捷、覆盖农村的数字化信息服务体系，确保农民群众享受到优质、便捷的数字文化服务。

（3）管好农家书屋，完善村级服务网络

县级支中心应将农家书屋纳入村级图书服务网络。推进农家书屋工程建设，是实现农民基本文化权益的主要途径，是新农村建设的一项重要内容。要把农家书屋建设和运行工作纳入各级领导工作目标量化管理中，做好规划，加大资金投入，提高管理水平，齐抓共管。要促使人大、政府将农家书屋的地位、作用、建筑面积、资金投入、从业人员的资质等列入法律、法规或条例，从而推动农家书屋工程建设的法制化、规范化、制度化，使农家书屋成为培育新型农民的主要阵地。

（4）扶持读书用书典型创办书社，纳入村级服务网络管理

近年来，盐都区支中心扶持农民读书用书典型乐华泽创办了华泽书社，工人读书用书典型顾寿义创办了顾吾书社，老干部读书用书典型龚爱瑞创办了爱瑞书社。该支中心扶持的这些书社，带动了当地一大批人爱上读书。这些书社已被纳入村级服务网络管理。

4. 利用网络资源开展特色服务

（1）开展网上参考咨询服务

积极利用"江苏省公共图书馆联合参考咨询网"开展网上参考咨询服务。读者只要在咨询网络中的任意一个县级支中心注册成为正式用户，就可得到全国公共图书馆提供的免费网上参考咨询和免费文献远程传递服务。读者提出的问题都会及时得到专业参考咨询团队回复。

（2）设立政府信息公开查询室

为了实现读者对政府信息的知情权，方便读者查找和学习政府公开的各类文件，盐都区支中心专门辟出政府信息公开查询室，购置了电脑、桌椅等办公设备，安排专人管理，为读者提供免费查询服务。

5. 努力开创文化共享工程服务新农村新局面

（1）注重人才培养

共享工程工作需要一支具有专业技术和专业技能的员工队伍。承担数字图书馆资源建设任务的图书馆员不仅需要具备图书情报学知识、较高的外语水平、娴熟的计算机操作技能，同时还要具备资源建设的相关专业技能，如文献数字化、文献标引、资源库建设、网络资源采集、资源整合

等。盐都区将人才培养列入规划，盐都区支中心通过培训现有馆员、聘请专业人员等手段，造就了一支满足数字资源建设工作需要的专业人员队伍。同时加强对基层服务点人员的培训，利用共享工程资源，使基层服务点人员可以不脱岗在线学习，在线考试，自主学习。盐都区支中心积极提高数字资源存储能力、传输能力和服务能力，积极应对乡镇（街道）、村（居）基层服务点的日常管理、资源更新、技术维护、人员培训和绩效考核等工作。

（2）健全制度，规范运行

为了运转好文化共享工程，就必须建立健全各项规章制度。盐都区图书馆为加强对支中心和全区基层服务点的业务管理，拟定并印发了"共享工程"信息查询制度、播放制度、节日预告制度、支中心工作人员岗位职责、基层服务点工作人员职责等一整套内部管理制度，建立健全相关的台账资料，使支中心和基层服务点步入规范化、制度化的发展轨道。

（3）加强资源征集和生产，满足新农民多层面的需求

要根据广大农民群众的文化需求，着力建设贴近农村、贴近基层、贴近普通百姓的农业科技知识、农村生产生活等资源，建设一批能满足农民群众需要的讲座、戏曲、图书、电影等专题资源库。要提高资源建设质量，防止重复建设。要增强信息的大众性、实用性，进一步增强共享工程在农村的辐射力和影响力。县支中心要将资源建设作为自己的重要任务，要注意与当地非物质文化遗产保护工作结合起来，加大对当地富有特色的优秀民族民间传统文化资源的征集、加工力度。文化行政主管部门要对资源建设工作加强指导和支持。关于在资源建设中涉及的著作权问题，根据中央有关精神，凡是各级政府投入创作的各类资源要无偿提供给共享工程使用。同时，还要动员和鼓励著作权人将其作品版权捐赠或低价转让给共享工程。盐都区支中心充分利用上级资源的同时，在共建共享理念的指导下，一如既往地做好图书馆的数字资源建设，建成10多个特色数据库：盐都区地方文献特色数据库、盐都区非物质文化遗产特色数据库、盐都区民俗特色数据库、盐都区董加耕事迹展览特色数据库、盐都区民间收藏特色数据库、盐城淮剧特色数据库等。这些自建的数据库，将逐步传送到各基层服务点，作为"地方特产"及时配送到镇（街道）、村（居）服务点，送到农民的家门口。

(4) 创新服务模式，不断扩大共享资源服务的覆盖面

服务工作是共享工程的命脉。县级支中心、基层服务点工作人员都要强化服务意识，明确服务内容，创新服务模式，为群众提供多样化、个性化的服务。要采取阵地服务与流动服务相结合的形式，扩大服务范围；要用大规模集中服务降低服务成本，扩大受众面，提高资源使用效率；要依托各类文化设施和活动场所，开展丰富多彩、形式多样的服务活动；要深入基层，深入农村，有针对性地开展各种知识讲座、技能培训和信息咨询，提高农民群众的职业技能和致富能力。

① 探寻县级支中心创新服务模式

县级支中心要加强对基层服务点业务指导，做到活动开展常态化，最大限度地满足基层群众的精神文化需求。同时要做好设备的管理和维护。盐都区支中心指导企业利用盐都区地方文献特色数据库资源，恢复并开发了一批诸如龙冈柳编、张庄藕粉圆、大冈脆饼、大纵湖醉蟹、葛武嫩姜片等富有地方传统特色的畅销产品，开拓了市场，增加了农民收入，振兴了地方经济。盐都区支中心在了解全区产业特色和产业规模，调查摸清种养殖专业户的情况的基础上，建立了18个种养植基地基层服务点，定期召开座谈会，举办各种科技讲座，根据专业户的要求下载信息，刻录成光盘，免费赠送，再由专业户传递给村民，形成了"以点带线""以线带面"的服务模式。针对大纵湖湖泊众多，清水大闸蟹闻名的特色，协助大纵湖策划了全国性的大纵湖清水大闸蟹节，使小小的螃蟹走出盐城，走向全国，走出国门。并以此带动了当地的旅游业，为当地经济的迅猛发展，农民的增产增收发挥了极其重要的作用。

② 探寻镇级基层服务点创新服务模式

镇级基层服务点要采取多种方式，在基层广大农民群众中普及共享工程相关知识，让农民了解共享工程的资源内容，熟悉设备的使用方法，以便快捷地获取所需信息与知识。盐都区龙冈镇基层服务点根据农民的需求，从网上下载柳编制作、动物饲养、水产养殖、果树栽培、农药和化肥使用等信息，编印农业科技资料，为农民服务。潘黄、张庄街道基层服务点为农民免费开展系列培训活动，免费寻医问药，免费提供农业科技、农产品销售等信息。大冈、学富、大纵湖、秦南、葛武镇基层服务点积极开展科教片和故事片巡回放映累计达500余场。楼王、尚庄镇基层服务点举

办农民艺术节,加强非物质文化遗产保护。通过共享工程平台,优秀的文化信息源源不断传输到基层群众中,解决了农民看书难、看戏难、看电影难、获取信息难的问题,丰富了群众业余文化生活。共享工程丰富的农业科技知识、医疗保健知识等,为农民致富提供了有效的信息保障。许多基层服务点依托共享工程开展农业技术培训、农民工培训、再就业培训等,提高了农村信息化水平和基层群众科学文化素质,有力地促进了当地经济社会的协调发展。

(5)创新服务内容,利用共享工程资源开展内容丰富形式多样的活动

县级支中心要与时俱进,举办展览、讲座、征文、沙龙等内容丰富、形式多样的活动,积极服务新农民,满足广大农民多层次多方面的精神文化需求。

① 打造讲座品牌

盐都区支中心搭建"盐渎讲坛"讲座平台向社会提供服务。针对不同阶层、不同年龄市民对讲座文化需求多样性的要求,推出了民俗、文化遗产等系列讲座,通过宣传广告、电视展播节目、网络视频点播、讲座光盘等手段,赢得了良好声誉,展示了县级支中心作为公益服务机构良好的社会形象,对提高县级支中心社会地位起了重要作用。

② 做好展览工作

盐都区支中心开展了多项展览活动,涉及收藏、非遗、动漫等,展览以直观生动的形象、丰富多彩的内容感染了观众,传递了信息,弘扬了优秀文化,达到陶冶情操,完善人格的作用。同时吸引了更多的读者到图书馆来,增强了社会公众的图书馆意识。

③ 打造读书活动品牌

县级支中心是读者的终身学校,开展全民读书活动意义重大。盐都区支中心与时俱进,创新服务方式,无论是传统的世界读书日、图书馆宣传周、红读活动,还是图书漂流、农读等特色活动都精心策划,认真组织。活动受众从持证读者向社会公众扩散,活动项目从读书活动向科教文体多方面拓展,活动影响也从亮点出彩向正常化提升。该区支中心积极组织农民参加全国农读活动,连续四届荣获文化部等七部门颁发的组织奖,红读活动连续多年获省文化厅表彰。通过这些活动使该区不少农民走上了勤劳、科学致富的道路,使他们深刻体会到知识就是力量的真谛。

④ 打造文化休闲品牌

随着新农村的建设，人们物质生活水平的提高，对精神生活的要求也在逐步提高。如何吸引口味越来越刁的读者，给县级支中心带来了极大的挑战。建湖县支中心创办的"阅读时光"坚持高起点，人性化，从室内装潢到书报刊陈列无不体现浓烈的文化氛围，它不同于一般的茶社、网吧，也不同于图书阅览室。这里环境别致，古朴典雅，有鱼池竹阁，空调软座，读者在这里既可以上网浏览书籍、报刊，又可以品茗、聊天，服务点内百余座位经常是座无虚席，建湖"阅读时光"不但在本地取得了成功，还向周边县扩展，形成连锁经营。

(6) 整合社会资源，不断完善新农村公共文化服务体系

① 与媒体协作，营造浓烈的新农村文化建设氛围

县级支中心要充分利用媒体宣传造势，发挥媒体舆论的导向和激励作用，要因势利导，加大宣传力度，积极争取社会各界人士投身新农村建设，营造全社会关注农村、关爱农民的浓烈氛围。盐都区支中心携手区电视台等媒体策划新农村建设专题栏目，积极倡导人才、技术、资金等资源流向农村，支持农业，服务农民。积极倡导城乡对接、农商对接、农工对接，搭建社会参与平台。

② 与民间团体协作，开展特色活动

盐都区支中心与区收藏协会、区美术家协会等协会协作，举办展览、讲座、培训、演讲、朗诵、舞蹈等内容丰富的活动。与区收藏协会联办民间藏品进农村展览，自2006年5月起，已进入30多个村，10多万农民在村里就可品尝民间收藏精品大餐。展览每到一处，文物专家鉴定家藏宝物，发放《盐都收藏》等，《中国文物报》《人民政协报》等20多家媒体报道。

③ 与企业协作，提升服务新农村规模

提升县级支中心服务新农村规模，必须有经济支撑。盐都区支中心与蓝田书社合作组建的蓝田书虫俱乐部，开展讲座、展览、古旧图书拍卖等活动，是"企业搭台、文化唱戏"的有益尝试。以赞助冠名合作主办的方式吸引企业资金介入，可以拓展县级图书馆服务新农村的范围。

新农村公共文化服务体系构建是一项系统工程，涉及面广，各有关职能部门要各司其职，齐心协力共同做好这项工作，县级文化共享工程支中

心应发挥核心作用,积极探索,勇于创新,新农村文化服务体系完善过程,也是县级文化共享工程网络壮大发展过程。

第六节 扬州阅读阵地调研启示

2019年4月25日,盐都区文广旅局一行3人赴扬州市对该市阅读阵地建设进行了调研,扬州市文广旅局向我们介绍了书店和城市书房建设运营情况,现场参观了扬州钟书阁书店、七星河城市书房、沿湖村渔家书房等多个现场点。

扬州市大市区图书销售场所以小型书店居多,仅有少数几家较大规模书城,如钟书阁书店(全市有2家连锁店)、新华书店等。乡镇没有较大规模书城。扬州市文广旅局的同志向我们重点介绍了城市书房的建设情况,全市共有城市书房36家。

一、扬州城市书房的便利之处

靠近家门口。扬州坚持在城市最繁华、最漂亮、离老百姓最近的地方建设城市书房,构筑15分钟阅读圈,让阅读空间嵌入城市的各个角落。阅读全天候。城市书房为市民提供自助办证、阅览、借还、数据库检索、二维码书刊数字资源下载等"一站式"阅读体验服务,使其成为一个功能齐全的"微型图书馆"。与图书流动服务车、掌上图书馆相比,城市书房功能更全,且能提供场馆式阅读,不需去总馆就可就近找书、看书和借书。环境很温馨。扬州坚持以人为本、用温度和情感建设城市书房的理念。书房提供宾馆式居家式阅读体验,除了阅览桌,还有吧台式桌子,方便读书交友。无论外面寒冬酷暑,空调暖气设备都保证书房内四季如春。城市书房还配备了卫生间、电源插座、无线网络、图书自助消毒机、饮料咖啡零食自动售卖机和免费纯净水。通过集成数据通信和数据处理技术对室内设备进行自动控制,打造出人性化、智能化的温馨环境,极大地增强了城市书房的读者粘性。城市书房24小时"不打烊",市民可以随时借阅图书,免费阅览每天更新的报刊、电子图书,免费下载数据库资源、查询图书馆馆藏书目资料等。城市书房极大提高了图书资源利用率,成为提升市民文化获得感的文化福利。

二、扬州城市书房的建设经验

1. 布局合理

扬州城市书房所选地址是人流集聚区、市民家门口。广陵新城红帆驿站城市书房是第一家城市书房，填补了城市东区图书馆的空白；虹桥坊城市书房位于寸土寸金的虹桥坊街区，设计精巧雅致，既是市民的阅读场馆，也是游客感受文明扬州的窗口。通过科学规划、合理布点和精致建设，让市民成为城市公共空间的主人，让扬州人共享扬州，共享知识，诗意地栖居在扬州大地上，让恒久绵长的书香涵养扬州慢生活。

2. 融合优势

城市书房在"四位一体"的公共图书馆服务体系中处于承上启下的地位。扬州将图书馆总馆、流动阅读馆、掌上图书馆的功能在城市书房这个平台进行了整合，城市书房的图书借还系统、查询系统、门禁系统等与图书馆总馆业务管理系统有效集成，实现了自助借还图书。同时，打通城市书房与图书馆总馆的数字资源下载、图书信息检索通道，开发运行手机图书馆、微信图书馆，形成了完备的电子图书服务网络，实现了实体图书馆和数字图书馆协同发展。此外，扬州还坚持动静结合的理念建设城市书房。读书和运动对一个现代人而言，两者缺一不可，正因如此，有人将图书馆和运动场作为一生必交的"两个朋友"。扬州宋夹城公园宋城书坊、江都自在公园城市书房和三湾湿地公园"会呼吸"的智能图书馆，都是城市公园和城市书房融合发展的典范。随着城市公园和城市书房建设的推进，扬州初步形成"半城公园半城书"的格局，读书与运动逐渐成为扬州人的生活方式，城市公园、城市书房也烙印在扬州孩子的成长记忆里。

3. 管理规范

扬州在规划建设城市书房之初，从肯德基等连锁快餐经营模式中受到启发，将市图书馆总馆作为"中央厨房"，专门成立了分馆管理部和图书配送中心，全市所有城市书房建设都实行统一标准、统一LOGO标识，主体设计风格和内部功能设施标配，打造"精神食粮的快餐连锁店"，实现了管理与服务的"六统一"：图书资源统一采购、统一配送，工作人员统一培训、统一指导，服务流程统一规范、统一标准。结合不同地域特点，城市书房的室内装饰风格体现了与周边环境相协调的不同特色。如街南书屋城市书房是第一座园林式书房,与古色古香的东关街相协调。风格统一的城市书房 LOGO 标识牌都设置在路口醒目位置,清楚指示城市书房的具体位置,特别是在晚上,明亮的城市书房灯光标识牌已经成为扬州城的一道靓丽风景。

4. 资源共享

图书是图书馆的最主要资源。扬州的城市书房还借鉴银行 ATM 机模式,通过后台系统和自助借还书设备,实现所有图书在总分馆之间通借通还、就近借就近还,将图书流动起来。通过大数据分析各个书房的借书信息和各个区域读者的阅读爱好,实行精准购书、精准配书,配备图书配送车,定期调度各分馆的图书配置,并绘制扬州城市阅读地图,极大地方便了市民阅读需求。

5. 多方协作

城市书房作为市民的书房,离不开市民和社会力量的参与。扬州从城市书房的选址到方案设计、图书采购,都面向市民公开征集,如组织"最美阅读空间,请你来设计""你选书、我买单"等活动,并举办扬州讲坛、扬图讲堂、朱自清读书节和书香系列评比、扬州传世著作评选等活动,成功承办江苏书展,点燃了市民阅读热情。一些市民从城市书房的受益者,变为城市书房的志愿者。采取与各区文化部门、街道社区、企业或其他机构合作的模式完善书房的运营。

6. 安全至上

城市书房能否成功运行,安全问题是重要瓶颈。扬州强化技防、消防、人防等措施,铸就了城市书房的安全防护网,如通过门禁系统控制人员进出,每本图书都运用了无线射频识别技术(RFID),与门禁系统相连,未借图书会被门禁自动识别。多个高清摄像头实现无死角监控,监控画面与辖区派出所联动。配备高灵敏度的烟感消防系统,设置醒目的禁烟标志。充分体现环保节能理念,通过智能控制系统对室内灯光、空调等设备进行自动控制,深夜无人时感应灯光系统自动切换成夜灯节能模式。无人值守不是无人管理,每个城市书房白天配备两名图书管理员、夜间配备安保巡逻。

三、对盐都区建设的几点建议

首先,充分论证,因地制宜,城乡同步,统筹规划,分步实施。

其次,成立盐都区城市阅读新空间建设领导小组和盐都区城市阅读新空间建设专家委员会。

再次,建设模式有以下几种:

民营书城经营模式。充分利用民营资本,引入类似"钟书阁书店"品牌化运作,如在盐渎街道引入"融文书局"市场化运作。

阅读新空间模式。一是在郭猛镇杨侍村、大纵湖镇三官村、大纵湖旅游度假区等旅游景点建设阅读新空间。二是在大市区范围内合理规划逐步建设城市阅读新空间,特别是用工较多的企业,要重点倾斜,如东山精密、悦达印刷等企业。三是不断提升区图书馆阅读阵地建设水平,充分发挥全区阅读总阵地的引领作用。

乡镇阅读空间模式。一方面利用临街的镇级文化站,将其一楼门面升级改造成功能齐全的图书阅读空间,打造一批阅读型公益窗口;另一方面鼓励有条件的乡镇书店做适当的提升,打造一批集图书销售、图书阅读于一体的乡镇阅读空间,建成达标的可给予 5 万元以上补助。

农村阅读空间模式。加强村(社区)图书阅览室和文化中心户建设,尽可能多与村卫生服务中心建在一起,不断提升农村阅读阵地建设水平,为广大农民群众提供更多更好更加便捷的阅读空间。

第七节 倾力打造盐都阅读品牌

一、彰显曹文轩草房子效应

1.《山羊不吃天堂草》在盐首演

2018 年 4 月 6 日下午,根据盐城籍著名作家、北京大学博士生导师、安徒生奖获得者曹文轩作品改编的同名话剧《山羊不吃天堂草》在盐城盐都区文化艺术中心上演。

由中国儿童艺术剧院倾力打造的成长戏剧《山羊不吃天堂草》,讲述了少年明子在家中一群山羊宁愿饿死也不吃天堂草之后，带着父亲"自己去长大成人"的期盼，跟随师父进城做木匠。在城里遇见许多不同人和事之后，他感受到生活艰辛与人情冷暖，在不断追问和选择中，逐渐领悟到"山羊不吃天堂草"的人格隐喻，艰难而执着地成长。这是该剧首次在盐城——主人公"明子"和作者曹文轩的家乡演出。

演出现场十分火爆，上千名观众慕名而来，曹文轩的现身更是引得全场欢呼。对于自己的作品被搬上家乡舞台，曹文轩感到非常高兴："剧中很多场景让我震撼，这部剧代表了国家的水平。"他坦言，《山羊不吃天堂草》是他创作生涯中具有标志性的一部作品，"就是在这部作品之后，我才真正走上文学的道路"。

两个小时的演出，剧中主人公"明子"的扮演者毛尔南几乎一直在舞台上，穿梭在家乡与城市，转换不同的表情，变换相应的情绪，表达各样的情感。"三种累，体力、脑力和情感，这部剧需要我高度集中，一个灯光转变、背景转换，我要表现主人公不同的状态，特别是情感的把握，对人物内心世界的呈现，这些都是挑战。刚开始排练期间，一个多月，我瘦了23斤。"毛尔南告诉记者，这是他第二次来盐城，去年4月份，剧组筹备之时，曾到盐城采风，"看了草房子、大纵湖等地方，观察书中的'天堂草'应该生长在怎样的水洼里，还了解了这里乡民的身体形态、言语表述和情感表达，这对我们表演很有帮助，使这部剧更真实、更生动。"

山羊为何不吃天堂草？盐城市第二小学五年级学生徐俊杰在看完戏剧《山羊不吃天堂草》后，恍然大悟："山羊不吃不属于自己的草，人也一样，不拿不属于自己的东西。"坐在一旁的母亲崔春玲赞道："真是一部极具教育意义的好剧，能够让孩子感受到一些深层次的东西，触动心灵，比如要用生命捍卫尊严，比如要老实本分，做个好孩子。"

《山羊不吃天堂草》这部剧在盐城连演10场，直至4月12日。

6日上午，曹文轩在市图书馆做了题为《何为文学，文学为何》的主题讲座。

作为曹文轩获得国际安徒生奖后，回到家乡做的首场大型讲座，本次讲座门票一票难求。市图书馆一楼多功能厅近700个座位座无虚席，就连走廊过道里也挤满了人。不但如此，市图书馆还开放了二楼学术报告厅进行现场同步视频直播。

"在一个思想平面化的时代……几乎所有的思想都像风一样在我们耳边飘过,甚至像口香糖一样被我们反复咀嚼过。"讲座刚一开始,曹文轩就从文学思想入手,谈了他自己对于当下的看法。

在谈及美学观时,曹文轩表示"假"和"虚伪"是不同的概念。但中国人习惯把这两个概念混为一谈。"天气那么热,你为什么穿西装打领带去开会?你不能光着身子去吗?你太假了!但反过来想一想,那么庄重的场合,难道不该穿正装去吗?"曹文轩以此为例,谈了自己对于"假"和"虚伪"的区分。

"道义、审美、悲悯情怀,这三个维度是我对于美的理解和追求。"曹文轩说,这个标准不是所有人都同意的。在威尼斯演讲时,一位德国教授反驳他说"希特勒是很懂得欣赏艺术的,他不也屠杀人了吗?""我随即告诉他,希特勒没有道义和悲悯情怀,那么他的审美也变得微不足道。"曹文轩说。

活动结束之后,大批参加讲座的孩子冲上前台,争着与曹文轩合影。孩子站满了场地,曹文轩几乎是被两位保安推进人群,微笑、合影。为孩子拍完照,家长又排起长队,拿着曹文轩的书,争着抢着希望这位名作家为孩子留下两句话。

据悉,本次活动由市文广新局、市文联主办,市作协、市图书馆承办。在当天活动现场,曹文轩向市图书馆赠送了其亲笔签名的出版作品集,市图书馆回赠了曹文轩本人的肖像画文创产品及《文韵盐城》系列丛书。

2. 跑步寻找曹文轩作品

2018年5月20日,由盐城工学院、盐城市体育总会、盐城市青年联合会、中国邮政集团公司盐城市分公司、《现代快报》主办,盐都区图书馆承办的第三届盐城坐标城市定向赛盐都区图书馆赛区欢乐开跑。1000多名书友顶风冒雨参加了活动。

盐都区图书馆作为盐城坐标城市定向赛的任务地点,其任务是:在该馆中找到盐都籍著名作家曹文轩的作品《草房子》,然后到裁判处回答问题,问题回答正确即可获得通过,并拿到下一个任务卡。这项活动群众参与面广,充分发挥了曹文轩的名人效应,社会影响力大,有力地促进了盐都区全民阅读推广工作向纵深推进。

对于坐标城市定向赛，盐城人少有耳闻，那么这是一项什么样的运动？据悉，该赛事是基于野外定向赛赛制，将挑战地点从丛林变成都市，简化了比赛难度，增加更多趣味挑战，使得定向赛事摇身一变，成为了一项以"比赛"为载体，以"参与"为目的，以"定向"为形式，以"娱乐"为感受的大型全民户外娱乐挑战活动。第三届盐城坐标城市定向赛由5人组成一支队来参赛，每支参赛队要求包括至少1名异性队员，每条线路由5—8个点标串联而成。选手们只能徒步和搭乘市内公交完成比赛，完成一系列需要考验体力智力以及团队合作能力的任务后，方可拥有通关卡，拿到向下一个任务点前进的线索，顺利完成所有任务并以最短的时间抵达终点的队伍将获得胜利。

此次活动旨在充分展示盐城城市的魅力与文化，让人与城市真切融合。据了解，这项运动具有悠久的历史。国内的城市定向赛，于2011年在上海诞生，该项比赛具有竞赛性、神秘性、趣味性、互动性。第三届盐城坐标城市定向赛定位于"发现盐城之美"，满足了广大市民希望快乐运动、趣味健身的内心需求。各路选手激情参赛，充分展现团队合作精神，为盐城打造创新赛事、景观体育的整体方向注入了新能量。

3. 盐都区草房子朗读周

2018年9月10日，盐都区第二届草房子朗读周活动，在我国著名儿童文学家曹文轩的故乡，盐都区中兴街道草房子乐园拉开帷幕。来自省内外的作家和学者及众多书友一起感受了曹文轩作品朗读会的魅力。

上午9点，在草房子乐园里，一群活泼可爱的娃娃们首先登台，用他们的童心和热情，展示了他们幸福的童年和快乐的生活。随后，中兴实验学校的学生和诗歌朗读爱好者也先后登台，朗读了曹文轩文学作品选段。启动仪式上，朗诵、歌舞表演、草房子情景剧等精彩节目轮番上演，赢得了现场观众的阵阵掌声。当天，中国当代童话作家鲁冰、儿童文学作家沙沙，以及山东大学出版社、山东人民出版社等单位给草房子儿童公益图书馆捐赠了1700多本精美图书。第二届草房子朗读周为期七天，开展了儿童读书节、儿童文化主题讲座、儿童绘画大赛和儿童拓展训练等系列活动。同时还开展了好书推荐、好书诵读、数字化阅读、书友会、书香之家评选、阅读之星评比等活动，营造一个全民阅读的好氛围。

曹文轩的妹妹曹文芳说："我坐在台下看的时候，其实我眼泪都掉下来了,对这里有特别的感觉,我会把这份感觉和哥哥分享的。"又是一年金秋季,在曹文轩的家乡,这里的学习风气和读书热情也越来越浓。此次活动有力地推动了盐都区阅读推广工作向纵深发展。

据了解,草房子乐园以国际安徒生奖得主、著名儿童文学作家曹文轩的经典长篇小说《草房子》为背景规划建设,以曹文轩旧居为核心、田园生态为基底,融入地域文化、儿童文学、亲子游乐等功能元素,再现了20世纪六七十年代小学生的教学和课外娱乐体验,为孩子们提供了一个学习的好去处。

来自全国各地的游客置身其中,感受草房子回归童真、回归乡土和回归质朴的精神内涵,畅享乡村旅游带来的独特魅力。

4. 曹文轩主题亲子阅读活动

2016年4月4日,盐都籍作家、北京大学教授曹文轩喜获世界儿童文学领域的至高荣誉——"国际安徒生奖",实现了华人在这一重要奖项上"零"的突破。曹文轩是著名儿童文学作家,创作了《草房子》《青铜葵花》《细米》等脍炙人口的作品。

2016年5月28日下午,由盐都区文广新局、市老新闻工作者委员会盐都分会主办的盐都区曹文轩主题亲子系列读书活动在区图书馆举行。

亲子阅读是培养孩子阅读习惯和能力的最好方法之一,它以书为媒,以阅读为纽带,让孩子和家长共同分享阅读过程。通过共读,使父母与孩子共同学习,一同成长,让孩子在充满亲情的活动中,不断开阔视野,增加智慧,提升修养。活动现场,专家、学者各抒己见,畅谈曹文轩的写作与人生。家长和孩子们,与专家、学者进行了互动交流。大家还参观了盐都区图书馆曹文轩作品专柜。

"今天参加这个活动,使我受益匪浅。我要以曹文轩为榜样,多读书,读好书,将来做一个对社会有用的人。"来自盐都实验学校的初一学生陈知达说。

5. 曹文轩走进校园

2017年1月6日下午,著名作家曹文轩走进神州路小学,与孩子们面对面进行了一次神小版的《开讲啦》。

下午,曹文轩教授在孙梁玉校长的陪同下,先后来到图书馆、阅读文化长廊、阳光书吧等校园阅读场所,看到学校图书馆、阅览室拥有八万多册图书，并专设金波、杨红樱、林格伦等著名儿童文学作家作品专柜，还设有"国际安徒生奖""纽伯瑞儿童文学奖"作品专柜，他很感慨并询问了学校推进阅读的情况。孙梁玉向曹文轩汇报了学校"快乐阅读"校园特色文化建设的情况以及取得的成绩。曹文轩认为学校把阅读作为儿童成长的第一要务，让儿童在阅读中快乐成长，孩子会受益终生。

在曹文轩儿童文学馆，曹文轩饶有兴趣地参观了馆内陈设，观看了相关图片、视频等资料。在"草房子"班，曹文轩与孩子们交流阅读《草房子》的感受，并勉励孩子们好好读书，好好写作。在休息期间，曹文轩还为"文轩"文学社的孩子和老师们签名留念。

"邀请作家进校园"是神州路小学打造书香校园的一个有力举措。近年来，学校先后邀请了校园作家梅艳，儿童文学作家曹文芳、潘亮等走进阅读大课堂，向孩子们指点阅读写作的迷津，分享阅读写作的乐趣，点燃孩子们想成为作家的美好梦想。

6. 曹文轩作品专柜

为迎接"六一儿童节"，盐都区图书馆在一楼少儿外借处醒目位置特别设立了曹文轩作品专柜，里面集齐了他所有的小说作品 100 多种 800 多册。该专柜已于 2016 年 5 月 28 日正式对外开放。

该专柜书架上摆放着曹文轩纯美小说系列、丁丁当当系列、萌萌鸟系列图书，以及《草房子》《青铜葵花》《细米》等经典作品，还有曹文轩的原创绘本作品，适合各年龄段孩子阅读。

名人文化是城市的文脉，是城市之魂，是社会文明的重要标志。曹文轩作品专柜的开放，有利于盐城名人文化资源的开发、保护和利用，对增强盐城文化软实力和综合竞争力，有一定的作用和意义。

7. 曹文轩儿童文学馆

2016 年 5 月 30 日下午，神州路小学给全校 2600 多名学生送上一份特别的"六一"节日礼物——曹文轩儿童文学馆。馆内收藏了曹文轩各种版本的书籍、荣获"国际安徒生奖"相关新闻报道资料及孩子们开展课外阅读的资料。

近年来，学校开展了形式多样的曹文轩作品阅读活动，激发孩子阅读与写作的兴趣，汲取读书成长的正能量，涌现了一大批"书香班级""书香家庭""校园阅读牛人"等先进阅读典型；学校"文轩文学社"被评为

2015年盐都区中小学"十优学生社团";"快乐阅读,润泽童年"荣获盐都区"十佳文明新事"提名奖;学校在"盐渎风"盐城市第三届全民阅读月中,被评为"全民阅读示范学校"。

二、和悦读书润盐都品牌

1. 实施组织概况

1901年,盐城县始设"读友用书社",1928年建立硕陶图书馆,后演变为盐城县图书馆。1983年市管县体改,盐城县图书馆划归市有,1996年恢复盐都区图书馆建制。图书馆的组织宗旨是:弘扬盐城地域文化,践行社会主义核心价值观。营造快乐读书的氛围,拓宽视野,丰富读者业余文化生活。图书馆的服务范围覆盖盐都区及周边地区。图书馆的活动品牌是盐都区和悦读书会。"和悦读书润盐都"志愿服务项目整合社会力量,利用传统媒体和新媒体等载体,紧紧围绕"静、动、研、新、宣、恒"六字诀,灵活多样地开展阅读分享、课题研究、参考咨询、展览、展演、讲座、研讨会、演讲、征文、知识竞赛、故事会、猜谜、文创产品开发、网上专题等线上线下志愿服务活动。

2. 项目实施方案

(1) 项目产生的背景及其独特性

近年来,随着经济的高速发展,广大人民群众对知识需求越来越重视。人们既要满口袋,又要富脑袋。该项目以传统服务与创新服务相融合的服务方式,拓展志愿服务空间,丰富志愿服务内容,该项目具有理论性、实践性、独特性、公益性、基本性、均等性、便利性等特点,弘扬盐城地域文化,践行社会主义核心价值观。推动中华优秀传统文化创造性转化,创新性发展。促进盐都区志愿服务工作和阅读推广工作向纵深推进。为构建县域公共文化服务体系提供新的平台,群众受益面广,社会影响力大。

(2) 项目主要内容、实施地域、受益对象人群及数量

"和悦读书润盐都"志愿服务项目主要内容为深入学习、大力宣传习近平新时代中国特色社会主义思想,弘扬盐城地域文化,践行社会主义核心价值观。围绕"六字诀",开展阅读分享、课题研究、参考咨询、展览、展演、讲座、研讨会、演讲、征文、知识竞赛、故事会、猜谜、文创产品

开发、网上专题等线上线下志愿服务活动。实施区域和受益对象为盐都区及周边地区的人民群众。盐都区图书馆构建区、镇、村、户四级图书馆服务网络,每年开展志愿服务活动200多次,每年受益人数大约10万人次。

(3)项目实施步骤安排:时间、地点、具体活动内容、活动措施及资金安排等

一是举办和悦读书会系列活动。时间为每周六下午3点至5点。活动地点为盐都区图书馆。具体内容为阅读分享、课题研究、参考咨询、展览、展演、讲座、研讨会、演讲、征文、知识竞赛、故事会、猜谜、文创产品开发、网上专题等线上线下志愿服务活动。二是举办湖海国学社讲座。时间为每周日下午3点至5点。具体内容为弘扬国学文化,传播国学知识,丰富国学爱好者的生活。三是民间藏品进农村展览。时间为每月一次。活动地点为盐都区有关镇村。内容为民间藏品展览。四是和悦书香润盐都建设系列活动。活动时间全年。活动地点盐都区及周边地区。活动内容和措施:广泛联合社会各界,创新推广方式,完善服务网络,让阅读服务惠及更多百姓;优化阅读环境,引领学习风尚,丰富阅读资源供给,创新阅读空间打造,培育特色阅读品牌,努力满足公众多元化阅读需求,营造崇尚学习、热爱阅读的良好氛围,大力开创全民阅读新时代。资金来源为财政拨款和自筹相结合。

(4)项目拓展计划:资源拓展及营销拓展策略

一是组织馆内的志愿者参与到志愿服务项目中;二是招募馆外志愿者联合开展阅读宣传、推广活动,开展公益性展览的布置、讲解、导览,图书整理、读者管理、阅读辅导活动,开展公益性讲座、艺术培训与辅导,开展公益性文化活动演出,开展文化遗产保护工作,理论研究等;三是开展读书征文、演讲、讲座、知识竞赛、读书会、故事会、辩论赛、研讨会、展览等内容丰富、形式多样的志愿服务系列活动;四是组织盐都区图书馆和悦读书会志愿者深入农村、社区、学校、企业、军营等开展志愿服务活动;五是出台相关激励措施,开展系列主题活动,广泛吸引志愿者和热心书友参与志愿服务,努力实现志愿服务活动的常态化、制度化、项目化、品牌化,为"强富美高"新盐城和文化盐都建设添砖加瓦。

(5)项目已取得成效及社会现实意义

和悦读书润盐都志愿服务项目实施多年以来,先后举办阅读分享、课

题研究、参考咨询、展览、展演、讲座、研讨会、演讲、征文、知识竞赛、故事会、猜谜、文创产品开发、网上专题等系列线上线下志愿服务活动，在人民网、凤凰网、光明网、中国新闻网、江苏省委网、中国江苏网、江苏文明网、《现代快报》、《扬子晚报》、《盐阜大众报》、《盐城晚报》、《东方生活报》等多家媒体进行了反复宣传、报道，形成了浓烈的志愿服务氛围，影响深远。2016 年 4 月，盐都区图书馆荣获江苏省全民阅读活动领导小组授予的"江苏省全民阅读工作先进集体"称号；2016 年 11 月，服务成果"和悦书香盐都建设系列活动"被江苏省文化厅评为第七届公共图书馆优秀服务成果三等奖；2016 年 12 月，举办的红领巾读书征文活动荣获省文化厅颁发的组织奖；2017 年在全省公共图书馆业务竞赛中荣获团体二等奖；2018 年 5 月，在第六次全国县级以上公共图书馆评估定级中被评为"国家一级图书馆"；2018 年 12 月，在全省红领巾读书征文活动中荣获组织奖；2018 年 12 月，被江苏省文化和旅游厅评为总分馆建设先进集体；曾经连续五届荣获中宣部、文化部举办的农读征文组织奖。该项目积极推动中华优秀传统文化创造性转化，创新性发展，促进盐都区志愿服务工作和阅读推广工作向纵深推进。

（6）项目宣传计划

走进新时代，盐都区图书馆将加大和悦读书润盐都志愿服务项目宣传力度。一是运用媒体宣传。利用传统媒体和自媒体开展活动宣传，在图书馆网站、博客、微博、微信群、微信公众号、QQ 群、LED 大屏、展板等开展宣传，建立工作档案，每次活动有文字记载和照片或音像资料，并向媒体投稿。中国新闻网、《现代快报》、《盐阜大众报》等数十家媒体进行了反复报道。二是书友参与。鼓励书友积极参与和悦读书润盐都志愿服务项目，推动个体力量向群体力量转变，激发广大书友参与热情。三是召开新闻发布会。定期、不定期召开新闻发布会，邀请媒体记者、专家、学者、各界代表等参与。形成媒体宣传，专家、学者开展课题研究，社会广泛参与的融合宣传效应。吸引更多的人群参与阅读推广工作，投身志愿者服务事业。该项目主题公益宣传词：用阅读引领文明提升，让和悦成为文化名片！

三、民间藏品走进农村展览

截至 2019 年 7 月底,由盐都区文化广电和旅游局主办,盐都区图书馆承办的盐都区民间藏品进农村展览已达 100 多次,全国首创,累计 10 多万农民在村头品尝到了民间收藏精品大餐。

盐都具有悠久的历史。据考,成陆于新石器时代,距今六千年,在周以前为淮夷地。汉武帝元狩四年(公元前 119 年)建盐渎县。东晋义熙七年(公元 411 年)改名盐城。在历史上,是淮东的盐政中心,东南沿海重要的出海口和通商口岸,东南国防的要地。近现代,是老革命根据地之一,新四军曾在此重建军部。盐都区物产丰富,素有"鱼米之乡"的美称,名人荟萃,文化灿烂,有深厚的历史和文化底蕴,有富有魅力的人文景观和自然景观,有许多出土和传世的珍贵文物。所有这些,都为民间收藏提供了有利条件。盐都曾出现过胡乔木等一批收藏大家,目前拥有大批收藏爱好者。

2006 年 4 月 26 日,盐都区民间藏品进农村展览正式启动,首选地是盐都新区娱乐村。该活动由盐都区文化广播电视新闻出版局主办,盐都区图书馆承办。此后又结合重大节日等在龙冈、秦南、大冈、楼王、大纵湖、北龙、学富等地举办了 100 多次展览。每一次展览,民间收藏家都踊跃参加。他们纷纷拿出自己的"看家之宝",跟随展览到村前田头。据统计,展览共展出盐都区民间收藏家的收藏精品 10 多个大类,数百个品种 6000 多件(套)。主要有顾寿义红色经典图书、刘桂林艺术打火机、苏定彦烟标、仇养东艺术扑克、彭文高体育签名明信片、金一平钱币、杨建旅游门券、王杰锋珍品老报纸、徐福高盐城家谱、顾寿海烟标、姚英海蒙古钱币、郭建戎老盐城商标、夏天德邓小平像章、陈盘荣毛主席语录和公交车票、潘流通名人字画、毕阳老电影海报、蔡云贵老街巷门牌、于宏斌盐城地方史料、王继柏邮品、徐森祖火花、袁健报纸创刊号、周柏林报刊号外、刘迎春红色史料、卞康泉盐南战役历史遗物等,这些藏品充分展示了盐都收藏家的风貌,同时也展示了收藏品"沉淀日月、点缀历史、凝固光华"的功能。

民间藏品展览是县级图书馆服务工作的有机组成部分,民间藏品来自民间,通过展览又回到了民间。盐都区民间藏品进农村展览,不仅让更多人了解了收藏，也扩大了盐都区图书馆的社会影响力，同时还大大提高了书友的积极性。而书友们也十分乐于将藏品通过展览的形式奉献给社会，从不计较个人得失。

四、湖海文化大讲堂等品牌

2017年3月28日，盐城为弘扬国学文化，传播国学知识，丰富国学爱好者的生活，由盐城市盐都区图书馆和盐都区诗书画社联办的湖海文化大讲堂首期开讲。湖海文化大讲堂将定期于每周五下午2点半在图书馆三楼学术报告厅举办活动。这是继和悦读书会后又一常年举办的文化活动。

湖海文化大讲堂首讲以盐城古八景之由来及相关歌咏诗文为主题，由资深学者、诗词家、高级法官何玲龙主讲，何玲龙与书友分享了历史悠久、文化积淀深厚的"铁柱潮声、平湖秋色、石桥春涨、登瀛远眺、杨楼翠霭、瓜井遗踪、范堤烟雨、龙祠胜概"盐城八景。

众仙携手共登瀛，入画芳菲一望平。
近郭夕阳晴更好，照人春色晚逾明。
绿杨芳草花边路，红杏青帘柳外城。
日落长歌连辔返，隔烟遥听卖鱼声。

这是一首当年描述盐城"八景"中登瀛晚眺美景的古诗，尽管岁月流逝，书友们仍能从诗歌中领略到昔日登瀛桥的风采，感受盐城深厚的文化底蕴。

当天，盐城市委老干部局老年大学、文友会及社会各界共有60多位书友参与了此次活动。湖海文化大讲堂已经持续举办了3年，共69期。此外盐都区还拥有盐都大讲堂、和悦讲堂、盐渎大讲堂等一批品牌讲座。

五、盐渎四季·诗书画雅集

该项目系盐都诗书画社和盐都区图书馆联办的品牌活动，坚持开展雅集活动，弘扬传统文化；整合多方资源，打造雅集平台；坚持"采风"雅集，汲取创作活力；开展"艺文"雅集，提升活动层次；创新"雅集"方式，广泛吸引受众；热心"诗教"雅集，传播国学知识。每年开展基层采风、学校诗教、公益讲座、专题雅集50余次。尤其是每逢重大节日、社会活动、传统文化节点，以及随机专题组织的诗书画雅集，影响较大。

连续两年组织的中秋雅会，征集作品 1000 余件，遍及全国 22 个省市，现场参与 300 多人。送教进校园 10 余次，公益讲座每年 32 次，受众逾千人。2016 年获"省全民阅读工作先进集体"荣誉称号，2017 年被江苏省诗词协会授予"诗教先进单位"称号。

1. 整合多方资源，打造雅集平台

盐都区图书馆和盐都诗书画社积极整合雅集资源，打造雅集平台。盐都诗书画社成立于 1981 年，起始为复名的湖海艺文社，后更名盐都诗社，再更现名。盐都诗书画社由盐都区政府提供固定活动经费和活动场所，为全区及大市区提供传统诗书画知识普及、创作服务，让广大的受众从现实的诗书画吟唱、创作、演示活动中"阅读"传统的诗书画。盐都诗书画社现有国家级诗书画组织成员 40 多人，在册社员 200 多人。盐都区图书馆是国家一级图书馆，江苏省社科普及示范基地。每年以基层采风、学校诗教、公益讲座、征集演示等方式，进行专题雅集活动。

2. 坚持"采风"雅集，汲取创作活力

"采风"雅集是该社、馆的优良传统，也是传统的诗书画接地气、获源泉的最佳途径，这一活动形式，该社、馆已坚持 30 余年。2017 年，该社、馆组织了七次较大的采风雅集活动：

去射阳县洋马、特庸，亭湖区黄尖等地采风，对当地的特种种植、创业带头人和村干部进行了采访。

去盐都区冈中阿玛兰农场采风，感受从机关干部到农村兼职扶贫书记的实干家，创建的扶贫试点农业种养殖综合基地的丰硕成果，对扶贫实干家的艰难创业之路和取得的成就深有感触。

去盐都区大纵湖镇采风，感受社会主义新农村建设的成果，对农业现代化的进程和发展水平，赞叹不已。

去亭湖区便仓镇采风，感受枯枝牡丹承载的数百年传统文化与民间传说传承的善良风俗的不衰魅力。

去亭湖区盐东镇采风，感受盐城市东区经济的发展模式和探索之路。

去盐都区郭猛镇采风，凭吊了民间传奇人物"布衣青天"沈拱山先生的陵墓，感受人民群众对司法公正的期盼和人民口碑的威力。

联合滨海、阜宁、响水、盐都四县诗书画组织，去滨海港"湖海寻踪"，缅怀湖海艺文社创始者的丰功伟绩，感受滨海港建设的惊人成就。

采风"雅集"活动产生了大量具有生活气息的诗书画作品，为该社、馆的雅集活动注入了勃勃生气。参与者也理解了文艺为人民大众服务路线的正确性，坚定了活动紧密结合生活的信心。

3. 开展"艺文"雅集，提升活动层次

该社、馆积极参与社会各种艺文活动，努力将传统的诗书画文化融入社会，扩大其社会影响力，该社、馆接受了江苏省委宣传部组织的"最美江苏诗词"评选活动盐城站的评选工作，从古籍和社会各界推选的几十首诗词中甄选出十首，一一加以评述，最终确定北宋晏殊的作品《浣溪沙·春恨》作为盐城市最美诗词的代表作。这一甄选结果获得了江苏省专家评审团的认可，著名书法家管峻先生亲笔书写了作品，盐都诗书画社社员何玲龙以盐城方言朗诵了作品。该社、馆还在盐城市政府"周一大讲堂"对200多名机关干部，就盐城最美十首诗词做了赏析讲解，宣传普及了盐城本土的古诗词文化。

该社、馆承办了盐都区文广新局与区级机关工委联合举办的"2017年盐都区区直机关中华古诗词大赛"，承担了全部的出题、答卷、评议工作，社长何玲龙还出席决赛现场，对选手进行现场评议。大赛获得了圆满的成功。

该社、馆在与《现代快报》共同成功举办首届"中秋诗会"的基础上，举办了第二届"花好月圆——2017中秋诗歌朗诵会"，承担了全部作品的评选工作，从全国22个省、市、自治区征集的1044首作品中，分别评选出成人组、少儿组一、二、三等奖十二名，获奖者年事最高者93岁，年龄最小者8岁。颁奖会上，分别以书法、沙画、歌舞、古琴、太极、京剧、中英文朗诵等形式演绎古今诗词作品，充分展示了古典诗词深厚的内涵美。该活动受到了市委宣传部、市文联和多家文化部门的关注和好评。

该社、馆还参加了盐都区组织的"不忘初心，续写忠诚"退休干部喜迎十九大才艺展示会，顾问程明新先生的书法，社员何玲龙的诗吟诵，社员倪慧、王进銮领舞的群舞《梨花颂》在展示会上均获得一致的好评。

4. 创新"雅集"方式，广泛吸引受众

该社、馆的诗书画活动内容以传统为主，特别是诗词是以规范的格律诗词为主要形式，因此，该社、馆一直探索传统诗词与现代多样化的传媒手段相互融合的路径，为此，该社、馆做了一些探索性的努力。

在2017年举办的"盐渎之春——元宵雅集"活动中，该社、馆邀请了醉里挑灯文学网和浠沧月——湖畔悦读公社共同承办活动，通过现代诗词朗诵、传统吟诵，以及琴棋书画、诗词歌赋、拳剑戏曲等多种样式，以元宵为题材，共同讴歌新时代的复兴盛世。传统与现代得到了高度和谐的融合。

2017年母亲节，该社、馆联合"悦尔来兮"品读会，举办了"慈母心、赤子情——盐城格律诗人创作赏析会"，以现代朗读与传统吟诵并结合作者访谈的综合形式，以母爱为题材，展示了格律诗词演绎传统题材的魅力，格律诗作者们现场讲述作品背后的一幕幕母子情深的故事，内容和形式均感人至深。

该社、馆还努力联系现代诗人团体、普通话朗诵团体、阅读团体、曲艺团体等文艺团体，将格律诗词、国画、书法与现代的多种传媒形式结合，举办各种主题诗会、书展、画展，让传统的诗书画"旧瓶"灌装新时代的"新酒"，让传统的诗书画在新时代获得旺盛的生命力。目前，该社、馆的诗书画雅集活动已经与新诗、国语、乐器、歌舞、沙画、茶道、武术、戏曲等多种艺术形式进行了对接和互动。事实证明，传统的诗书画只要融入新时代，追随时代的主潮流，就能不断拓展生存、发展空间，得到长足的、应有的升华。

5. 热心"诗教"雅集，传播国学知识

该社、馆认识到，我国传统的诗书画并不是独立存在的门类，而是中国博大精深传统国学的组成部分，只有把传统的诗书画放在国学大背景中解读，才能体会、理解中国传统诗书画的内涵和精妙，因此，该社、馆将传播国学作为雅集活动的重要内容，并打造了两个主要阵地：

与《现代快报》共同开办了公益性的"湖海国学讲堂"，邀请专家、学者，无偿开办国学知识讲座。2017年，共举办讲座32次，内容涉及地方文化、风土人情、中华诗史、家教、纳谏等诸多方面，多家新闻媒体多次以专版登载了讲座的内容。

该社、馆承担了盐城市老年大学诗词赏析班和诗词创作班的课程讲授任务，为学员讲授诗词创作知识和技巧，批改诗词创作作业，提升学员的阅读能力，打造学员的诗词创作基础，为我市古典诗词创作队伍培养了一批人才。

该社、馆强化和巩固了培育多年的义丰中学、郭猛中学两个省级诗教先进集体的诗教工作，通过做诗教讲座、发表学生作品、推荐参加各种诗词雅集活动大赛等方式，激励学生学习古典诗词的兴趣和热情，多名学生在国家、省、市刊物发表了作品，在大赛中获得优异成绩。该社、馆发现并推荐了坚持诗教八年如一日，默默奉献的盐城市双语小学，该校坚持诗教的事迹得到了省诗词协会领导的重视，授予该校省级诗教先进学校的称号。

该社、馆多次组织送诗教到学校，为学校开设古典诗词讲座，结合中小学课本中的古典诗词课文，拓展学生古典诗词知识。还受邀至盐城全景教育咨询有限公司，通过网络直播的形式，就近三年高考试卷中的古诗词试题，给全市近千名学子做了详细的解析。

盐都诗书画社和盐都区图书馆在"书香盐城"创建活动中，积极整合"雅集"资源，努力发挥"雅集"形式阅读传统诗书画的功用，打造"雅集"品牌，为"书香盐城"贡献微薄之力。

六、盐城中医四季养生讲座

"三伏天"是一年中气温最高，并且潮湿闷热的日子，民间说的"苦夏"就是此时。2018年7月7日，盐都区和悦读书会特邀盐城老中医熊安俊在盐都区图书馆，品《黄帝内经》讲三伏养生并免费坐诊。

熊安俊从中医药学经典《黄帝内经·素问·四气调神大论》谈起，结合三伏气候特点，纵论中医学三伏养生。

熊安俊还就书友关心的养生问题释疑解惑，台上台下互动连连，十分热烈。持续开展多年的盐城老中医熊安俊四季养生讲座，已成为盐都区图书馆的品牌活动。每次熊安俊的讲座及现场免费坐诊，都吸引了大量书友自发参与，弘扬了中华优秀传统文化，传承了中医国粹，有利于盐都区阅读推广工作向纵深推进。

七、学雷锋亲子阅读活动

"我觉得雷锋精神绝不仅限于帮助别人、为社会做好事，雷锋精神还应该体现在能吃苦、能敬业、能奉献上，我们要把雷锋的'钉子'精神、'螺丝钉'精神、艰苦奋斗精神，发扬光大。"2018年3月3日下午，来自盐城市崇礼路小学五（2）班，13岁的学生程俊杰在盐都区学雷锋亲子阅读系列活动启动仪式上的发言，引来一片掌声。

在全国第55个学雷锋日到来之际，由盐都区文广新局、盐都区全民阅读办主办，盐都区图书馆、盐都区和悦读书会承办的盐都区学雷锋亲子阅读系列活动启动前，便引来社会各界关注。因此，参加当天活动的除了有和悦读书会的书友外，还有盐城师范学院青年志愿者代表，以及来自社会各界的公益人士。

活动中，举行了盐都区图书馆和悦志愿者服务队授旗仪式。22岁的志愿者，来自盐城师范学院数学与应用数学系的大一学生武勇表示，作为一名准人民教师，他将和其他青年志愿者把传承和践行雷锋精神，作为自己的人生观、价值观，大力弘扬"奉献、友爱、互助、进步"的志愿者精神，积极投身文明城市建设，为营造"人人学雷锋、个个当志愿者"的良好氛围做贡献。

学雷锋亲子阅读系列活动旨在弘扬雷锋精神、传承雷锋文化，培育和践行社会主义核心价值观，推动志愿服务制度化、常态化、项目化、品牌化，弘扬社会新风尚。为此，主办方将组织志愿者开展阅读宣传、推广活动，开展公益性展览的布置、讲解、导览服务，开展图书整理、读者管理、阅读辅导工作，开展公益性讲座、艺术培训与辅导活动，开展公益性文化活动的演出服务工作，开展文化遗产保护工作、理论研究等，开展读书征文、演讲、讲座、知识竞赛、读书会、辩论赛、研讨会、展览等内容丰富、形式多样的雷锋主题系列活动。

此外，还将组织盐都区图书馆和悦志愿者深入农村、社区、学校、企业、军营等开展志愿服务活动。同时，开展系列主题活动，广泛吸引志愿者和热心书友参与志愿服务，发展壮大志愿者服务队，努力实现学雷锋志愿服务活动的常态化、制度化、项目化、品牌化，为"强富美高"新盐城和文化盐都建设添砖加瓦。

八、盐都区农民读书节活动

2019年4月19日，盐都区第六届农民读书节暨华泽书社读书月活动在尚庄镇启动。盐都农民读书节已经连续举办6年，成为全民阅读推广的重要载体，尚庄农民读书节被评为省社区教育品牌项目。

6年来，盐都区广泛开展阅读推广、乡村舞台、校外辅导教育等活动，努力通过各种形式搭建农民终身学习的平台。先后举办"六下乡"、读书讲堂系列等20多个主题活动。2018年该区举办了"雷锋日与留守儿童在一起""暑假阅读季""红色文化传承""三关爱志愿服务集中行动"等特色活动100多场次。乡村书香润农家项目参加江苏省第三届志愿服务展示交流会。

下一步，该区将以读书月活动为契机，推动全区农民读书活动的全民化、常态化，让盐都农民爱上阅读，用书香充实心灵、丰富人生，让读书成为盐都农民的自觉习惯和精神追求，助推盐都乡村振兴。

九、各级读书征文屡获大奖

2018年12月7日，2018年度江苏省红领巾读书征文活动评奖结果揭晓，盐都区图书馆荣获省文化厅颁发的组织奖，该馆推荐的史亭玉、宋爱金、王晨斌的作品分别获得一、二、三等奖。

2018年度红领巾读书征文活动以"快乐阅读、放飞梦想"为主题，深入贯彻落实党的十九大精神，进一步倡导广大未成年人多读书、好读书、读好书，养成健康阅读的良好习惯，努力构建人人爱读书的书香盐都。为丰富"红读"活动内容，盐都区图书馆精心组织策划，创新活动形式，积极组织中小学生参加看影片、听讲座、读经典、开展科普教育等系列活动，以更好地满足青少年的精神文化需求。

活动期间，盐都区图书馆共收到征文228篇，报送省市参加评奖30篇，省厅获奖作品3篇，分别是：潘黄实验学校史亭玉的《我和书的故事》获一等奖，北龙港小学宋爱金的《让生命之花绽放》获二等奖，义丰初中王晨斌的《有思想的心灵最坚韧》获三等奖。市局获奖作品28篇。盐都区图书馆荣获省文化厅颁发的组织奖。

该馆连续五届荣获中宣部、文化部等颁发的农民读书征文组织奖，连续多年荣获省市红领巾读书征文组织奖，连续6年荣获"盐渎风"盐城市读书节征文组织奖。

十、系列知识竞赛影响渐大

2014年4月23日下午，正值世界读书日来临之际，由盐都区文广新局主办的"书香盐都"农民读书知识竞赛决赛在盐都区图书馆举行。在盐城市文广新局、盐城市图书馆、盐都区委宣传部领导的关心和支持下,活动圆满落下帷幕。

竞赛围绕书香盐都建设主题,从党的群众路线、盐城地方特色文化、生活百科知识三个方面选题,比赛分必答题、抢答题、风险题三个环节。竞赛分预赛和决赛两个阶段进行,预赛在龙冈、大纵湖、尚庄三个分赛区进行。预赛决出潘黄、北龙港、大纵湖、郭猛、盐龙、葛武等六支代表队进入决赛。在决赛中每个参赛队员精神抖擞、斗志昂扬,现场气氛异常活跃。尤其在抢答题环节中,比赛气氛达到了高潮,每名队员铆足力气,奋力抢夺答题权,欢呼声、尖叫声此起彼伏。在经过必答题、抢答题、风险题三个环节的激烈竞赛后,决出一、二、三等奖。大纵湖代表队力压群雄,夺得第一名。这项赛事已持续了6年。

十一、"中国梦·盐都情"读书演讲比赛

为全面贯彻党的十八大提出的"完善终身教育体系,建设学习型社会"的要求,倾力打造"书香盐都",积极为建设"创业、开放、生态、幸福"新盐都提供文化动力和智力支持,助推第二批党的群众路线教育实践活动向纵深发展,2014年5月8日下午,由盐都区文明办、区文广新局主办,区图书馆、区文化馆承办的"中国梦·盐都情"主题读书演讲比赛决赛在区图书馆三楼学术报告厅举办。盐城市文明办副主任陈中才,区委常委、宣传部部长葛建华,盐城市文广新局副局长王胜利亲临赛场。

"中国梦·盐都情"读书演讲比赛分预赛、初赛和决赛三个阶段进行。预赛由区直各部门、各镇(街道)自行组织,4月25日下午,30名选手进入初赛,经过激烈角逐区委宣传部朱珂、区检察院杜晶、潘黄街道王芳等16名选手进入决赛。选手结合自身读书经历,畅谈自己读书感悟和收获。在演讲过程中,或慷慨激昂,或深情动人,尽管情感和表达方式不同,但他们无不传达出对"中国梦"的期盼与理解,更表达出了对祖国的热爱之情,建设家乡的迫切之心。经过一番龙争虎斗后,区委宣传部代表队的朱珂等2人荣获一等奖,楼王镇代表队的邱莉等5人荣获二等奖,区人社局代表队的周俊等7人荣获三等奖,区财政局等5个单位荣获组织奖。这项赛事已持续了6年。

十二、盐都区中小学故事大赛

2014年10月25日,由盐都区文广新局、区教育局、区关工委主办,区图书馆、滨湖街道文化服务中心承办的"中国梦·盐都情"中小学故事大赛在滨湖街道水润天成度假村举办。来自全区的46名中小学生参加了比赛,通过一段段寓意隽永的故事,表达了对"人生梦""中国梦"的憧憬和学习知识、贡献社会的志向。比赛现场高潮迭起,掌声雷动。

"小仁祥读书一波三折。他刚入学,就不愿意再跨进学校大门。原来,同学们都在笑话他走路的样子,甚至学着他走路。从此,为了不引起大家的注意,他总是坚持早到校,迟离校,一心读书。但没过多久,'文革'开始了,学校停课,谭仁祥开始了艰苦的自学:没有书,他就跟下放知青借;没有纸和笔,他就用树枝在墙上、地上划;没有油灯,他就借用月光……功夫不负有心人,终于,他考上大学了,但由于他跛脚的原因,曾两次面试被拒之门外……"

这是毓龙路实验学校朱子初同学给观众带来的深情故事《漫漫求学路,拳拳报国情》,再现了从盐都走出去的南京大学校长助理、生命科学院院长、博士生导师谭仁祥教授,如何用他的坚韧、勤奋和忠诚,在中国大地上书写盐都人的自豪。

此外,北蒋实验学校周嘉同学讲述了盲人钢琴调律师陈燕用心去拨动琴弦、追逐梦想的故事;尚庄初级中学胥磊同学讲述了盐都知名人士、新华社原资深记者唐理奎和家乡盐城的不解之缘……在他们生动描述下,一个个人物形象栩栩如生地展现在大家面前,深深感染了现场近百位观众,也得到了评委们的赞赏。

此次参赛的作品均为原创,参赛的小选手们个个落落大方,语言流畅,感情真挚,尽管情感和表达方式不同,但他们无不传达出对"中国梦"的期盼与理解,更表达出了对祖国的热爱之情,建设家乡的迫切之心。经过一番激烈角逐后,决出中小学组一等奖各两名,二等奖各三名,三等奖各五名,优秀奖、组织奖若干名。

"通过此次活动,让我对人生梦、中国梦有了更深刻的认识,同时也激发了我勤奋读书的热情……"一位学生在比赛结束后激动地说道。这项赛事已持续了6年。

十三、盐城首届网络春节晚会

为贯彻落实习近平总书记在文艺工作座谈会上的讲话精神，弘扬主旋律，用优秀的作品教育人，弘扬盐城地域文化，努力践行核心价值，丰富广大网民生活，倾听网民声音，全力打造属于网民、市民、平民的文化视觉盛宴，2015年1月25日由民进盐城市委员会、盐都区文广新局主办，盐都区图书馆、鹤鸣亭、盐城少儿艺术团承办的盐城首届网络春晚在盐都文化艺术中心拉开帷幕。

该晚会历经半年多的精心酝酿筹备、海选、联排、彩排，贯彻节俭办春晚的原则，勤俭节约，控制舞美和舞台规模，同时严格控制人海战术，使整台晚会创新而不奢华，新颖而不炫目，力求内涵的丰富。整台晚会立足广阔、鲜活的网络阵地，经"我要上春晚"海选，从上百个参赛节目中仔细遴选，最终敲定了15个节目，个个都是精品。节目形式更加凸显网络春晚草根性、网络性、本土性，力求推陈出新，土洋结合，为观众呈现出一台雅俗共赏的草根联欢。晚会现场精彩无处不在，每一位演员都付出了自己的全部力量，每一个节目都给予了我们无限的正能量。

由陆小艺古筝学校表演的歌舞《大家一起喜洋洋》揭开盐城网络春晚的精彩帷幕，一场为广大市民精心烹制的视觉文化大餐正式开启。

从开场舞到相声《吹牛》，小朋友们的身影无处不在，他们给整台晚会带来了生机与活力，给现场观众带来阵阵笑声。不管是说唱、舞蹈还是小品，小朋友们表演起来丝毫不逊年长的哥哥、姐姐、叔叔、阿姨，一招一式都有板有眼，可圈可点。出色的表演一次次点燃了现场观众的激情。

年轻人是整台晚会的中坚力量。盐城市文广新局选送的口哨《拉德斯基进行曲》清新脱俗，让大家耳目一新。2015年《习大大爱着彭麻麻》确实火了一把，封加龙用他娴熟、唯美、感人的声线唱响了全场、感动了全场。晚会进入高潮。随着舞蹈《绣鞋垫》的前奏响起，2015盐城网络春晚的录制接近尾声，整个录制过程观众积极参与，表现出前所未有的热情。盐城首届网络春晚第一名节目喜获1万元现金奖励。

24日下午3点，盐都文化艺术中心演出大厅里座无虚席，盐城首届网络春晚少儿专场在此举行。一群装扮时尚的孩子们激情演奏爵士鼓《吸引》，拉开了晚会的帷幕，来自市区的众多小演员以展示才艺的方式传递着新春的祝福。

孩子们是整场晚会的主人公，在他们的"主场"尽情挥洒着自己的才艺和热情。轻灵动听的儿童歌谣、优雅炫动的曼妙舞姿、熟练自信的乐器演奏……在喜气洋洋的舞台背景烘托下，丰富多彩的节目接连上演，让人目不暇接。少儿舞蹈《红旗飘飘》、快板《满江红》、武术表演《少年强则中国强》等节目博得观众热烈掌声。

"现在的孩子太厉害了，小小年纪就又唱又跳有模有样，而且一点都不怯场，真是太难得了。"晚会上小演员们的精彩表现不时获得在场观众由衷的赞叹。

十四、农家少儿模拟法庭活动

在"六一"儿童节到来之际，2019年5月26日上午，盐城市盐都区尚庄小学联合华泽书社新时代文明实践工作站开展"六一与你'童'在——少儿模拟法庭活动"。活动中，学生们围绕一起涉嫌故意伤人案，通过当庭陈述、举证、质证、认证、辩论等环节，做出一审判决，让青少年亲身感受庭审氛围，认识到违法犯罪行为的社会危害。

模拟法庭被告人张铭轩说："知道了不良行为对我们学生的伤害，增加了我对法律的了解。"

模拟法庭审判长卢燕说："法无授权不可以去做，法律是我们日常生活中的基本准绳，我们每个人都要去遵守和维护法律。"

庭审现场，同学们各司其职，案件分析深刻，宣判结果准确，表现了青少年良好的法治素养，也锻炼了他们现场应变能力和团结协作能力。活动结束后，同学们还领到了"六一"儿童节学习大礼包。

盐城市盐都区尚庄小学大队辅导员李月华表示："今天的活动是我们学校的法治特色之一，它是以未成年人的思想道德建设为目标，瞄准他们的内心、实践以及社会共建这三个层面，让学生在实践中体验自我，在感悟中塑造人格，有效地提高他们的道德认识和法治观念。"

十五、盐城民俗文化系列活动

1. 端午节主题读书活动

盐都区和悦读书会2019年6月1日下午在盐都区图书馆四楼研讨区

举办端午节主题读书活动,这是和悦读书会第404期活动。书友围绕端午起源探究、盐城端午民俗、盐城人的粽子、民俗文化扬弃等进行研讨。此次活动是盐都区图书馆"我们的节日"活动之一。

(1) 盐城端午民俗

每逢端午,家家裹粽子,门前插艾与菖蒲,室内悬挂钟馗像,以辟邪怪。中午的佳肴甚丰,但不可或缺的是咸鸭蛋、凉拌红萝卜等。

端午在盐城地区又被称为"恶五",家里有还没满周岁的小孩,父母会带着孩子在节日期间回外婆家,又叫"躲五"。

东台民间的端午节有吃红萝卜的习俗,来源于一次农民起义。清同治年间,东台地区一个叫詹以安的七品武官,横行无忌,胡作非为。老百姓相约在五月初五这天,以"关帝显灵"为掩护,民众们一手拿钉耙大锹,一手举着红萝卜头为起义标志,纵火焚烧詹军的兵船。这次起义,詹以安被起义军打死,为了纪念这次起义的胜利,每年五月初五,东台民间都要吃红萝卜。

(2) 盐城人的粽子

如今盐城地区粽子的形状多为三角形,现在经常举办包粽子大赛,自然讲究包粽子的速度,大家都会选择简单易包的三角粽。过去还有四角粽、斧头粽等,现在已经很少见了。

记得儿时吃粽子基本上都是白米粽子,没有什么馅料,偶尔长辈们会在里面放上一些蚕豆瓣子,白白的糯米和淡绿的蚕豆往往给我们这些小孩一点惊喜,有时候调皮,在粽子还没剥开的时候,还喜欢先把粽子的角咬去,感觉粽角特别香甜。过去经济状况不好,一般人家里都是白米粽子。现在条件好了,大家都是有什么就放什么,馅料一般都有桂圆、板栗、火腿、蛋黄、豆沙、红枣、红豆、蚕豆、咸肉等。

盐城地处江苏北部,一般选用芦苇叶包粽子。芦苇叶裹粽子比较香,可以品出里下河平原河荡里鱼米之乡的味道。常见的粽子都用粽绳捆的,而盐城人用粽针包粽子。粽针在盐城地区流行了很多年,何时在盐城出现已无法考证。盐城人很早就习惯了使用粽针包粽子,方便、环保,免去使用粽绳这个步骤,不过县城很多人家还是习惯使用粽绳。

(3) 民俗文化扬弃

依存于特定时空,以口传心授方式传承的各种生产劳动民俗、社会组织民俗、日常生活民俗、岁时节日民俗、人生礼俗、游艺民俗、民间观念、民间文学等民俗文化正在不断演变或消失，一些作为传统文化载体的独特的语言、文字、资料正在消失。随着社会的发展进步，一些民俗正悄然淡去。一些外来风俗则大行其道，甚至某些不是节日的日子——所谓的"人工节日"，因特定的谐音而受到热捧。一些外来节日和"人工节日"不少是商家借机炒作，这些都为坚持民俗文化保护的本真性带来了很多困难。应该清醒地认识到民俗文化演变是有规律的，是无法阻止的，这就需要全社会特别是民俗文化工作者进行扬弃，优秀的民俗文化要进行弘扬保护传承，而民俗文化中的糟粕则让它们自然消逝。

2. 研春联，写春联，送春联主题读书活动

盐都区和悦读书会 2017 年 1 月 21 日下午在盐都区图书馆四楼研讨区举办"研春联，写春联，送春联"主题读书活动。这是盐都区和悦读书会第 270 期活动。

本次活动邀请了盐城师范学院陈以鉴教授主讲，陈教授详细介绍了春联的源起和发展、创作和要求。

传统春联是用毛笔书写，因此，盐都区和悦读书会邀请了江苏省金陵女子书画院盐城分院的书画家们现场写春联、送"福"字、画国画。江苏省金陵女子书画院盐城分院刘守芹院长说，书法是我国传统国粹之一，具有与汉字几乎同样悠久的历史。书法艺术一直是国人喜闻乐见的艺术形式，拥有广泛而深厚的群众基础。传承与发扬传统书法艺术，让书法重新进入大家的日常生活，进而带领大家重新体悟传统文化的价值。新春佳节组织书画家即兴挥毫，很有意义。书法家们现场书写了 200 多副春联和"福"字赠予陆续来到现场的书友们，为书友们带来满满的新春祝福。

书友杨建表示，盐都区图书馆组织"研春联，写春联，送春联"活动，请书画家现场书写春联赠予书友们，接地气，得民心，孚众望，积极发挥了县级图书馆作为文化活动主阵地作用，满足了人民群众日益增长的精神文化需求，丰富了读者们的精神文化生活，为人们提供了公益性、基本性、均等性、便利性的公共文化服务，营造了喜庆和谐的社会文化氛围，是肯作为，有作为，可圈可点，值得提倡。本次活动融我们的节日、志愿服务、创建全国文明城市等诸多元素为一体，给书友们带来了过年的味道。

3. 闹元宵，制灯谜，猜灯谜主题读书活动

观灯猜谜是元宵佳节的传统节目。为庆祝元宵节的到来，营造欢乐氛围，2019年2月16日下午，盐城市盐都区图书馆精心准备了各种集知识性、趣味性和娱乐性于一体的谜语供读者竞猜。这些谜语涉及人名、地名、非遗项目等内容，尽显盐城元素，充满了浓浓家乡味，前来参加猜谜活动的市民络绎不绝。

"主人一生清当先，古刹半隐层云飞"（打一非遗项目），面对这道谜面，来自盐城市第一中学的朱海涛同学经过思索，猜谜底为"淮剧"。他说，"主人一生"扣"亻"，"清当先"扣"三点水"，"刹半隐"扣"刂"，"层云飞"扣"尸"，加上"古"合成"剧"字。当得到工作人员肯定的答复时，他说，猜谜让他对盐城的传统文化有了更多的了解。

这些谜面均由书友蔡海多次推敲制作而成，其谜底融入大量盐城元素。淮剧、杂技、面塑、老虎鞋、藕粉圆、九龙口传说等都是盐城地区的非遗项目，将其融入此次猜谜活动，除了丰富广大市民的文化生活外，更重要的是传承地方传统文化。

十六、"书香盐都"书报刊悦读节

2016年12月10日上午，"书香盐都"首届邮政书报刊悦读节在高新区潘黄街道成功举办。该活动由盐都区委宣传部主办，区文广新局、区邮政局、高新区潘黄街道等单位共同承办。

悦读节活动现场，承办单位向潘黄小学学生赠送书籍，随后又举行了精彩的文艺演出与阅读互动活动。500多名居民积极参与，争相订阅各种报刊，购买书籍，取得了较好的阅读推广效果。

开展"书香盐都"邮政书报刊悦读节活动，旨在号召广大市民，重新回归传统阅读之中，从阅读中体验获取知识的乐趣，为建设文化盐都和学习型城市、创建文明城市营造浓厚的氛围。同时，盐都区结合"红色文化宣传月"活动，同步开展以"邮票上的长征"为主题的红色集邮展、红色图书展活动，向广大市民进一步宣传红军长征精神、铁军精神。此项悦读节已持续举办了3届。

十七、欢歌笑语走基层美名扬

近年来,盐都区致力于统筹城乡协调发展,把促进农村文化振兴、加强农村基层文化建设放在了重要的位置,重抓公共文化服务体系建设,着力打通公共文化服务"最后一公里"。扎实做好文化惠民巡演活动,极大丰富了基层群众的文化生活,有力地推动了城乡文化的协同发展、城乡群众文化权益的均等化和城乡文明的同步建设。

明确任务,精心组织。每年,盐都区"欢歌笑语走基层村村到"文化惠民巡演在每个自然村演出1—2场,每年演出达500场以上,实现全区所有自然村巡演全覆盖。短小精悍、脍炙人口的曲艺、歌舞、淮剧等节目深受广大群众的喜爱。每一场演出都由各单位精心组织编排,并经区文广新局评审小组审查通过后方可进行演出。

建立节目库,实行订单式服务。为了进一步开展好此项活动,盐都区文化和旅游局采集了市淮剧团、区文化馆、区群艺馆、各镇(街道)文化站和民间业余文艺团队的数百部文艺作品,专门建立了文化惠民巡演作品库。在此基础上,通过建立巡演交流需求征集反馈机制,凭借网络互动平台、微信、微博等多种方式广泛征集群众的文化需求,实现惠民巡演与群众文化需求有效对接,实现"订单式"服务。

创新演出内容。近年来,本着"群众喜欢什么,我们就演什么"的原则开展文化惠民巡演活动。在演出群众喜闻乐见的淮剧、快板、相声、小品、歌舞、打鼓说唱等节目的同时,注重紧跟时代脉博,穿插以下三个方面的内容:一是结合全国文明城市创建活动,大力开展有关移风易俗、诚信等文明倡导小戏的创作和演出,从而促进乡村乡风文明,培育文明乡风、良好家风、淳朴民风,建设邻里守望、诚信重礼、勤俭节约的文明乡村,为推动乡村文化振兴奠定坚实的思想文化基础;二是结合党的十九大精神学习贯彻和社会主义核心价值观教育,将有关党的新时代新政策新精神的内容编成各种形式的小戏,让广大群众在享受文化大餐的同时,受到生动的时政教育;三是从服务驻地党委政府中心工作出发,创作一些文艺小戏,大力宣传党委政府为民富民利民的好政策、好形势。

加强财政扶持。每年,盐都区都将文化惠民巡演补助资金纳入财政预算,每年安排200万元财政专项资金,对此项活动中的每一场演出,实行由区财政补助 2000 元/场，各镇（街道）补贴 2000 元/场，从而在财力上给予充分保障。

实行专项考核。文化惠民巡演活动由区文化和旅游局明确专人负责督查、考核，主要采取建立文化惠民巡演微信督查群和定期、不定期地到演出现场抽查相结合的方式进行。微信督查群要求每个演出单位在演出时及时上传演出照片。巡演活动要求每场演出要做到四个"有"：有送戏进村的时间安排，有演出的剧照，有宣传的海报，有各村的回执表。同时每月统计巡演场次，每半年汇总一次，年终进行综合考核。

"欢歌笑语走基层村村到"文化惠民巡演真正解决了基层公共文化服务活动"最后一公里"的问题。活动开展过程中，节目精彩纷呈，观众场场爆满，深受广大群众喜爱，取得了较好的文化宣传效果。盐都区"欢歌笑语走基层村村到"文化惠民巡演年演出达 500 多场，每年受众达 20 余万人次，已逐步成为群众喜爱的公共文化服务活动品牌。"欢歌笑语走基层村村到"文化惠民巡演活动以优秀的文艺节目丰富农村文化生活，在构建现代公共文化服务体系，拓展现代公共文化服务内涵，提升现代公共文化服务供给能力等方面发挥了重要的作用，相关事迹在省市媒体多次报道，在全市乃至全省社会反响较好。

第八节　社会力量办读书会思考

随着社会的发展和时代的进步，社会力量办读书会的意义重大。在社会力量办读书会时，政府要起主导作用，建立高效、透明的运行机制，提高社会力量办读书会的积极性，满足人民群众不断提升文化品位的需求。

一、社会力量办读书会的战略意义

1. 有利于巩固党的执政基础

读书会的活动立足群众需求，以读者为中心，采取"自下而上，以需定供"的互动式、菜单式服务方式。读书会的发展有利于提高公共文化服务供给的有效性，让读者共享改革开放成果，不断满足人们日益增长的精神文化需求，对提高党的执政能力和巩固党的执政基础意义重大。这关系到政权的稳固，关系到党和国家的长治久安，关系到社会的稳定。

2. 有利于开展阅读推广工作

促进全民阅读，重在全民参与，贵在全民共享，如何常态化、长效化地推进，能够真正深入基层、深入人心，使之成为全民自觉行动和良好的社会风尚，是迫切需要解决的重要课题。大力发展读书会有利于推动书香建设向下扎根、向全社会覆盖。发展读书会有利于开展阅读推广工作，有利于提高公共文化服务供给的多样性，有利于打造"城市15分钟文化圈"和"农村十里文化圈"，为公共文化服务体系建设提供新的平台。

3. 有利于社会主义核心价值观教育

发展读书会有利于社会主义核心价值观教育，开展读书会将培育践行社会主义核心价值观和传承弘扬中华优秀传统文化，贯穿于读书活动中，如盐城市盐都区和悦读书会活动宗旨：弘扬盐城地域文化，践行社会主义核心价值观，营造快乐读书的氛围，开阔视野，丰富书友的业余文化生活。

二、社会力量办读书会的模式

1. 公办民助模式

公办民助模式如盐都区和悦读书会、盐都区凤凰亲子读书会、阜宁县金沙湖读书会等。盐都区和悦读书会是图书馆利用自身优势，整合社会力量成立的一个群众性社团。盐都区和悦读书会以传统服务与创新服务相融合的服务方式，拓展服务空间，丰富服务内容。读书会每周举办两次：每周三19点至21点在顾吾书社举办夜读会，每周六15点至17点在盐都区图书馆开展活动。活动内容涉及盐城四色文化、国学经典、民俗、收藏、理财、养生、时事热点等，采用阅读分享、课题研究、参考咨询、展览、展演、讲座、研讨会、演讲、征文、知识竞赛、故事会、猜谜、网上专题等多种方式。另外，图书馆利用网站、QQ群、博客、微博、微信群开展线上线下活动，丰富的读书活动吸引了众多读书爱好者的自发参与，受到广泛欢迎。2016年1月，盐都区和悦读书会荣获盐城市全民阅读活动领导小组授予的"盐渎风盐城市第三届全民读书月示范项目"称号；2016年4月，盐都区图书馆荣获江苏省全民阅读活动领导小组授予的"江苏省全民阅读工作先进集体"称号。

2. 依托书屋模式

依托书屋模式如盐城市顾吾书社夜读会、盐都区绍琪书屋读书会、盐都区华泽书社读书会、盐都区爱瑞书屋读书会等。盐都区绍琪书屋读书会是尚庄镇姚伙村 70 岁的农民乐绍琪自筹资金 50 多万元创办的，他的读书活动在当地广为流传，得到了群众的称赞与认可。乐绍琪先后被评为"市第二届道德模范""省、市关心下一代工作先进个人""省农家书屋先进个人""省百佳农家书屋管理员""中国好人"等。另外，绍琪农家书屋被评为"省五星级农家书屋"，还被国家广电总局评为"书香之家"。

3. 民办民助模式

民办民助模式如盐城市浥沧月湖畔诵读会、新青年读书会盐城分会、盐城市八菱华庄经典诵读会等。同时，盐城市民众会在每个月的最后一个周六 15 点至 17 点举行一次诵读会，地点设在聚龙湖畔的文化艺术中心听淮阁。该会没有门槛，没有会费，只要喜欢，谁都可以参与进来。目前，该会已经有 100 多人参与，都是自发组织起来的，有公务员，有文化界、新闻界人士，也有教师和医生等。

4. 民办公助模式

民办公助模式如盐城市社会福利院老人读书会、盐都区居然之家·如意斋读书会、亭湖区登瀛读书会等。亭湖区登瀛读书会是亭湖区图书馆和盐城市雷锋馆联合创办的。该会的宗旨是学弟子规，传承传统文化；学雷锋精神，弘扬红色文化。每周五晚上 19 点，读书人将齐聚盐城市"雷锋馆"读经典、释人生。

5. 市场运作模式

市场运作模式如樊登读书会盐城分会、蓝狮子读书会等。樊登读书会盐城分会的宗旨是帮助市民利用碎片化时间（如晚饭后、睡觉前、上下班路上、机场候机时、高铁上）快速有效地阅读，倡导全民阅读，致力于帮助人们养成阅读习惯。樊登读书会的核心产品是形式多样的精华解读书摘，都是由知名导师创作的，以 PPT、图文帖、音频、视频等多种形式在多个平台上进行分享传播，可以帮助市民用半个多小时快速吸收一本书的精华内容，让那些原本没有时间或者没有机会读书的人能够每年吸收 50 本书的精华。

三、盐都区和悦读书会的实践与探索

1. 静——阵地制度建设到位

盐都区图书馆利用自身优势，整合社会力量，积极开展盐都区和悦读书会工作，积极支持和参加盐都区和悦读书会活动，成立盐都区和悦读书会活动工作的领导小组，明确责任分工，把盐都区和悦读书会工作纳入单位工作的总体规划，统一部署。盐都区图书馆是国家一级图书馆，多年来一直重视和悦读书会活动的基础设施建设，利用本馆的优势打造了一个较为立体的盐都区和悦读书会活动功能区域。盐都区和悦读书会活动做到了年初有计划，年底有总结，有比较完善的激励机制，将盐都区和悦读书会活动工作纳入单位的考核，通过评比能够结合盐都区和悦读书会活动工作实际开展理论研讨与对外交流。

2. 动——活动开展有声有色

盐都区和悦读书会常年开展阅读分享、课题研究、参考咨询、展览、表演、讲座、演讲、征文、知识竞赛、故事会、猜谜、研讨会、网上专题等读书活动，活动形式新颖、内容丰富，全年开展各类活动达100多次。读书征文、讲座、演讲、经典诵读、座谈会、故事会、猜谜、知识竞赛、七彩的夏日及民间藏品进农村展览等已成为该会的知名特色活动。

3. 研——学术研究硕果累累

盐都区和悦读书会在南京大学出版社出版了专著《盐城地域文化保护研究——盐都区图书馆的实践与探索》，论文《基于社会力量办农家书屋的几点思考》荣获"省第十一届五星工程奖"铜奖。盐都区和悦读书会主持了12个省、市级课题：2011年主持的"董加耕事迹展览探析"等两个市级课题立项，2012年主持的"探索构建盐城海盐文化遗产保护体系新路径"等三个省、市级课题立项，2013年主持的"盐城红色文化与城市个性研究"等两个省、市社科联课题立项，2014年主持的"海洋强国战略背景下盐城海洋文化保护开发研究"等两个省、市社科联课题立项，2015年主持的省社科联课题"盐城湿地文化生态保护研究"立项。其中11个课题已结项，省文化厅课题"盐城海盐文化生态保护研究"获奖等次良好，"盐都民俗探究"等五个课题已分别获盐城市社科应用研究优秀结项课题一、二、三等奖。

4. 新——读书活动突出创新

盐都区和悦读书会服务的项目"盐都区图书馆保护盐城地方特色文化的实践和探索"在江苏省公共图书馆第六届优秀服务成果评奖中荣获三等奖，论文《基于社会力量办农家书屋的几点思考》荣获省"第十一届五星工程奖"铜奖。与盐城鹤鸣亭等单位联办的盐城首届网络春晚和盐城首届少儿网络春晚跨界跨区域合作，与盐都区文联、团区委、区工会、区妇联、区作家协会、区收藏协会、区民间文艺家协会、区美术家协会、区书法家协会、区摄影家协会、区戏剧家协会、区音乐家协会、区集邮协会等合作开展了内容丰富、形式多样的活动。盐都区和悦读书会已成为盐都区图书馆的知名特色品牌，多次接受省市媒体以盐城民俗为主题的采访，并在《扬子晚报》《现代快报》《盐阜大众报》《盐城晚报》《东方生活报》等多次刊登，其中也多次被光明网、凤凰网、中国新闻网、江苏省委网等多家媒体转载。

5. 宣——读书活动影响巨大

盐都区和悦读书会利用网络新媒体开展读书活动宣传，创办读书活动专题博客、微博、微信、QQ群等，编辑《农家信息》《决策参考》等，同时利用LED大屏，开辟读书活动宣传橱窗、展板等；建立盐都区和悦读书会工作档案，在网站、博客、微博、QQ群、微信群等发布，及时向媒体投稿。《中国文化报》、《中国文物报》、《人民政协报》、《扬子晚报》、《现代快报》、省电台、凤凰网、光明网、中国新闻网、江苏省委网、中国江苏网、江苏文明网、《盐阜大众报》、《盐城晚报》、《东方生活报》、盐都电视台、盐都广播电台、盐都新闻网等多家媒体进行了反复宣传、报道，形成了浓烈的读书活动氛围，具有巨大的影响力。

6. 恒——书会工作坚持不懈

盐都区和悦读书会活动是一项系统工程，是一项长期工作，它亟须多个部门形成合力。盐都区图书馆从组织领导、人员队伍、制度管理、配套设施、活动特色、突出成效、策划创新等方面精心组织，认真开展盐都区和悦读书会活动，与当地社区、乡村、学校、机关、企事业单位、社会团体、媒体等都保持良好而密切的联系，能够取得相关单位对盐都区和悦读书会活动工作的积极支持。盐都区图书馆将努力探索、任劳任怨、倾心倾力、争创一流，努力拓展盐都区和悦读书会活动工作的新局面。

第九节 开展未成年人的性教育

未成年人是国家的未来,民族的希望。加强未成年人性教育对于社会主义核心价值体系构建,抬高未成年人性道德标杆,构建和谐社会意义重大。未成年人生理发育迅速,心理发展如不同步完善,极易发生性心理失衡、性道德沦丧和性犯罪。县级图书馆要紧扣时代脉搏,创新服务理念,利用社会资源,突破延伸服务瓶颈,拓展服务空间,积极开展未成年人性教育,积极探索县级图书馆开展未成年人性教育的新路径。

一、构建县、镇、村三级图书馆服务网络

在县域应构建一个以县级馆为中心、镇级馆为支柱、村级馆为服务点的三级图书馆服务网络,这是县级图书馆开展未成年人性教育的基础。县级馆是全县文献、研究、辅导和指挥中心,是服务网络的龙头;镇级馆是服务网络纽带,它联系着县级馆和村级馆。盐都区建成以区馆为龙头,镇级馆为骨干,260多家村级馆为服务点的三级图书馆服务网络。

二、县、镇、村三级图书馆联动,开展内容丰富形式多样的活动

利用县级图书馆学术报告厅、影视厅、阅览室、自修室、文化共享工程资源等开展讲座、演讲、辩论赛、展览、阅读等内容丰富形式多样的活动。对未成年人开展性教育,打破神秘感,使未成年人在性知识、两性关系处理上符合道德规范,人格趋于完善。向未成年人传播伦理学、解剖学、生理学、男科学、妇产科学、医学心理学、社会医学、行为医学等基本知识。同时要让未成年人了解色情读物给人以迷乱的性刺激,煽动不稳定的、无制约的性冲动。极不负责的、有悖伦理的性行为,害人害己,危及社会。因此,未成年人要远离色情制品,阅读健康有益的读物。

三、加大投入力度,探索未成年人性教育经费多元投入机制

县级政府要将未成年人性教育经费纳入财政预算,并随着财政收入的

增长而增长。制定出台鼓励和支持未成年人性教育的优惠经济政策，探索建立县域未成年人性教育基金及管理制度，以减税免税、授予荣誉等，鼓励社会力量参与县域未成年人性教育工作。我国政府陆续制定有关用于调控的诸如税收、信贷政策，激励与引导个人、团体向公益事业进行捐助。1999年全国人大常委会通过的《中华人民共和国公益事业捐赠法》将社会捐赠纳入法制轨道。2004年颁布实施的《基金会管理条例》广泛动员社会力量参与公益事业，明确了税收优惠政策，加大了税收支持和监管力度。2005年11月颁布的《中国慈善事业发展指导纲要（2006—2010）》明确指出，要推动完善慈善税收减免政策，发挥税收政策的引导作用，保护公共慈善捐赠的积极性。2006年，国务院办公厅转发了财政部、中宣部《关于进一步支持文化事业发展的若干经济政策》。开征遗产税和赠与税促进慈善捐赠等法律也正在积极酝酿，这些法律、法规和措施提高了社会力量参与未成年人性教育的积极性。

四、建立未成年人性教育专题数据库

在县级政府的统筹规划下统一标准、互联互通、分工协作、资源共享，作为未成年人性教育资料收藏的有关单位，如图书馆、文化馆、科技馆、医院、学校等均可根据自身的特点和已有的基础，发掘自身的潜力和优势，分别去承担有关方面的未成年人性教育资料的收集整理，加工与建库等工作。建立未成年人性教育专题数据库，以此为基础建设未成年人性教育专题网站或在县级图书馆网站上设立专题，网上互动，开设未成年人性教育专题微博等。

五、成立未成年人性教育研究会

县级图书馆要积极开展未成年人性教育研究活动，牵头成立县级未成年人性教育研究会。研究会成立后，要积极组织会员对未成年人性教育资料进行采集、保存、整理、交流、传播，从事未成年人性教育研究和各种学术交流活动，开展形式多样的未成年人性教育活动。立足县域实际，紧密结合社会主义核心价值体系建设，对未成年人进行性心理、性生理、性道德、性健康教育，让未成年人了解尊重自己和自己的身体，学会保护自己，不再因为身体或心理问题感到尴尬。逐步构建未成年人性教育体系，

使未成年人性道德水准达到社会规范标准，符合公序良俗。

六、与社会力量协作，拓展服务空间

要提升未成年人性教育规模，开展内容丰富，形式多样的活动，需要借助社会力量。盐都区县、镇、村三级图书馆与盐城市淮剧团、区文化馆、区收藏协会、区美术家协会等协作，举办展览、讲座、培训、小戏、小品、演讲、朗诵、舞蹈等内容丰富的未成年人性教育活动。与区收藏协会联办未成年人性教育藏品进农村展览，几年来已进入30多个村，近2万名未成年人在村头品尝民间收藏精品大餐。展览每到一处，发放未成年人性教育宣传资料，《中国文物报》《中国收藏拍卖导报》《人民政协报》等10多家媒体报道。与盐城市兴艺文化传媒有限公司合作开展未成年人性教育讲座、演讲报告会等，以赞助冠名等形式引入企业资金参与，突破了延伸服务瓶颈，拓展了服务空间。

未成年人性教育是一项系统工程，涉及面广，是一项长期工作，要稳步推进，走向社会化和终身化。县域相关职能部门要各司其职，齐心协力开展未成年人性教育，对未成年人进行性心理、性生理、性道德、性健康等教育，努力抬高未成年人性道德标杆，弘扬社会主义文明风尚，维护社会稳定，构建和谐社会。希望有一天人们再看到"性"这个字的时候，联想到的不再是罪恶和肮脏，而是爱与责任。

第十节 积极关爱弱势儿童成长

儿童是祖国的未来，社会可持续发展的保证，因此弱势儿童问题成为社会的热点问题。面对这一难题，县级图书馆应充分发挥社会教育职能，开展针对性服务，提供人文关怀，唤起政府、学校、家庭、社会对弱势儿童的关注，突破延伸服务瓶颈，更好地为弱势儿童服务，为社会主义新农村建设提供高素质的接班人。

一、积极服务弱势儿童，现实意义非比寻常

从社会角度讲，积极服务弱势儿童是构建和谐社会的战略措施。随着

我国经济体制改革的不断深入和社会的快速发展，弱势儿童的构成发生了很大变化，成为一个规模庞大、结构复杂、分布广泛的群体，他们的存在与当今构建和谐社会的主旋律极不相称。县级图书馆必须与时俱进，勇挑重担，关爱弱势儿童，提高其文化素质和信息获取能力，增强其社会适应能力，预防和减少道德问题及犯罪的发生。这有利于维护社会稳定，也是县级图书馆为构建和谐社会应尽的义务。

从文化角度讲，积极服务弱势儿童是社会进步的重要标志。县级图书馆是县域社会文化的核心，拥有较全面、完备的信息资源、先进的服务手段和科学的管理措施。县级图书馆是公益性的文化教育机构，具有保存文化遗产、开展社会教育、传递知识、提供休闲娱乐、开发智力等方面的职能。利用资源优势，充分发挥其职能，对弱势儿童进行知识援助和信息援助，消除他们与常人之间的知识鸿沟，使其获得一技之长，增强生存能力，成了县级图书馆义不容辞的职责。正确认识与对待弱势儿童，是衡量社会文明进步程度的重要标志之一。要尊重、理解、保护、支持弱势儿童，为他们提供必要的援助，要维护他们做人的尊严，把县级图书馆建设成为弱势儿童的精神家园。

从人文角度讲，积极服务弱势儿童是体现平等服务的重要途径。《公共图书馆宣言》中明确指出，每一个人都有平等享受公共图书馆服务的权利，而不受年龄、种族、性别、宗教、国籍、语言或社会地位的限制。《儿童权利公约》明确规定，儿童有权接受正规和非正规的教育，以及儿童有权享有促进其身体、心理、精神、道德和社会发展的权利。此外，吴慰慈教授把图书馆定义为：搜集、整理、保管和利用书刊资料，为一定社会的政治、经济服务的文化教育机构。这说明县级图书馆有对全体社会成员进行社会教育的职能。县级图书馆要平等地对待所有读者，尤其要尊重弱势儿童，在服务中体现人文关怀，力求人性化、便利化、无障碍的服务。

二、探寻服务弱童理念，强化服务弱童意识

1. 县级图书馆要增强服务弱势儿童意识

县级图书馆要从促进社会和谐的高度认识弱势儿童的关爱活动，强化服务意识，吸引更多弱势儿童到县级图书馆来，采取主动服务的方式走近

弱势儿童，为他们提供有针对性的、便捷的服务。加强从业人员职业道德教育，使其在服务过程中充分尊重、善待弱势儿童，树立"关爱弱童，从我做起"的服务理念。既不对弱势儿童有歧视心理，也不能居高临下把自己当作施舍者；而要换位思考，摆正心态，学会与他们平等相处，站在弱童的角度想问题。

2. 县级图书馆要培养具有服务弱势儿童的专业人才

县级图书馆从业人员大多具备一定的图书馆专业理论知识和操作技能，了解图书馆学、管理学、教育学等知识，善于沟通。但要实现为弱势儿童深入服务，这些还远远不够，还需要专业知识背景和技能，如特殊教育专业知识、心理学知识、手语技能等。在国内，对于服务儿童的图书馆从业人员的培养，没有一个专门的培养系统。因此，呼吁高校图书馆系增设新专业，有计划、有步骤地培养服务儿童的专门人才，从业人员的继续教育工作刻不容缓。

3. 营造宽严相济的图书馆文化氛围

营造团结紧张、宽严相济的图书馆文化氛围。这是从业人员产生为弱势儿童创新服务激情的必要条件。有压力才有动力，让服务团队所有成员都有知情权、参与权和选择权。让他们的职业生涯发展要求与县级图书馆发展的目标趋同。这样的文化氛围促使从业人员形成较强的归属感，从而积极主动、全身心投入弱势儿童服务工作中去，以服务创新为荣。

三、突破延伸服务瓶颈，积极服务弱势儿童

1. 针对弱势儿童特点，添置相关硬件

弱势儿童不同于普通读者，县级图书馆应从人性化服务的角度加强硬件建设，最大限度地方便他们到馆利用文献资源。从服务设施方面，县级图书馆应根据弱势儿童的生理特点，设置残疾人专用座席、无障碍通道、专用视听设备等便利设施。完备的设施有利于消除弱势儿童利用县级图书馆的障碍，体现了县级图书馆的人文精神。在文献利用方面，根据弱势儿童的实际需求选购专题文献，如残障儿童康复文献、盲文图书、视听资料、特殊教育辅导资料、励志图书等。可根据馆舍情况开设视障儿童阅览室，配备专门听读设备，或在阅览室、借书处配备特殊教育专题图书推荐架等方便弱势儿童使用。

2. 开展内容丰富、形式多样的服务

打造讲座品牌。讲座、报告会等在县级图书馆业务中已经由原来的边缘性走向主导型，成为县级图书馆不可或缺的核心工作之一。盐都区县、镇、村三级图书馆联手搭建"盐渎讲坛"讲座平台向弱势儿童提供服务。针对弱势儿童对讲座内容需求多样性的要求，推出了儿童心理、民俗、文化遗产等系列讲座，针对弱势儿童心理特点，开展心理咨询、心理辅导、心理训练等。通过宣传广告、电视展播节目、网络视频点播、讲座光盘等手段，取得了良好声誉，展示了县域图书馆服务弱势儿童良好的社会形象，对提高县域图书馆社会地位起了重要作用。

做好展览工作。展览工作是县级图书馆文化惠民的重要举措。组织精品展览，将进一步彰显县级图书馆的社会价值，展示县级图书馆的教育功能，提升县级图书馆的社会地位。盐都区县、镇、村三级图书馆开展了多项展览活动，如收藏、非遗、动漫等，以其直观生动的形象、丰富多彩的内容感染了观众，传递了信息，弘扬了优秀文化，达到陶冶情操，完善人格的作用。同时吸引了更多的弱势儿童到县域图书馆来，增强了弱势儿童的图书馆意识。

打造读书活动品牌。县级图书馆是读者的终身学校，组织弱势儿童开展读书活动意义重大。盐都区县、镇、村三级图书馆与时俱进，创新服务方式，无论是传统的世界读书日、图书馆宣传周、红读活动，还是图书漂流等特色活动都精心策划，认真组织。活动受众从持证读者向社会公众扩散，活动项目从读书活动向科教文体多方面拓展，活动影响也从亮点出彩向正常化提升。该区积极组织弱势儿童参加省、市、区红领巾读书征文活动，使他们充分享受到读书的乐趣。

利用文化共享工程资源服务弱势儿童。依托共享工程支中心和网络资源等大力开展面向农村、面向基层、面向弱势儿童的服务。采取多种方式，在弱势儿童中普及共享工程相关知识，让弱势儿童了解共享工程的资源内容，熟悉使用方法，以便快捷地获取信息。通过共享工程平台，优秀的文化信息源源不断传输到弱势儿童手中，解决了弱势儿童看书难、看戏难、看电影难、获取信息难的问题，丰富了弱势儿童的文化生活。

利用地方文献资源服务弱势儿童。县、镇、村三级图书馆收藏的地方文献可以为提高弱势儿童素质发挥作用。国情、乡情、民情，是素质教育的重要内容。本地的政治、经济、文化、历史、地理和具有地方特色的民间工艺、美术、民俗风情等，是弱势儿童了解弘扬地方优秀文化，提高文化素质的很好的教材。

3. 整合社会资源，服务弱势儿童

（1）与媒体协作，营造浓烈的关爱弱势儿童氛围

县级图书馆要充分利用媒体宣传造势，发挥媒体舆论导向和激励作用，要因势利导，加大宣传力度，积极争取社会各界人士投身关爱弱势儿童事业，营造全社会关注、关爱弱势儿童的浓烈氛围。盐都区县、镇、村三级图书馆携手区电视台等媒体策划关爱弱势儿童专题栏目，做到电视有声音，报刊有文字，网络有图像，广播有宣传，搭建社会参与平台。

（2）与民间团体协作，开展特色活动

盐都区县、镇、村三级图书馆与区收藏协会、区美术家协会等协会协作，举办展览、讲座、培训、演讲、朗诵、舞蹈等内容丰富的活动，使弱势儿童的文化生活丰富多彩。

（3）与企业协作，提升服务规模

提升县级图书馆服务弱势儿童规模，必须有经济支撑。县级图书馆应积极与企业联姻，开展讲座、展览、心理咨询等活动，企业搭台、文化唱戏。以赞助冠名合作主办的方式吸引企业资金介入，可以拓展县级图书馆服务弱势儿童范围。

4. 深入持久地开展弱势儿童服务工作

（1）政府应重视并加大投入力度

县级图书馆的发展依赖于本地的经济发展和图书馆服务网络的建设，坚实的物质基础、政府的重视等是县级图书馆事业发展的有力保障。长期以来，县级图书馆经费投入不足一直是制约其健康发展的瓶颈。要把县域图书馆建设（含镇、村图书馆），纳入当地经济社会发展规划，列入政府工作的重要议事日程，纳入目标管理和绩效考核体系，制定县域图书馆发展的近期、中长期发展目标并付诸实施。

（2）建立健全相关法规制度，刻不容缓

与一般读者服务相比，关爱弱势儿童更需要坚持不懈、持之以恒的服务态度和扎扎实实的工作作风，要摒弃作秀、走过场等蜻蜓点水式的服务，建立长效服务机制。县级图书馆既可成立专门部门，也可以将弱势儿

童的管理与服务职能归口给某一部门，或者多部门协作，具体要根据各县馆实际情况操作，总之要常抓不懈，卓有成效地开展下去。要把为弱势儿童服务工作纳入年度工作计划，申请专项服务经费，安排专人负责，向社会公示面向弱势儿童开展的服务项目，吸引他们到馆参与，确保弱势儿童服务工作经常化、制度化。笔者呼吁将关爱弱势儿童的系列条款列入图书馆法等相关法律，从而使关爱弱势儿童工作法制化，这才是解决问题的关键。

（3）建立多元投入机制

县级图书馆的发展离不开资金的支撑。经费，一直是制约关爱弱势儿童事业发展的重要因素。政府要将县级图书馆关爱弱势儿童专项经费纳入财政预算，并随着财政收入的增长而增加。制定出台鼓励和支持关爱弱势儿童的优惠经济政策，进一步探索建立关爱弱势儿童基金及管理制度，用减税免税政策、授予荣誉称号等措施，鼓励社会力量积极参与关爱弱势儿童事业。

关爱弱势儿童，使其健康成长，是一项系统工程，涉及面广，学校、家庭、社会及相关职能部门，应各司其职，齐心协力做好这项工作，县级图书馆应充分发挥其延伸服务职能，弱势儿童健康成长过程，也是县级图书馆发展壮大过程。

第十一节　大力弘扬传承雷锋精神

改革开放以来，国民的物质生活水平显著提高，道德标准却有所降低。弘扬雷锋精神对于社会主义核心价值体系构建，抬高国民道德标杆，构建和谐社会意义重大。县级图书馆要紧扣时代脉搏，弘扬雷锋精神，创新服务理念，突破延伸服务瓶颈，拓展服务空间，充分发挥县级图书馆服务职能。

一、创新服务理念，创新服务方式

1. 立足岗位学雷锋，提高服务质量

县级图书馆要积极探索学雷锋新路子，树立"以人为本，读者至上"

的服务理念，立足岗位学雷锋，通过学习，使大家感到雷锋就在我们身边，雷锋就是我们自己。引导员工把全部精力放到本职岗位，兢兢业业，恪尽职守。耐心细致地对待读者，让读者感到家一样的温暖。

2. 开展学雷锋征文活动

每年2—3月围绕学雷锋活动，挖掘身边的感人事迹，宣传雷锋热爱党、热爱祖国、热爱社会主义，助人为乐、为人民服务的奉献精神，勤俭节约、勤劳朴实的生活态度，不怕困难、坚强勇敢的意志品质，干一行、爱一行的钉子精神和谦虚待人、甘于平凡的螺丝钉精神。开展从我做起，从现在做起的学雷锋征文活动。

3. 利用讲座平台，开展弘扬雷锋精神专题活动

讲座已经成为县级图书馆核心工作之一，要充分利用讲座平台，开展弘扬雷锋精神专题活动。利用报告会、演讲、辩论赛、专题讲座等形式，宣传雷锋事迹，宣传雷锋精神，宣传雷锋精神意义，学习和弘扬雷锋热爱党、热爱祖国、热爱社会主义的理想信念和奉献精神、敬业精神、创新精神、创业精神。

4. 开展弘扬雷锋精神阅读推广活动

县级图书馆要充分利用3月5日学雷锋日、图书馆服务宣传周、节假日等有利时机，精心组织策划形式多样、内容丰富的雷锋相关图书、报刊、网络等资源的阅读推广活动，宣传雷锋事迹，弘扬雷锋精神，提高县级图书馆的知名度。

5. 建立雷锋专题数据库

在县级政府的统筹规划下统一标准、互联互通、分工协作、资源共享，雷锋资料收藏的有关单位，如图书馆、文化馆、科技馆、方志办、博物馆、档案馆等均可根据自身的特点和已有的基础，发掘自身的潜力和优势，分别去承担有关方面的雷锋资料的收集整理，加工与建库等工作。建立雷锋专题数据库，以此为基础建设雷锋专题网站或在县级图书馆网站上设立专题，网上互动，开设雷锋专题微博等。

6. 利用文化共享工程资源，开展特色活动

县级文化共享工程服务网络要采取阵地服务和流动服务相结合的方法，为读者提供多样化、个性化服务，为弘扬雷锋精神尽责尽力。全国文化共享工程资源给县级图书馆三级服务网络带来了生机和活力，因为有了丰富的信息资源，可移动的投影等现代化设备，图书馆人员可以深入农村、学校、企业、军营、社区等放映雷锋专题影片，宣传雷锋事迹，弘扬雷锋精神。

二、整合社会资源，弘扬雷锋精神

1. 成立雷锋志愿者协会

县级图书馆要积极成立雷锋志愿者协会，对于县级图书馆来说，引入志愿者服务，可以优化图书馆服务人员知识结构，缓解县级图书馆人员紧张问题，节约经费，还能为学生志愿者提供社会实践机会。雷锋志愿者协会会员一方面为县级图书馆服务，另一方面可以开展社会服务，为提升县级图书馆形象起积极作用。

2. 与民间收藏爱好者共建雷锋收藏馆

有条件的县级图书馆可以自建雷锋收藏馆，不具备条件的县级图书馆可以借助社会力量建立雷锋收藏馆。盐都区图书馆与民间爱好者夏天德一起共建了夏天德雷锋收藏馆，该馆收藏了2000多件与雷锋有关的书籍、报刊、像章、老照片、字画、音像制品等，无偿向社会开放，对宣传雷锋事迹，弘扬雷锋精神起到了潜移默化的作用。

3. 建立弘扬雷锋精神长效机制

学习和实践雷锋精神是一项长期工作，需要树立先进理念，整合各种资源，建立长效机制。一是建立参与机制，建立社会互联、互补、互动的网络，面向群众、服务群众、依靠群众，开创学习和实践雷锋工作新局面。二是建立激励机制，坚持典型示范引路。结合时代特点和县域实际，注重挖掘不同领域、不同类型的学雷锋先进典型，通过组织发动、媒体发现、社会推荐等形式，推选出道德模范、优秀志愿者等新时期的学雷锋典型，把什么是优秀、什么是先进、什么是真善美、什么是假恶丑，告诉党员群众。重视培养树立各行各业的学雷锋典型，大力宣传植根基层、可亲可信、可敬可学的模范人物，坚持用身边典型教育引导身边人，使雷锋精神更加贴近实际，更能打动人心。开展雷锋机关、雷锋乡镇（街道）、雷锋企业、雷锋校园、雷锋医院、雷锋班组、当代雷锋等命名活动。三是建立考核机制，定期对县域各行业各单位学雷锋活动进行督查评比，作为社会主义精神文明建设的重要内容纳入年终考核，与其他中心工作同步推进、同步实施。形成弘扬雷锋精神的长效机制。

弘扬雷锋精神是一项系统工程，涉及面广，是一项长期工作，要稳步推进。县域有关职能部门要各司其职，齐心协力弘扬雷锋精神，努力抬高国民道德标杆，弘扬社会主义文明风尚，维护社会稳定，构建和谐社会。

第十二节 阅读推广的实践与探索

全民阅读是一项民生工程，越来越受到国家、政府的重视，全民阅读工作连续多年纳入国务院政府工作报告，可以说，开展全民阅读活动，进行阅读推广工作，已上升为全党工作战略和国家战略。在完善公共文化服务体系的进程中，推进县域全民阅读不仅是社会发展的需要，也是时代呼唤的使命。如何做好县域全民阅读推广工作，并不断向纵深推进，这是全社会必须探索并要解决的课题。

一、盐都区全民阅读推广工作的实践

盐都区源于古盐城县，历史悠久，人文荟萃。盐都区图书馆是国家一级图书馆、江苏省社科普及示范基地，多年来积极组织开展县域全民阅读推广活动，取得了良好的成绩。2016年4月荣获"江苏省全民阅读工作先进集体"称号，其"和悦书香盐都建设系列活动"被江苏省文化厅评为省第七届公共图书馆优秀服务成果奖；盐都区和悦读书会于2017年1月被盐城市全民阅读办评为盐城市首届十大优秀阅读组织之一。这些在实践中取得的成绩，主要得益于以下几个方面。

1. 领导高度重视，工作有效开展

各级领导高度重视盐都区全民阅读推广工作，盐都区委、区政府主要领导先后多次对书香盐都建设工作做出批示，检查和督促工作推进，在区政府为民办实事十大工程之中，"书香盐都建设"品牌项目连续五年被列为重点工程。2016年，盐城市委主要领导专门到盐都区基层乡村视察调研农家书屋运行情况，了解和指导网上数字阅读和图书通借通还工作。为了保证区全民阅读各项工作扎实、快速、有效地开展，8月3日，成立了盐都区全民阅读促进会，由区委常委、宣传部部长和区委常委、统战部部

长担任名誉会长，成员包括区文广新局、区文明办、区教育局等相关职能部门和单位。此外，为进一步推进书香盐都建设，建立了一整套工作机制，成立了区全民阅读活动领导小组，并由两个区委常委担任正副组长。

在实施县域全民阅读推广工作目标的过程中，以区、镇（街道）、村（社区）为主体，以区委宣传部、区文广新局等为牵头职能部门，明确各成员单位所承担的职责，定期或不定期召开工作协调会，协调各单位的力量，处理阅读推广过程中的问题。同时，借助于网站、工作简报等载体，通报各镇（街道）阅读推广工作信息，宣传典型，交流经验，以此形成整体合力，扩大阅读推广影响，不断推进全民阅读工作迈上新台阶。盐都区每年开展各类阅读推广活动500多次，参与活动人数有40多万人次。中国图书馆学会网站、新华网等60多家国家、省、市、区级传统媒体和新媒体反复进行了宣传报道，活动影响深远。

2. 读者踊跃参与，阅读成果丰硕

盐都区因地制宜创新阅读推广方式，除依托区图书馆常年组织开展读书会、展览、展演、讲座外，还结合时事热点、重大纪念日等主题举办演讲、征文、知识竞赛、猜谜、网上答题等读书活动，达到了"活动内容多彩，阅读对象喝彩，书香氛围出彩"的效果。

区图书馆发起成立的和悦读书会围绕"静、动、研、新、宣、恒"六字诀开展活动，利用顾吾书社和区图书馆两个阵地，分别在每周三晚上和每周六下午开展读书活动，风雨无阻，从不间断。截止到2019年9月，连续举办读书活动达423期，参加人员达10万多人次。该活动经验得到省市专家肯定，并在全省推广，绍琪书屋、顾吾书社也被评为全国首届"书香之家"。

盐都区在农家书屋提升工程试点工作中，积极推进县域内的各项工作，建成数字化农家书屋222家，其中五星级农家书屋3家、四星级6家、三星级20家。同时，积极实现农家书屋与区图书馆资源共享、通借通还，初步建成了区、镇（街道）、村、文化中心户四级图书馆资源共享、流通、服务网络，成为苏北唯一的"农家书屋提升工程示范县"。2006年起举办的盐都区民间藏品进农村展览已举办100多次，全国首创。

盐都区除了脚踏实地地推进本地的全民阅读活动外，还成功举办江苏省"全民阅读手拉手·春风行动"盐都行活动，承办第四届江苏农民读书节。由于全民阅读推广工作成绩突出，盐都区图书馆连续 5 届荣获全国农民读书征文组织奖，荣获 2016 年度江苏省全民阅读工作先进集体称号。

二、县域全民阅读推广工作存在的问题

1. 县域国民阅读习惯尚未完全养成

尽管县域全民阅读推广工作得到开展，阅读活动在一定范围内也有较大的影响，但是在全民阅读推广中，还有大量的人员没有参与到阅读中来，县域国民内心深处的阅读情结尚未打开。尤其是青少年长期受应试教育指挥棒的影响，在思想上形成了"分分分是学生的命根""考考考是教师的法宝"的理念，在这种气氛下学生往往对考试大纲和课本力求做到"精益求精"，不愿意读课外读物。除此以外，残疾人等弱势群体也是县域阅读推广工作的一个盲区，县级图书馆的盲人阅览室门可罗雀，来者寥寥无几。这从一个侧面也说明了县域国民良好的读书风气形成不是一蹴而就，而是任重道远。

2. 县域阅读设施陈旧落后

县域阅读推广工作需要有财政、设施、人员等基础才能顺利开展，尽管县级公共图书馆的馆舍及各种阅读设施近几年随着公共文化服务体系的建设得到较大的改善，但乡镇、村的阅读设施还不能适应读者阅读的需求，不是陈旧过时，就是功能落后。为了完善县域全民阅读的推广，单靠镇村级财政根本无法解决，需要县级财政统筹解决。

3. 县域阅读推广呈现周期性运动现象

阅读推广工作关键在于人，在于有一支热心阅读推广事业、具有良好阅读推广技能的队伍。多年来，阅读推广工作虽然有所开展，但是由于没有形成一支好的阅读推广队伍，特别是从事农村阅读推广工作的人员因待遇低、条件差，而不能长期坚守。自第 12 届世界读书日，中共中央宣传部、中央文明办等 11 个部门发出倡议开展"爱读书，读好书"的全民阅读活动以来，县域阅读推广活动也大多就是在这一读书日等集中举办。2013—2016 年，盐城市各县（市、区）举办各类读书活动虽然达 2000 多场次，但其中每年在世界读书日、春节、端午、中秋、清明等节假日举办 1800 多场次，占比高达 90% 以上，全年读书活动开展得不平衡，呈现出节日活动多，而平时活动少的周期循环现象。

4. 县域阅读推广机制亟待健全

县域阅读推广工作虽然得到重视，但是仍有不少县区往往是年初发个文、年终表个彰就结束了。县域阅读推广工作没有列入县域各级部门和单位的政绩考核内容，县域政府对阅读推广考核工作也未能重视。由于县域阅读推广运行机制不健全，因此县域全民阅读工作难以持久。只有建立健全县域阅读推广机制，加大体制机制创新力度，防止和克服形式主义，更好地体现时代性、把握规律性、富于创造性，县域全民阅读推广工作才会因为有了制度的保证而展示出活力，才会迎来县域阅读推广工作的春天。

三、县域全民阅读推广工作之建议

1. 完善县域书香建设工作机制

县（区）全民阅读促进会和县（区）全民阅读活动领导小组要积极有为，规范运作。一是进一步加强县域书香建设工作的领导，调整和充实县级全民阅读活动工作领导小组成员单位，建立科学工作机制，明确分工，加强合作。二是推动全民阅读工作纳入县（区）国民经济和社会发展规划，全民阅读公共设施建设纳入城乡建设规划。三是制定县（区）级全民阅读发展纲要，实行目标管理，推进考核机制；充分发挥重点活动在县域书香建设工作中的示范引领作用；推动各镇（街道）、各部门和相关单位建立相应组织机构和工作机制，制定和完善激励措施。四是继续加大财政投入力度，探索政府向社会力量购买公共阅读服务投入机制；发起成立县级全民阅读促进基金会，鼓励企事业单位、其他组织和个人参与或捐赠全民阅读基金。五是应尽快出台相关法律法规，做到有法可依，有法必依，只有这样，县域阅读推广的春天才会真正到来。

2. 加快构建全民阅读服务体系

加大县域图书馆总分馆制建设力度，继续完善县（区）、镇（街道）、村、文化中心户四级图书馆服务网络。首先，加大县域图书馆总分馆数字化建设力度，除了拓宽纸质书的获取渠道外，要积极紧跟时代的发展，利用新媒体和自媒体等传播渠道，让数字阅读在互联网+时代更加精彩。其次，加强阅读分众服务，对儿童、青少年、成年人、老年人、妇女、务工人员、盲人等不同群体的阅读需求给予分类指导。最后，要注重培育一批全民阅读推广服务团队，形成党委政府主导、职能部门引导、阅读专家指导、社会各界参与、各种媒体支撑的县域全民阅读推广新局面。

3. 精心打造县域阅读推广品牌

首先,在县域打造一批具有地方特色的阅读推广活动品牌项目。其次,坚持以书香建设为抓手,有计划、有组织地开展书香镇村、书香机关、书香校园、书香企业、文化中心户等创建活动。再次,积极与社会力量开展协作,发挥名人效应,大力弘扬中华优秀传统文化,不断丰富读者业余文化生活,以品牌为引领,才能在倡导"人人爱读书、家家读书乐"的爱读崇学新风尚中,让阅读成为广大读者的一种新的文化追求和自觉行为。

4. 加大阅读推广人才培养力度

积极实施人才培养战略,加大阅读推广人才培养力度。一是招聘有事业编制的本科以上学历的专门从事阅读推广工作人才;二是增加人事部门认可和财政经费支撑的社会化用工的人员;三是招募大学生、"五老"等文化志愿者服务队伍。通过多种举措,造就一支热心阅读推广、立志阅读服务、懂市场化运作、会管理的专业人才队伍,推动县域阅读推广工作向纵深发展。

四、结语

县域全民阅读推广工作是一项复杂的系统工程,涉及党委、政府、图书馆、出版社、媒体、学校、家庭及其他相关社会组织等,是一项只有起点、没有终点的长期工作。积极营造良好阅读氛围,激发、培养公众的阅读兴趣,传授阅读方法,提供阅读读物,养成阅读习惯,不断提升全民素质,是实现中华民族伟大复兴的重要一环,功在当代,利在千秋。

参 考 文 献

[1] 司杨. 纽约公共图书馆少儿阅读活动及启示 [J]. 图书馆研究, 2019 (2): 60-65.

[2] 李梅. 高校图书馆"互联网+阅读推广"服务模式实现路径探析: 以吉林大学图书馆阅读推广实践为例 [J]. 图书馆工作与研究, 2019 (5): 112-116.

[3] 徐变云. 专业儿童阅读推广人才培养的新路径 [J]. 图书馆建设, 2019 (3): 74-78.

[4] 余和剑. 基于综合素质积分的高校图书馆阅读推广模式实践和启示: 以广东科学技术职业学院图书馆为例 [J]. 图书馆学研究, 2019 (12): 91-94.

[5] 郭亚军, 孟嘉, 胡雅悦. 中美一流大学图书馆移动服务比较研究 [J]. 图书情报工作, 2019 (11): 43-51.

[6] 王登佐. 基于社会力量办读书会的几点思考 [J]. 河南图书馆学刊, 2017 (1): 102-104.

[7] 王登佐. 公共文化服务体系构建背景下县域全民阅读推广研究: 以盐城市盐都区为例 [J]. 新世纪图书馆, 2017 (10): 56-58.

[8] 王登佐. 海洋强国战略背景下盐城海洋文化的保护与开发 [J]. 盐城师范学院学报, 2014 (6): 31-34.

[9] 王登佐. 盐城海盐文化遗产保护探析 [J]. 盐城工学院学报: 社会科学版, 2012 (2): 8-11.

[10] 季德荣. 文韵盐城·书香卷 [M]. 南京: 江苏人民出版社, 2017.

[11] 戈建虎. 盐城公共图书馆可持续发展研究 [M]. 南京: 南京大学出版社, 2014.

[12] 黄兴港. 跬步文集 [M]. 南京: 江苏人民出版社, 2012.

［13］姜汉卿．知识改变命运：筑梦·追梦·圆梦之路［M］．北京：研究出版社，2018．

［14］王登佐．盐城地域文化保护研究：盐都区图书馆的实践与探索［M］．南京：南京大学出版社，2014．

［15］吴晞，肖容梅．公共图书馆读者服务案例［M］．北京：北京师范大学出版社，2013．

［16］张彦博，刘惠平，刘刚，等．文化共享工程建设与服务［M］．北京：北京师范大学出版社，2013．

［17］于良芝，许晓霞，张广钦．公共图书馆基本原理［M］．北京：北京师范大学出版社，2012．

［18］李东来，宛玲，金武刚．公共图书馆信息技术应用［M］．北京：北京师范大学出版社，2013．

［19］邱冠华，陈萍．公共图书馆管理实务［M］．北京：北京师范大学出版社，2013．

［20］杨玉麟，屈义华．公共图书馆资源建设与服务［M］．北京：北京师范大学出版社，2015．

［21］李超平．公共图书馆宣传推广与阅读促进［M］．北京：北京师范大学出版社，2013．

［22］范并思，吕梅，胡海荣．公共图书馆未成年人服务［M］．北京：北京师范大学出版社，2012．

［23］吴晞．图书馆阅读推广基础理论［M］．北京：朝华出版社，2015．

［24］邱冠华，金德政．图书馆阅读推广基础工作［M］．北京：朝华出版社，2015．

［25］〔美〕艾德勒，范多伦．如何阅读一本书［M］．北京：商务印书馆，2014．

［26］赵俊玲，郭腊梅，杨绍志．阅读推广：理念·方法·案例［M］．北京：国家图书馆出版社，2013．

［27］吴晞．天下万世共读之：公共图书馆与阅读推广［M］．上海：上海科学技术文献出版社，2014．

[28] 徐雁. 全民阅读推广手册[M]. 深圳：海天出版社，2011.

[29] 许安标，钱锋，杨志今.《中华人民共和国公共图书馆法》释义[M]. 北京：中国民主法制出版社，2018.

[30] 蔡华祥. 盐城方言研究[M]. 北京：中华书局，2011.

后 记

书有三种形式，纸质书、电子书、无字书（存在于万事万物中的道）。人类从有思维开始就有了阅读，人类的阅读历史悠久，与人类史同龄。"腹有诗书气自华。"阅读，让人开阔眼界，增长知识，保持思想活力，滋养浩然之气。有人喜爱捧卷而读，有人喜爱用手机或Kindle阅读，有人喜爱从实践中探寻真理。从草、叶、泥、石、兽皮、青铜、陶器、瓷器、木牍、竹简、缣帛、纸张到数字化载体，穿越时空，不断翻新的是介质，绵延不绝的是阅读。

如今迈进了阅读的新时代，各种国际组织在倡导阅读，全民阅读连续六次被写入中国政府工作报告，有识之士在呼吁阅读，通过全民阅读推进学习型社会已成为全人类共同的梦想。随着各种新技术在阅读领域的广泛应用，阅读的概念越来越宽泛，阅读的内涵和外延日益扩大。可以说阅读无处不在，无时不在，给整个社会带来了深刻的变化，阅读推广已经进入一个新的发展阶段。通过阅读推广，引导那些不愿意阅读的人们走进知识的海洋，感受阅读的魅力，享受阅读的乐趣；帮助那些阅读有困难的人们，顺利走上阅读的阳光大道；为那些热爱阅读的人们送去贴心服务，引领他们多读书、会读书、读好书、用好书。推进县域全民阅读是社会发展的需要，是新时代的使命。全民阅读对提高党的执政能力和巩固党的执政基础意义重大，这关系到政权的稳固，关系到党和国家的长治久安，关系到社会的稳定，关系到社会的进步，关系到中华民族伟大复兴的中国梦。全民阅读推广工作有利于提高公共文化服务供给的有效性，有利于增强国家软实力，有利于为"大众创业、万众创新"时代培育创业创新力量，有利于全民共享改革开放成果，不断满足其日益增长的精神文化需求。

县域阅读推广工作要高举中国特色社会主义伟大旗帜，以习近平新时代中国特色社会主义思想为指导,增强"四个意识",坚定"四个自信",做到"两个维护"。自觉承担起举旗帜、聚民心、育新人、兴文化、展形象的使命任务。大力弘扬以爱国主义为核心的伟大民族精神,开展内容丰富、形式多样的阅读推广活动。着重增强仪式感、参与感、现代感,讲好中国故事,讲好中国共产党故事,讲好新时代中国特色社会主义故事,积极培育和践行社会主义核心价值观。文化是一个国家、一个民族的灵魂,文化兴则国运兴,文化强则民族强。没有高度的文化自信,没有文化的繁荣兴盛,就没有中华民族伟大复兴。大力推进习近平新时代中国特色社会主义思想,在县域落地生根,开花结果。推动中华优秀传统文化创造性转化,创新性发展,弘扬盐城地域文化,打通公共文化服务"最后一公里"。为"强富美高"新盐城建设添砖加瓦,为盐都区生态文旅高地建设做出新的贡献。

  学术研究是艰辛的,看着即将付梓的书稿,又是快乐的。在本书撰写过程中,感谢中国图书馆学会、江苏省文化和旅游厅、江苏省社科联、南京图书馆、江苏省图书馆学会、盐城市委宣传部、盐城市文化广电和旅游局、盐城市社科联、盐都区文化广电和旅游局、盐城市图书馆的领导、专家和学者的关爱和支持,是你们让我坚持下来。感谢南京图书馆副馆长、研究馆员许建业和盐城市图书馆馆长、研究馆员黄兴港在百忙之中为本书作序。笔者囿于学识经历,谬误之处敬请方家不吝赐正。

己亥冬月王登佐写于和悦轩